사상의 뜨락

사상가들은 어떤 세상을 만들고자 했는가

사상의 뜨락

사상가들은 어떤 세상을 만들고자 했는가

초판 1쇄 인쇄일 2015년 11월 20일
초판 1쇄 발행일 2015년 11월 25일

지은이 양창삼
펴낸이 양옥매
디자인 이윤경
교정 조준경

펴낸곳 도서출판 책과나무
출판등록 제2012-000376
주소 서울특별시 마포구 월드컵북로 44길 37 천지빌딩 3층
대표전화 02.372.1537 **팩스** 02.372.1538
이메일 booknamu2007@naver.com
홈페이지 www.booknamu.com
ISBN 979-11-5776-121-0(03100)

이 도서의 국립중앙도서관 출판시도서목록(CIP)은 서지정보유통지원 시스템 홈페이지(http://seoji.nl.go.kr)와 국가자료공동목록시스템(http://www.nl.go.kr/kolisnet)에서 이용하실 수 있습니다.
(CIP제어번호 : CIP2015031431)

양 창 삼 지음

책과나무

| 머리말 |

인간은 생각하는 존재다. 큰 생각은 사상으로 남아 사회에 영향을 준다. 역사를 보면 사상가들이 많다. 그 위대성은 그들이 무슨 생각을 했으며, 사회발전에 얼마나 기여했는가에 따라 평가된다. 사회에 유익을 준 것일수록 사람들의 관심이 높다.

사상가들은 한 마디로 시대를 끌어안고 고민하며 생각해 온 사람들이다. 그러나 그들이 생각했던 만큼 실현되지는 않았다. 당시엔 그것이 꿈일 수밖에 없었지만 훗날 그것이 실제가 되기도 했다. 물론 그 실제를 보지 못하고 세상을 떠난 분들이 한둘이 아니다. 하지만 그 생각이 결국 역사를 움직이는 힘이 되었다는 점에서 위대하다. 인간의 위대함은 바로 위대한 생각에 있다.

인류는 지금까지 생각하며 살아왔다. 사상가들만 생각하는 것은 아니다. 지위가 높든 낮든, 피부가 검든 희든, 나이가 적든 많든 우리 모두 생각하며 산다. 그 생각이 나를 이끌고, 오늘의 우리를 만든다. 지금 어떤 생각을 하느냐에 따라 미래가 달라진다. 그런 점에서 나의 작은 생각도 중요하다.

사회도 마찬가지다. 사회 그 자체가 생각하는 엔티티(Entity)는 아니지만 그 안에 사는 사람들이 어떤 생각을 가지고 사느냐에 따라 사회가 달라진다. 즉, 사유의 본질이 사회를 만들어나가는 것이다. 따라서 좋은 사회, 좋은 나라를 만들기 위해서는 좋은 생각, 바른 생각, 그리고 서로에게 힘을 주는 생각을 장려할 필요가 있다. 사회를 선도하고, 사회에 유익을 주는 생각이 바로 좋은 생각이다.

이 책은 바로 이런 사회를 만드는 데 있어서 동양과 서양을 막론하고 어떤 생각들이 있었는가를 살펴보고, 우리 사회를 더 나은 사회로 만들기 위해 서로 생각을 더 해보자는 뜻에서 시작되었다. 사상가들의 외침을 다시 한 번 새기면서 앞으로 우리의 걸음이 어떠해야 하는가를 짚어보고자 한다. 이 작은 걸음이 보기엔 크지 않다고 해도, 선한 생각을 모으고 또 모으면 우리 사회는 그만큼 더 밝아질 것이다.

이 책은 모두 5장으로 구성되었다. "세상에 도움이 되는 일을 하라." "인간이라면 핵심가치가 달라야 한다." "악한 본성을 극복하고 새로운 사회를 만들라." "정의와 평화, 사랑이 가득한 세계를 회복하라." "투쟁보다는 인간이 기능하는 사회를 만들라." 이 구호는 각 장의 표제들이다. 이 구호가 지표 역할만 해도 우리 삶은 달라질 것이다.

지금 우리 사회는 매우 어렵다. 생각이 부딪히고, 자기의 생각만 옳다 내세우기 때문이다. 자기주장만 하기보다 다른 사람들의 생각을 먼저 이해하며 협력하는 공동체, 누구도 넘보지 못할 선한 공동체를 이뤄나간다면 우리 사회는 진정 살만한 곳이 될 것이다.

여기에 소개되는 여러 인물들은 각 시대의 대표가 아닐지라도 사유의 선두주자임은 확실하다. 또 어떤 부분에서 동의할 수 없는 점도 있다. 모두가 똑같이 생각할 순 없다. 인간은 기계가 아니기 때문이다. 이제 이 사상의 뜨락에서 그들의 생각과 외침을 만나보고, 우리도 이젠 좀 더 생각하며 좋은 사회를 만들어갈 수 있기를 소원한다.

2015년

양창삼

| 차례 |

제1장

세상에 도움이 되는 일을 하라

제2장
인간이라면 핵심가치가 달라야 한다

제3장
악한 본성을 극복하고 새로운 사회를 만들라

제4장
정의와 평화, 사랑이 가득한 세계를 회복하라

제5장

투쟁보다는 인간이 기능하는 사회를 만들라

제1장

세상에 도움이 되는 일을 하라

묵자

투키디데스

장자

명가

한비자

진독수와 호적

풍우란

본회퍼

프란치스코

코저

윌버트 무어

로버트 란자

1

묵자
세상에 도움이 되는 일을 하라

공자는 주나라 제도를 합리화하고 정당화했다. 그래서 지배집단에 선 인물로 평가받는다. 이에 반해 피지배집단 편에 선 묵자(墨子)는 그 타당성과 효용성에 의문을 제기했다. 그는 어느 한쪽에만 도움이 되는 것보다는 모두에게 유익이 되는 것을 찾았고, 소수의 지배층보다는 백성 편에 서서 생각했다. 묵자는 제자백가의 하나인 묵가의 시조이고, 전국시대 초기에 활약한 사상가다. 그는 왜 억압받는 민중의 편에 섰을까?

먼저 묵자에 먹 묵(墨)자가 들어있는 것이 단서가 될 수 있다. 일설에 의하면 그는 노동자 출신으로 피부가 검었기 때문이라 한다. 다른 설에 따르면 지은 죄 때문에 피부에 묵형을 받았기 때문이라 한다. 정설은 없다. 그저 추측할 뿐이다. 하지만 이것은 다른 사상가와 다른 면모를 보여준다. 특히 다사다난한 삶을 살았으리라는 점, 그리고 낮은 자들의 아픔을 알았으리라는 점이다.

묵자도 유가 사상을 배웠다. 하지만 그는 유가 사상을 반대하고 새로운 주장을 하기에 이른다. 그는 종래의 정치적 지배계급에 서기보다 노동자, 농민, 그리고 상인 편에 서서 그들의 성공을 오히려 장려하고 기뻐했다. 공자와 다른 생각을 한 것도 이 때문이다. 그는 늘 귀족들의 정치와 지배에 대결하면서 약자의 편에 섰다.

그의 사상은 '천하에 이익이 되는 것(利)은 북돋우고, 천하에 해가 되는 것(害)은 없애는 것'이었다. 실용주의 면모가 보인다. 그는 일상에 유용한 것에 대해서만 그 가치를 인정했다. 그는 뛰어난 기술자로 많은 도구를 만들도록 했다. 도구제작과 관련된 기하학적 설명과 빛의 굴절 등 광학적 관점은 얼마나 그의 과학적 분석력이 뛰어났는가를 보여준다. 이것은 유용성에 관한 그의 높은 관심 때문이었다.

이것은 그가 제시한 여러 정치적 제안에도 나타났다. 그는 무엇보다 '상현(尙賢)'제도를 주장했다. 유능하다면 농민이나 수공업자도 관리로 채용하라는 것이다. 이것은 당시 관습을 뛰어넘는 것이다. 유용하다면 그 벽을 깨야 한다는 것이 그의 일관된 주장이었다. 그리고 '절용(節用)'을 주장했다. 백성의 이익에 배치되는 재화 · 노동력의 소비를 금지하자는 것이다.

그는 전쟁에 반대했다. 특히 지배자가 자신의 이익만을 추구하기 위해 약탈을 일삼는 행위나 사람들을 무자비하게 죽이는 전쟁에 반대했다. 그는 무기를 만들어도 공격용이 아니라 방어용 무기만 개발하도록 했다. 이른바 '비공(非攻)'이다. 그의 뜻을 따랐던 묵가 집단의 무사들은 강자의 횡포로부터 약자를 지키는 방어전쟁에만 참여했다. 이것은 생계를 위해 어떤 전쟁이든 참여해 무자비하게 행동한 일반 무사와는 차이가 있다. 전쟁에도 윤리가 있어야 하고, 사람을 죽이기보다 살리는 것이 묵가 집단의 윤리였다.

묵가 집단의 무사들 얘기가 나왔으니 한마디 더 해보자. 그들은 한번 한 약속을 철저히 지킬 만큼 믿음직하고, 용감한 것으로 유명하다. 집단의 우두머리(鋸子)인 맹승과 그를 따른 무리가 임금이 없는 동안 성을 잘 지켜주기로 약속했다. 적의 공격을 받자 그들은 약속을 지키기 위해 싸웠고, 결국 모두 죽었다. 성을 버리고 도망갈 수 있었지만 그들은 그렇게 하지 않았다. 약속은 반드시 지킨다는 뜻의 묵수(墨守)는 바로 이것에서 유래된 것이다.

묵자 사상의 중심에 '겸애(兼愛)'가 있다. 이것은 타인을 사랑하고 자신과 타인의 이익을 서로 높이자는 것이다. 사랑을 바탕으로 한 윈-윈(Win-Win) 전략이다. 그는 모든 사람을 차별 없이 사랑하도록 했다. 그의 무차별적 사랑 주의는 묵가 집단의 중요한 구성원이었던 하급 무사 집단의 행동양식에서 온 것으로 보고 있다. 그는 자기와 친구, 내 부모와 남의 부모를 구별하지 않도록 했다. 자기를 위하듯 친구를 위하고, 내 부모를 위하듯 친구 부모를 위하도록 했다. 나와 남, 내 부모와 남의 부모를 가르고 자기만을 위한 이기적인 별애(別愛)와는 차이가 있다.

그는 겸애에도 세 기준을 두었다. 삼표(三表)가 그것이다. 옛 성왕들이 했던 일을 근본으로 삼고, 백성들이 참으로 원하는 것이 무엇인가를 들으며, 정책이나 제도를 통해 국가와 백성들에게 이익이 돌아가도록 한 것이다. 그는 겸애를 통해서도 백성들에게 이익이 되는 것을 찾고자 했다. 그는 겸애와 함께 교리(交利)를 내세웠는데, 이것은 서로의 이익을 나누어 갖자는 말이다. 겸애가 정치적 평등이라면, 교리는 경제적 평등이다. 그는 모두가 차별 없이 사랑을 나누고, 물질도 함께 나누는 세상을 꿈꾼 것이다. 그래서 그는 겸애와 교리를 서로 다른 것으로 보지 않았다. 겸애가 이루어지면 교리는 저절로 따라올 것으로 보았다.

그는 늘 말했다.

"남을 사랑하면 남들도 그를 사랑한다. 하지만 남을 미워하면 남들도 그를 미워하게 된다. 남을 이롭게 하면 남들도 그를 이롭게 해준다. 하지만 남을 해치면 남들도 그를 해치게 된다."

상대적이라는 것이다. 그는 이 보상 개념을 하늘에도 적용했다.

"하늘은 백성을 차별 없이 사랑한다. 마찬가지로 임금도 백성을 차별 없이 사랑해야 한다. 임금이 하늘의 뜻을 따르면 하늘도 복을 내릴 것이다."

묵자의 사상은 매우 실용적이다. 그의 이러한 사상은 경험에 근거한 것이다. 이것이 실제로 도움을 줄 수 있다고 생각했기 때문이다. 그의 사상이 얼마나 실현되었는가는 알 수 없다. 그러나 피지배층, 특히 약자의 편에 서서 그들의 이익을 대변하고, 서로 사랑하고 나누도록 한 그의 정신은 오늘날에도 유효하다. 그래서 묵자나 묵가 집단의 정신이 새롭게 보인다. 그는 말할 것이다.

"사람들이여. 언제나 세상에 도움이 되는 일을 하라."

2

투키디데스
나는 모든 시대를 위해 사서를 쓴다

"과거를 기억하지 못하는 자들은 과거를 되풀이할 운명에 처해 있다."

철학자 조지 산타야나(G. Santayana)의 말이다. 세상에 도움을 위해 사가는 역사를 쓴다. 다시는 나쁜 역사가 반복되지 않기 위해서다. 투키디데스(Thucydides)가 「펠로폰네소스 전쟁사」를 쓴 이유도 바로 그것에 있다.

고대 그리스 하면 무엇보다 철학이 생각나겠지만 역사적으로 보면 전쟁과 살육이 끝이지 않았다. 그 첫 번째 전쟁으로 BC 490년경 시작된 페르시아 전쟁이 있다. 헤로도토스의 기록에 따르면 500만 명 이상이 그리스를 침공했다. 당시 아테네 인구가 30만 정도였으니 얼마나 힘든 전쟁이었을까. 그러나 그리스는 살라미스 전투에서 페르시아에 승리했다. 기적적인 일이었다. 이 전쟁이 끝난 지 50년이 못된 BC 5세기경 다시 내전이 일어났다. 스파르타와 아테네가 갈라져 싸운 것이다. 이 전쟁에서는 스파르타가 승리하게 된다. 이 두 전쟁은 고대 그리스가 잊을 수 없는 것들이다.

펠로폰네소스 전쟁사는 아테네와 스파르타 전쟁 이야기다. 아테네 명문출신인 투키디데스는 이 전쟁에 해군 지휘관으로 파견되었다. 하지만 그가 지휘한 아테네군이 암피폴리스 전투에서 패하자 그는 전쟁이 끝날 때까지 모국에서 추방되었다. 그러나 그의 추방생활은 적의 자료를 수집할 수 있는 좋은 기회가 되었다. 불행도 때론 도움이 된다.

전쟁이 끝난 후 아테네에 돌아온 그는 아테네 사람들에게 환멸을 느끼고 이 책을 썼다고 한다. 하지만 그는 장군으로서 역사에 기록을 남겨야 한다는 사명감이 더 컸던 것으로 보인다. 펠로폰네소스 전쟁은 그 당시까지 일어난 최대 규모였고, 앞으로 이런 전쟁이 일어난다면 어떻게 해야 할 것인가 후대에 교훈을 남기고자 하였다. 이로 인해 그는 장군에서 일약 역사가로 탈바꿈했다.

후세 학자들은 그의 전쟁사를 놓고 좋게 평가했다. 학문적으로 볼 때 객관적이고 사실적 입장에서 역사를 기록했다는 것이다. 전쟁사를 쓰면서 어떤 감성적 요소를 가미하지 않았고, 신탁과 같은 신화적인 면도 빼 버린 채 인과관계에 따라 증거 중심으로 역사를 썼기 때문이다. 이로 인해 그는 사회학적, 역사적 방법론을 사용한 최초의 사가로 평가받았다.

펠로폰네소스 전쟁은 왜 일어났을까? 근본적으로는 아테네의 팽창에 대한 스파르타의 두려움 때문이다. 이를 위해선 아테네와 스파르타에 대한 이해가 필요하다.

아테네는 기후와 자연환경 모두 척박했다. 강우량도 적고 산이 많아 농사를 짓기에 적합지 않았다. 내적으론 평온하지만 살기 위해 관심을 밖으로 돌릴 수밖에 없었다. 이에 반해 스파르타가 속한 펠로폰네소스 지역은 비교적 비옥했다. 펠로폰네소스 지역은 전투가 끊이지 않았다.

아테네에 외지인들이 늘어나자 식량이 부족해졌다. 아테네는 이오니아 지방을 식민지로 개척했다. 스파르타도 질세라 이탈리아와 시칠리아를 식민지로 삼았다. 대부분의 곡물을 수입해야 했던 아테네는 해상무역이 발달했고, 그 결과 강한 해군력을 가지게 되었다. 하지만 스파르타는 육군이 강했다.

식민지 정책도 달랐다. 스파르타는 동맹도시에 세금을 부과하지 않았고 스파르타 정세에 맞게 과두정치를 했다. 하지만 아테네는 동맹도시와 이오니아 식민지에 세금과 선박을 징발했고, 세금을 내지 않으면 동맹도시라도 무력으로 엄격히 다스리며 세력을 넓혀갔다. 얌전한 아테네가 아니다. 아테네의 팽창에 위협을 느낀 스파르타는 아테네 동맹도시와 식민지 해방을 내세우며 전쟁에 들어갔다.

전쟁 초기 아테네는 페리클레스 지휘 아래 도시 전체에 방벽을 쌓아 방어에 나섰고, 밖으론 함대를 동원해 적에 피해를 입히는 전략을 취했다. 하지만 페리클레스가 죽자 전쟁의 양상이 달라졌다. 아테네, 이오니아, 트라키아, 이탈리아, 시칠리아를 가리지 않고 그리스와 그리스 식민지 전역에서 동시에 난타전이 벌어졌다. 10여 년간 전쟁에 시달린 양 진영은 결국 동맹조약을 맺기에 이르렀다.

하지만 조약이 체결된 후에도 각국의 불만은 사그라지지 않았다. 동맹에 참가하지 않은 여러 도시들 사이에 전투는 계속되었다. 아테네는 시칠리아 정복을 통해 활로를 찾고자 했다. 아테네의 전 함대가 투입된 이 전투에서 치명적인 패배를 당했다.

후유증은 심각했다. 아테네의 여러 식민지에서 동시에 반란이 일어났다. 펠로폰네소스군이 이를 지원했다. 아테네는 반란을 수습하기에 바빴다. 펠로폰네소스 군은 전쟁 종식을 위해서 페르시아 군과 손을 잡았다. 하지만 페르시아군의 생각은 달랐다. 양 진영 사이를 오고 가며 이간질하고 그리스 세력 전체의 약화를 노렸다. 펠로폰네소스 군이 아테네의 식량수입을 전담하고 있는 흑해 연안의 도시들을 공격하는 가운데 투키디데스의 전쟁 기록은 끝난다. 펠로폰네소스 전쟁은 BC 404년 펠로폰네소스 함대에 포위된 아테네인 스스로 아테네의 방벽을 허물고 모든 전선을 인도한 후 스파르타의 동맹국이 되면서 끝난다.

투키디데스가 아테네에 돌아와 이 책을 쓸 당시 페리클레스 치하의 아테네 영광은 점차 사라지고 희랍제국은 불안정했다. 화폐경제는 희랍의 질서를 파괴했다. 사람들은 이기적으로 변했다. 소피스트인 프로타고라스가 말한 대로 개인이 모든 것의 척도를 이루는 시대였다. 소피스트는 마치 상인들이 상품을 팔아 이익을 얻고자 하는 것처럼 어떻게 하면 권력을 획득하느냐 하는 것에 관심을 두었다. 투키디데스는 사회 불안과 정치 불안이 희랍의 정치이념을 근본적으로 위협한다고 보았다. 민주주의는 부자의 과두정치화, 폭군정치화가 되었다. 이런 상황 속에서 그는 펠로폰네소스 전쟁사를 기술해야겠다는 마음을 먹게 된다.

"도시에서 도시로 혁명은 파급되고, 급기야 단어가 원래의 의미를 잃게 된다. 인간성보다는 폭력적이다. 정당은 기존제도에서가 아니라 상대방을 넘어뜨리려는 목적에서 생긴다. 당원 간의 신뢰는 신념이 아니라 공범 관계에서 이뤄진다."

혼란시대에 각기 권력을 획득하기 위해 폭력이 난무할 수밖에 없었다. 도시국가에서 지도자들은 "시민들은 자유롭고 평등하다. 귀족정치의 위기를 타도하자."라고 말했다. 하지만 그것은 구실에 지나지 않았다. 선량한 시민들은 양자에 끼여 멸망하게 된다. 지도자들은 서로 싸우며 어느 편에도 참여하지 않는 시민에게 피해를 주어 망하게 한다. 이 사실은 희랍의 이성을 뿌리째 뽑고, 희랍의 영예를 조롱거리로 만들었다.

투키디데스가 볼 때 권력을 위해 폭력을 사용하는 것도 전쟁사다. 인간도 마찬가지의 특성을 가지고 있다. 혼란기엔 권력획득을 위해 도를 넘어 폭력을 행사할 수도 있다. 그러나 인간에겐 정의 감각이 있다. 인간은 역사를 초월하여 전쟁과 정의, 권력과 정당성이 반복되면서 어느 공통점을 발견할 수 있다. 여기에서 인간은 과거 역사를 보고 미래의 역사를 만들어간다.

투키디데스는 합당한 정치 행동의 길을 역사를 통해 최초로 제시한 인물이다. 희랍의 역사는 호머와 투키디데스에 의해 잘 묘사되어 있다. 호머는 서술적이었으나 투키디데스는 역사의 근본문제에 접근했다. 역사는 사실도 중요하지만 전체적 구조를 통해 역사의 흐름을 파악하는 것이 더 중요하다. 인간은 권력획득을 위해 여러 수단을 사용하지만 정의 감각이 이에 반발한다. 이로 인해 과거 역사에서 현재 역사를, 현재 역사에서 미래의 바른 정치 행동을 규정할 수 있다. 인간은 근본적으로 다르지 않다. 인류 역사의 주기적 성향을 통해 배워나가야 한다는 것이다.

"과거의 정확한 지식으로 미래를 설명할 때 인간사의 방향은 설사 그대로 되지 않는다 하더라도 이것과 거의 비슷하리라 본다면 이것은 옳다. 나는 당대의 찬양을 받으려고 이 사서를 쓰는 것이 아니라 모든 시대를 위해서 이 사서를 쓴다."

투키디데스는 역사가 주기적으로 진행한다고 본 최초의 학자이다. 그는 전쟁과 정의, 권력과 정당성처럼 두 가지 대립된 모순은 인간이 경험하는 이상 반복한다고 보았다. 그러니 모든 시대는 역사를 통해 배워야 한다. 홉스는 펠로폰네소스의 전쟁사에 감명을 받아 그 서문에 이 책을 높이 평가했다. 그는 서문에서 인간의 과거 행동에 관한 지식은 현재를 밝혀주고 장래를 통찰케 하는 지표라 했다.

투키디데스는 희랍 정신을 대변하는 정치가로서 소개되기도 한다. 그는 희랍의 혼란을 정의에 입각하여 해결하려 했다. 그는 혼합헌법

(Mixed constitution), 혼합정치(Mixed form of government)를 강조했다. 민주 요소는 군주 요소와 귀족 요소를 혼합하여 통치되어야 한다는 것이다. 정치의 융합일까?

마키아벨리는 이 영향을 받았다. 그는 군주의 이상적 인물로 보르기아(Cesare Borgia)를 상정하고 군주론을 폈다. 투키디데스의 이상적 인물은 페리클레스였다. 페리클레스는 지도자 자격을 갖춘 인물로 민주국가에서 당파가 심할 때 이를 잘 조절해 나간 모범적 정치인이었다. 그는 아테네 도시국가에서는 지도자로서의 자질을 가진 이런 개인이 필요하다고 생각했다. 투키디데스도 그렇게 생각하는 데는 이유가 있었다. 아테네 일부에서는 극도로 찬양하고, 일부에서는 극도로 경멸하는 민주주의 방식에 의해 통치되고 있었다. 표면적으론 민주주의를 내세운 아테네의 경우 페리클레스와 같은 구체적 인물이 필요했다. 그래야 형식적인 민주주의가 실질적으로 구현될 수 있기 때문이다. 민주주의는 인민에 의해 통치되어야 하지만 군주적 요소와 귀족적 요소를 닮은 '제1 인물(First man)'에 의해 실현이 가능하다. 일반적인 형태로 볼 때 각자가 법 앞에 평등할 경우 모든 사람이 법 앞에 평등하면 정치는 불가능하다. 제1 인물에 우선권을 부여해야 한다. 그가 잘해낼 수 있으리라 기대하기 때문이다. 투키디데스는 개인의 정치 행동의 유효성과 역사에서 개인의 역할을 이처럼 인정했다. 페리클레스를 너무나 좋아했기 때문이 아닐까.

투키디데스는 헌법을 기본법으로 삼았다. 그가 헌법을 기본법이라 한 것은, 헌법이 정치 구조를 규정하고, 이 구조를 통해 경제 및 문화

구조와 연결되기 때문이다. 서로 연관되고 견제하는 데서 정치가 유지된다. 헌법이 시행되려면 자유와 평등 같은 일반형식이 요구된다. 하지만 이것이 구체적으로 실현되려면 헤라클레스(Heracles), 곧 훌륭하고 강한 신이 필요하다. 아테네에도 헤라클레스가 나타나야 한다고 생각했다. 그의 혼합헌법 이론은 폴리비오스(Polybios), 키케로(Cicero), 토마스 아퀴나스, 몽테스키외, 토크빌로 계승되었다. 폴리비오스는 희랍인이지만 로마에 포로가 된 학자이다.

현재 자유와 평등은 민주국가에서 국민이 누려할 천부적 특권으로 인식되고 있다. 영국, 미국, 프랑스 국민도 이 원칙을 지킬 탁월한 정치지도자, 곧 투키디데스가 묘사한 페리클레스 같은 인물에 의해 나라가 통치되기를 바란다. 민주주의가 그리 호락호락한 정치가 아니기 때문이다. 투키디데스는 이 점을 그의 전쟁사에서 잘 묘사하고 있다. 그의 펠로폰네소스 전쟁은 단지 나라 간의 전쟁으로 묘사하고 있지 않다. 정치도 전쟁임을 드러내고 있다. 잘못된 민주주의는 금권정치로 타락할 수 있다. 금전에 매수되어 자유를 구속할 수 있기 때문이다. 그러니 정치를 잘해야 한다.

투키디데스는 페리클레스 사후 희랍의 정치 및 사회적 위기를 가슴 아프게 생각했다. 그는 이 문제를 근본적으로 타개하기 위해 정치적 사실을 있는 그대로 파악하고, 현실적 입장에서 바로 세워나갈 것을 강조했다. 이기적인 개인과 정치를 도덕적으로 바로 세워야 한다는 당위성도 있다. 그는 말한다.

"전쟁과 평화, 부패와 정의는 역사적으로 어떤 정신에 일치되는가에 따라 반복된다."

그의 역사 이론은 16세기와 17세기에 재생되었고, 현대에도 영향을 주고 있다.

3

장자
현실사회의 모순에 얽매이지 말고 자유롭게 소요하라

"배우고 때때로 익히면 또한 기쁘지 아니한가."
"벗이 멀리서 찾아오니 또한 즐겁지 아니한가."

불역세호(不亦說乎), 불역락호(不亦樂乎). 글의 말미에 공자가 자주 사용했던 말이다. 그러나 장자의 글은 다르다.

"사람들이 그와 짝하려 한다. 이 또한 슬프지 아니한가(不亦悲乎)."
"그것들이 떠나는 것도 우리는 막을 수가 없다. 슬프다(悲夫)."

기쁘다, 즐겁다는 말 대신 슬프다는 말을 사용했다.

왜 그랬을까? 인생을 보니 슬픈 광경이 많기 때문이 아닐까. 어떤 사람은 평생 열심히 일하는 데 오히려 성공과는 거리가 멀다. 삶에 지치고 병들어 있는데 갈 곳이 없다. 낮은 지혜를 가졌는데도 자기가 최고인 양 살아가는 사람도 있다. 썩어 없어질 육신인데 그것에 목매단다. 물질의 노예가 된 사람은 부지기수다. 명예에 눈이 멀고 육욕에 깊이 빠져 있다. 이런 모습을 보면 슬프다는 것이다. 왜 슬플까? 이런 사람은 자신의 몸만 망칠 뿐 아니라 나라도 망하게 하기 때문이다. 삶이 그래서야 되겠느냐는 말이다. 슬프다는 말엔 늘 그가 말하고 싶은 깊은 뜻이 담겨 있다.

장자는 송나라 사람이다. 그가 속한 나라는 작고 약했다. 하지만 그는 생각을 크게 가지며 살고 싶었다. 또한 눈에 보이는 세상은 부패하고 앞날이 보이지 않지만 그는 굳이 이것에 얽매이고 싶지 않았다. 생각의 크기와 깊이를 달리한 것이다. 그는 현실사회의 모순에 얽매이지 않고 정신적으로 자유로운 존재가 되고 싶었다.

그는 차별을 싫어했다. 인간과 인간, 인간과 자연, 문명과 야만 사이에 흔히 존재하는 차별을 거부하고, 모든 생물체는 그들만의 독특하고 고유한 가치가 있다고 보았다.

"천지는 나와 더불어 아무런 차별 없이 낳은 것이다. 만물과 나는 평등하다."

만물제동(萬物諸同)이다. 만물의 개체성과 특수성을 인정하며 조화롭게 살고자 한 것이다.

왜 이런 생각을 갖게 되었을까? 그것은 이도관지(以道觀之), 곧 도의 입장에서 사물을 보았기 때문이다. 어떤 사물이든 도를 가지고 있고, 자연과 인간이 한 뿌리로 통합된다. 인간이 내재적 가치를 가진 것처럼 자연도 내재적 가치를 가지고 있다는 말이다. 내재적 가치 때문에 인간이 존중을 받아야 한다면 자연도 존중을 받아야 하지 않겠는가. 인간이나 자연 모두 도 앞에서 평등하다. 높은 곳에 있다 하여 장대하다 말할 수 없고, 낮은 곳에 있다 하여 단소하다 말할 수 없다. 모두 같다.

하지만 인간은 만물이 평등하다는 생각보다 자기의 편견에 따라 대상을 판단하려 든다. 그래서 자연과의 관계뿐 아니라 인간 사이의 관계도 나빠진다. 그는 인간의 왜곡된 판단에 의존하지 않고 자연의 천균(天均)에 기대했다. 천균은 하늘의 저울추다. 이것은 자연법칙에 따라 균형 있게, 공평무사하게 하라는 말이다. 자연의 도와 일치할 때 바른 삶을 살 수 있기 때문이다.

슬프다는 그의 말은 잘못된 우리 삶에 대한 분노일 수 있다. 하지만 그는 비분강개로 마무리하지 않았다. 사회의 여러 모순을 바라보면서도 그 모순에 얽매여 자신을 망가뜨리지 않았다. 오히려 그것을 뛰어넘는 소요(逍遙)의 삶을 살고자 했다. 이것은 정신적으로 자유로운 삶을 사는 것을 말한다. 실제에서는 그런 삶을 살기 어렵다. 현실이 녹록치 않기 때문이다. 하지만 아무리 현실이 어렵다 할지라도 마음은 자유로울 수 있다. 그 자유의 공간을 찾아 나서는 것이 바로 그의 소요정신이다.

정신의 자유와 해방, 그는 이를 유(遊)라 했다. 유는 사실 상징적 표현이다. 유는 무엇보다 세속으로부터 벗어나 자유로움을 추구한다. 세속에 살지만 세속에 결코 지배당하지 않는다. 자유로운 영혼 아닌가. 이것이 바로 그가 말하는 유심(遊心)이다. 그 마음을 가질 때 도와 하나가 된다.

힘든 세속과 함께 자리하면서 진정 고차원적인 정신적 자유를 누릴 수 있을까? 어려울 수 있다. 아니 불가능할 수 있다. 하지만 극한상황에서도 어느 누구든 막을 수 없는 것이 마음의 생각이다. 장자는 마음의 자유를 추구한 인물이다. 비록 현실이 여유를 허용하지 않는다 해도 마음으로라도 그 자유를 누려야 한다고 생각했다. 어찌 보면 모순일 수 있다. 하지만 그 모순을 뛰어넘고자 하는 장자의 용기가 좋다. 그는 말한다.

"현실사회의 모순에 얽매이지 말고 자유롭게 소요하라."

현실 속에서도 온전한 삶을 살 수 있다. 네 마음을 밖의 것에 얽매이지 않게 하라. 앉거든 잊어버려라. 소요하고자 하는 장자의 마음을 과연 우리가 조금이라도 알 수 있을까.

4

명가
상식으로부터 탈출하라

명가(名家)는 제자백가의 하나로 명칭(名)과 실제(實), 형식과 내용의 관계를 논리적으로 분석해 명실(名實)의 불일치를 극복하고 그 관계를 바로 잡아 세상을 바로잡고자 했다. 이른바 명실합일론(名實合一論)이다. 명가는 한 마디로 명칭과 실제의 관계성을 바로 잡아 사회질서를 회복하려는 사람들이었다.

명가는 전국시대에 들어서 사회가 급격하게 변하면서 나타났다. 처음에는 예법을 정비하는 데서 시작했는데, 예법을 정비하기 위해선 사물의 명칭과 실체 사이에 나타나는 불일치를 바로잡아야 할 필요성이 대두되었다. 점차 인간의 인식의 한계성과 개념의 명확화가 요구되었다. 명가는 이 과정에서 명실의 관계를 바로잡아 사회의 혼란을 극복하고자 했다.

명가가 부상하게 된 데는 다른 이유도 있다. 당시 제후들은 서로 자기가 옳다는 논리를 내세워 이웃을 침략하곤 했다. 논리의 우위성을 차지하기 위해 말을 잘하는 변사나 사정을 잘 살피는 찰사를 우대하기 시작했는데, 이 우대정책이 명가를 키우게 된 것이다. 특히 제나라는 학자들을 대부로 예우했고, 이것이 직하학파를 여는 계기가 되었다. 윤문(尹文) 같은 명가들이 직하학파에서 활동했다.

명가의 대표적 사상가로 혜시(惠施)와 공손룡(公孫龍)이 있다. 혜시는 양혜왕 밑에서 재상을 지냈다. 혜시는 현상 세계의 공간과 시간을 논리적으로 분석하여 인간 인식의 상대성을 밝혔다. 그의 역물십사(歷物十事)가 대표적이다. 역물십사는 사물의 이해에 관한 10가지 역설적인 명제를 말한다. 이를 통해 혜시는 고정관념과 편견을 비판하고 인식의 상대성을 강조했다. 모든 사물이 차별성을 지니고 있고, 어떤 측면에서 이해하느냐에 따라 인식의 결과가 달라진다는 것이다. 혜시는 진리의 상대성을 강조하여 큼과 작음, 높음과 낮음, 과거와 미래, 중심과 주변 등의 절대적인 분별에서 벗어나 천지가 하나라는 관점에서 만물을 사랑하도록 했다. 혜시는 존재든 관념이든 모두 상대적 입장에서 차별성을 부정하고 만물이 하나라는 새로운 세계관을 제시했다.

혜시는 전쟁을 반대한 인물로 알려져 있는데 그 내용이 「장자」에 소개되어 있다. 양나라와 제나라가 우호조약을 맺었다. 그런데 제나라가 일방적으로 조약을 파기했다. 그러자 양나라는 제나라를 공격하려고 했다. 그 소식을 들은 혜시는 대진인을 만나 양혜왕을 설득할 수 있는 논리를 빌려주었다. 양혜왕을 만난 대진인은 왕에게 말했다.

"옛날에 달팽이 왼쪽 뿔 위에는 촉씨의 나라가 있고, 오른쪽 뿔 위에는 만씨가 나라가 있었습니다. 그런데 두 나라가 서로 땅을 빼앗으려고 싸웠습니다. 한번 전쟁이 나면 20여일 씩 싸웠고, 죽거나 다친 사람이 수만에 이르렀습니다."

임금이 어이없다는 표정을 짓자 대진인은 기회를 놓치지 않고 말했다.

"우리가 사는 세상을 끝없는 우주와 비교한다면 양나라와 제나라는 달팽이 뿔 위에 있는 촉씨와 만씨의 나라보다 과연 얼마나 크겠습니까?"

이 말을 들은 양혜왕은 대진인의 말에 감복하여 군사를 일으키지 않았다.

공손룡은 당시 사회의 혼란은 개념의 혼란에서 왔다고 생각하고 지물론(指物論), 백마비마론(白馬非馬論), 견백석론(堅白石論) 등을 통해 사물의 개념을 명확히 규정하려 했다. 언어적 개념에 대한 논리적 분석을 통해서 인간 인식의 한계를 밝히고, 세상을 바로 잡고자 한 것이다.

물(物)과 그것을 나타내는 지(指)가 구별된다. 하지만 만물은 지가 아닌 것이 없다(物莫非指)고 했다. 인간의 인식은 물 자체가 아니라 지를 통해서 이루어진다. 이것이 그의 지물론이다. '흰말은 말이 아니다'라는 백마비마론은 개념의 외연(外延)과 내포(內包)를 엄격하게 분석하고 구분한 것이다. 흰말과 말의 관계를 정확히 나타내려면 흰말은 말의 일종이라 해야 한다. 그렇지 않으면 개나 소도 말이 될 수 있다. 그러니 일상에서 쓰는 말도 개념을 바로 해야 한다는 것이다. 견백론에서 그는 단단하고(堅) 흰(白) 돌은 나눌 수 있다고 했다. 희다는 것은 보고 아는 것이고, 단단하다는 것은 만져야 알 수 있다. 물체에 따라서는 희지만 단단하지 않은 것도 있고, 단단하지만 희지 않은 것도 있다. 따라서 단단한 것과 흰 것은 서로 다르다는 것이다.

공손룡은 이 비유를 통해 인간의 경험과 감각 기관에 따른 인식은 제한되어 있어 물(物) 자체의 전체 속성을 이해할 수는 없으며, 인간의 인식은 상대적이고 주관적일 수밖에 없다고 했다. 공손룡은 명과 실, 개념과 실제의 관계를 엄격하게 분석해 천하를 올바로 가르치고자 했다.

명가는 한마디로 상식으로부터 탈출하고자 했다. 명가를 상식 파괴자로 보는 것도 이 때문이다. 그들은 일반화된 상식을 부숨으로써 사회를 비판하고 사회를 변화시키고자 했다. 명가는 남들이 동쪽이 옳다고 할 때 서쪽을 말했고, 북쪽이 옳다고 할 때 남쪽을 말했다. 그들은 파괴를 통해 새로운 것을 세웠다. 남들로 하여금 마음으로 따르게 할 필요도 없고, 반드시 참일 필요도 없다. 문제 제기를 하면 사람들은 자신을 돌아보게 된다. 그것으로 좋은 것이다. 비판이 없으면 발전하기 어렵기 때문에 비판은 언제나 필요하다. 명가는 이런 사람들이었다. 그들은 상식을 부숨으로써 열심히 비판 기능을 수행했다.

「여씨춘추」에 공손룡의 얘기가 나온다.

진나라와 조나라가 서로 돕기로 조약을 맺었다. 그런데 얼마 지나지 않아 진나라가 위나라를 공격했다. 조나라는 위나라를 도우려 했다. 화가 난 진나라가 사신을 보내 조약위반이라며 따졌다. 다급해진 조나라 왕이 공손룡에게 도움을 청했다. 그러자 공손룡은 이쪽에서도 사신을 보내 조나라가 위나라를 도우면 진나라도 약속대로 조나라를 도와야 하는데 오히려 위나라를 공격하고 있으니 조약위반이라 따지도록 했다.

공손룡의 이런 모습은 궤변처럼 보인다. 하지만 그의 생각은 달랐다.

"나는 다른 것과 같은 것을 합치기도 하고, 붙어 있는 개념을 떼어놓기도 했다. 나는 옳지 않은 것을 옳은 것으로 만들고 불가능을 가능으로 만들어 모든 사람들이 알고 있는 것을 혼란에 빠뜨렸다."

한 마디로 상식을 부쉈다는 말이다.

명가는 주류로부터 호된 비판을 받았다. 공손룡의 백마비마론은 궤변의 대명사로 꼽혀왔다. 그리스의 소피스트라는 평가도 받았다. 순자는 "기묘한 말장난에 지나지 않는다."고 했고, 사마담은 "복잡하게 얽힌 정교한 문구의 미세한 부분까지 엄밀하게 밝혀서 남들이 자기 뜻을 반박할 수 없도록 만들었으며 개념을 명확히 밝히려다가 상식에서 벗어나게 되었다."고 꼬집었다. 이것은 명가의 논리가 중국의 주류 사유방식에 맞지 않았음을 보여준다. 더욱이 진나라에 의해 통일이 이뤄진

상황에서 상식의 부정은 더 이상 의미를 갖기 어려웠다.

명가는 논리적이고 분석적인 방법론을 발달시켜 중국 고대 철학의 수준을 높이는 데 크게 기여했다. 하지만 후대로 이어지지 못한 아쉬움이 있다. 그렇다고 명가가 죽은 것은 아니다. 그들이 제시한 다양한 비유는 지금도 인간 인식의 상대성과 제한성을 보여주고, 상식과 경험에 기초한 고정관념과 편견을 극복해야 한다는 교훈을 심어주고 있다. 실보다 명을 좇는 시대가 명심해야 할 교훈이다. 더욱이 상식을 깨뜨리고자 한 그들의 노력은 박수를 받아 마땅하다. 이런 점을 보면 중국 사상도 다양하다는 것을 실감한다.

5

한비자
법과 세와 술이 답이다

법가는 제자백가 가운데 가장 현실적이고 실천적 이론을 낸 학파다. 진나라는 법가 사상을 바탕으로 통일을 이룰 수 있었다. 법가에는 관포지교로 잘 알려진 관중(管中)을 비롯해 자산(子産), 신도(愼到), 신불해(申不害), 상앙(商鞅), 한비자(韓非子) 등이 포진해 있다. 이들은 군주는 덕이 아니라 법(法)과 세(勢)와 술(術)로 통치를 해야 한다고 주장했다. 왕권을 튼튼히 하기 위해서는 이것들이 필요하다는 것이다. 이것은 덕 있는 사람만이 임금이 될 수 있다고 한 유가의 생각과는 차이가 있다.

상앙은 법치주의를 바탕으로 한 부국강병을 주장했다. 그는 법치주의를 완성하기 위한 방법으로 연대책임제와 신상필벌을 제시했다. 연대책임제는 백성들의 집을 집단으로 묶어 여러 집이 공동으로 책임을 지게 하는 것을 말한다. 중국뿐 아니라 조선사회에도 이 같은 제도가 있었다. 신상필벌은 지위고하를 막론하고 상을 줄 일은 반드시 상을 주고 벌을 줄 일은 반드시 벌을 주는 것으로, 군주를 제외한 모든 사람에게 평등하게 적용하도록 했다. 법을 엄격하게 적용하되 그 내용을 자세하고 명확히 알 수 있도록 해 멋대로 해석하는 일이 없도록 했다. 한비자는 법이 없으면 혼란이 일어난다고 보았다.

신도는 세를 강조했다. 세는 권세 또는 권력을 의미한다. 한비자도 이 생각에 동의했다. 그에 따르면 세는 호랑이와 표범의 날카로운 이빨과 발톱과 같다. 세가 없는 임금은 이빨과 발톱이 빠진 호랑이와 같다. 세는 어디에서 나올까? 왕이라는 지위에서 나온다. 이것은 왕의 도덕성이나 능력에서 나온다고 본 유가와는 생각이 아주 다르다. 현명한 군주가 세, 곧 절대적 권력을 가지고 다스리면 신하들이 감히 군주를 속이려 하지 않고 백성들이 기꺼이 봉사하게 된다고 보았다. 이것은 군주를 사랑해서가 아니라 군주의 권세를 두려워하기 때문이다.

신불해는 술을 강조했다. 술은 방법, 기술, 전술을 뜻한다. 통치자가 신하를 제압하기 위해 정치적 책략이 필요하다고 보았다. 한비자는 더 구체적이다. 그에 따르면 술은 군주는 자신의 생각을 가슴에 묻어두고 신하의 행동 등 여러 단서를 수집하고 분석하여 암암리에 그들을 지배하는 것이다. 술은 군주가 관리를 통솔하는 은밀한 행동이기 때문에 법과 달리 알려서는 안 된다. 군주가 내심을 드러내지 않고 신하를 전격적으로 파면하고 등용하는 것도 제압하는 한 방법이다. 신하는 언제 파면될지 또는 승진할지 몰라 전전긍긍한다. 좀 으스스하다. 권모술수가 판치지 않을까 걱정이다. 그런데 법가는 말한다.

"군주에게 이런 술이 없으면 윗자리에 있어도 정보에 어두워지고 통치에 문제가 발생한다."

요즘 이 말이 통할지 모르겠다.

한비자는 법과 세, 그리고 술을 제왕에게 절대적으로 필요한 통치 도구로 보았다. 그리하여 상앙의 법, 신도의 세, 신불해의 술을 종합해 법가 사상을보다 높은 차원으로 올려놓았다.

한비자는 무엇보다 현실의 효용성을 강조했다. 다음은 그의 말이다.

"무릇 아무것도 꿰뚫을 수 없는 방패와 어떤 것도 뚫지 못하는 창은 같은 시대에 존립할 수 없다. 지금 요와 순을 함께 칭찬할 수 없는 것은 바로 이 창과 방패 같기 때문이다."

유가는 요 · 순을 높였다. 하지만 유가를 비판한 법가에게는 요 · 순을 높일 이유가 없었다. 유가에서는 지배계층은 예로 다스리고, 백성들은 법으로 다스리도록 했다. 하지만 법가는 백성뿐 아니라 지배계층도 법의 적용을 받도록 했다. 덕이 아니라 법으로 다스리는 것이 효율적이기 때문이다.

한비자는 인간의 이기적인 심리를 이용해 부국강병을 이룰 수 있다고 보았다. 이것은 순자의 성악설에 바탕을 둔 것이다. 하지만 순자와 법가는 차이가 있다. 순자는 인간의 의지적인 노력을 통해 악한 본성을 극복하고자 했지만 법가는 악한 본성을 인간의 이기심을 이용하여 통치하고자 했다.

인간의 이기심을 어떻게 이용한다는 것인가? 그는 주인과 종업원에 대해 말한다. 주인이 종업원에게 잘해준다. 그것은 종업원을 아끼기 때문이 아니라 더 열심히 일하기를 바라는 이기심 때문이다. 그 역도 마찬가지다. 종업원이 주인을 위해 열심히 일한다. 주인을 아끼기 때문이 아니라 더 좋은 보수를 받기 위해서다. 이처럼 서로 이해관계가 맞으면 화목하게 살 수 있다. 하지만 이해관계가 충돌하면 부모 자식 사이라도 충돌할 수밖에 없다. 낯선 사람끼리 화목하게 살려면 이해관계가 맞아야 한다. 이것은 이기심도 유용하게 사용될 수 있음을 말해준다.

한비자는 실용적인 법가 사상을 좋아했다. 그 방법을 사용하면 나라가 잘되리라 생각하고 건의해 보기도 했다. 하지만 쉽게 받아들여지지 않았다. 그는 부국강병 안을 10만여 자의 책으로 썼다. 그 가운데 '고분'과 '오두' 두 편을 진시황이 읽게 되었다. 탄복한 진시황은 이 사람과 함께 일할 수 있으면 죽어도 한이 없겠다고 했다. 진시황은 법가의 사상을 기본 정책으로 삼아 춘추전국시대의 혼란을 잠재우고 통일하였다.

법가는 도덕보다는 현실에 초점을 맞췄으며, 이상보다는 현실 상황에 맞는 능률적 사고를 중시했다. 법가는 실용성을 기준으로 모든 것을 평가했고, 생산노동에 참여하지 않는 공상적 이론을 모두 부정했다. 진시황의 분서갱유도 이 때문에 일어났다. 혹자는 문화혁명기를 유가와 법가의 대립으로 파악하기도 한다.

법가는 진보적 사상으로 비판을 받았다. 유가 사상이 강한 중국에서 꾸준히 살아남기도 어려웠다. 하지만 법가의 현실적 관점, 진보적이고 실천 지향적인 관점은 높이 평가되고 있다. 현대에 와서 법가가 주목받는 것도 이 때문이다.

그렇다면 중국의 왕들은 법가를 버렸을까? 그렇지 않다. 표면적으로는 유가의 도덕을 내세웠지만 나라를 다스리는 데는 법가의 방법을 사용했다. 그러므로 유교의 도덕론과 법가의 실용론이 중국을 이끌어왔다 하겠다.

법가는 현대에 와서도 법, 경영, 행정, 응용심리, 관리 등 다양한 부분에서 힘을 발하고 있다. 법가는 말한다.

"법은 시대에 따라 바뀌어야 하고, 정치도 현실에 따라 달라져야 한다."

이 점에서 법가는 보다 앞선 느낌이다. 그 시대로 봐서 더 그렇다.

6

진독수와 호적

과학과 민주에 눈을 뜨라

20세기 들어 중국인들이 기억하는 큰 사건 세 가지가 있다. 1911년 10월 10일의 신해혁명, 1919년 5월 4일의 5·4운동, 그리고 1949년 10월 1일의 중화인민공화국의 성립이다. 이 세 사건은 중국이 기나긴 봉건사회의 틀을 벗어나면서 총체적인 변화를 가져온 사건이다.

중국은 이전의 양무운동과 변법운동은 실패했다. 이것은 더 이상 청나라 지배층의 개혁이 가능하지 않다는 것을 보여주었다. 이제는 부분적인 개혁이 아니라 총체적인 변화가 절실함을 깨달은 터에 이런 사건들이 연이어 일어난 것이다.

신해혁명이 일어나자 중국인들은 큰 기대를 가졌다. 꺾일 것 같지 않던 청 왕조가 무너졌기 때문이다. 하지만 원세개와 군벌의 전제제도가

부활하자 기대는 순식간에 무너져 내렸다. 5·4 신문화운동은 중국 전통문화에 대한 깊은 회의와 함께 과학주의 추구로 나타났다. 근대 서양 과학문화를 적극 수용하면서 중국인의 의식을 개조하고자 한 것이다.

5·4운동을 선두에서 이끌었던 인물로 진독수(陳獨秀)와 호적(胡適)이 있다. 그들은 봉건전통을 비판하고 백화운동(白話運動)을 통한 의식혁명을 주도했다. 백화운동은 모든 사상과 감정을 표현함에 있어서 어려운 전통적 문어체를 사용하지 말고 일상에서 사용하는 구어체, 곧 백화문(白話文)을 사용하도록 한 신문화운동이다.

진독수는 '청년에게 고함'이라는 글을 통해 중국의 전통문화를 비판하고 새로운 사상의 도입과 의식의 변화를 촉구했다. 무엇보다 과학과 인권을 중시해야 한다고 했다. 이것은 5·4운동에서 과학과 민주라는 구호로 나타났다. 여기서 과학은 근대서양의 과학적 성향을 말한다. 다윈의 진화론, 아인슈타인의 상대성 이론 등은 그의 관심 대상이었다. 근대서양과학은 물론 근대 사회과학도 포함되어 있다. 민주는 근대서양의 민주공화정과 천부인권을 의미한다. 그는 과학을 새(賽) 선생, 민주주의를 덕(德) 선생이라 불렀다. 그는 과학과 민주의 기치를 내걸고, 신사상·신도덕·신문화를 제창했다.

1919년과 21년 사이에 듀이와 러셀 등 서구사상가들이 중국을 방문했다. 듀이는 3년 동안 중국 청년지식인들에게 실용주의를 가르쳤고, 러셀은 10개월 동안 신실재론과 논리학을 소개했다. 서양의 이론을 접하면서 중국이 발달하지 못한 이유가 과학과 민주주의의 결핍에 있다는 것을 절감했다. 듀이의 제자인 호적은 중국 지식인들에게 비판적 의식과 과학적 사유를 고취시켰다. 그는 5·4운동 이후 10년 동안 중국 사상계를 이끌었다.

특이한 것은 당시 진보사상가들이 진화론을 적극 받아들였다는 점이다. 그것은 낡은 도덕과 문화를 물리치고 새로운 도덕과 문화를 쟁취하자는 뜻이 담겨 있다. 진화론은 마르크스주의가 중국에 도입되기 이전 제국주의와 봉건전통에 반대하는 이론으로 작용했다. 이것은 중국 근대지식인들의 정치적 실천과 연관되어 있다. 과거로 퇴행해서는 안 된다는 생각 때문이리라.

신문화운동이 심화되면서 실용주의과학주의사회진화론에 이어 독일의 고전철학, 특히 칸트와 헤겔의 철학에 주목하기 시작했다. 이것은 1921년 공산당이 성립되고 좌우익의 투쟁이 격화된 시기와도 맞물려 있다.

5·4운동은 서구사상의 대거 수입을 낳았고, 중국 지식인들의 생각을 새롭게 하는 데 기여했다. 하지만 서양문화를 무비판적으로 수용했으며 중국 현실에 대한 냉철한 분석이 결여되었다는 비판이 일었다. 이 비판은 자연히 동서 문화논쟁으로 번지게 되었다.

두아천(豆亞泉)은 중국과 서양은 근본적으로 다르며 동방에도 고유문화와 정신이 있다고 주장했다. 동방이 정적인 문명으로 발전해왔다면 서방사회는 동적인 문명으로 발전해왔다. 그는 이러한 차이를 무시하고 서방의 물질문명에 현혹된다면 한 나라의 정신이 파산되는 것이라 했다. 그는 유가사상을 중심으로 중국의 문명을 발전시키고자 했다.

제1차 세계대전이 끝난 뒤 양계초(梁啓超)가 파리를 방문했다. 그는 귀국보고에서 서양이 자랑하는 과학과 민주가 야만적인 전쟁을 일으키고 결국 세계와 문명의 멸망을 가져올 것이라며 과학파산론을 주장했다. 서양이 파괴의 길을 가게 된 것은 과학 만능주의에 빠져있기 때문이며, 이를 극복하기 위해서는 동양의 정신문명을 부흥시켜야 한다. 그렇다고 그가 서양사상 모두를 부정한 것은 아니다. 중국인은 정신생활을 중시해야 할 뿐만 아니라 서양의 문명과 자신의 문명을 규합하고 확충하여 세계문명을 바르게 이끌 책임이 있다고 보았다. 동양문명으로 서양문명을 구제해야 한다는 것이다. 이에 비해 장사교(章士釗)는 중서문화조화론을 내놓았다.

동서 문화논쟁은 크게 동방문화본위파와 전반서화파로 갈라지기도 했다. 국민당과 공산당의 투쟁이 격화된 시기에도 중국문화본위파와 전반사화파의 논쟁이 있었다. 이 두 파 모두 중서문화를 어떻게 보느냐, 중국 근대화를 어떤 방향으로 이끌고 나갈 것이냐에 따라 의견이 갈렸다. 중국본위파는 중국문화의 복구를 주장하는 쪽이고, 전반사화파는 서양을 따르자는 쪽이다. 섭청(葉青)은 중국본위문화론은 중국 국가주의 냄새가 강하고, 전반서화론은 중국을 서구제국주의문화의 노예로 만드는 것과 같다 했다. 둘 다 문제가 있다는 것이다.

양수명(梁漱溟)은 인류문화를 서양, 인도, 중국 세 유형으로 나눴다. 서양은 욕망추구형 문화, 인도는 욕망억제형 문화, 중국은 욕망조화형 문화라 했다. 세 문화가 가는 길은 같지 않다. 따라서 현대화에 있어서도 중국 나름대로 독자적인 길을 가야 한다. 서양문화는 이미 폐단이 드러났기 때문에 세계는 중국의 길, 곧 공자의 길로 나갈 필요가 있다.

중국 위주의 사고다.

이에 대해 호적의 생각은 달랐다. 양수명의 주장은 역사적 사실을 고려하지 않은 주장이며 서양 근대문명은 행복을 추구하는 것으로 인류의 정신적 욕구를 결코 경시하지 않았다고 보았다. 호적은 서구화가 오히려 중국이 가야 할 유일한 길이라 했다. 1930~40년대에 이르러서는 동서문화의 대립보다 동서문화의 융합을 강조하는 쪽으로 흐름이 바뀌었다. 이 시기의 대표적 학자로 풍우란(馮友蘭)과 하린(賀麟)이 있다.

어느 나라나 근대화를 추진함에 있어서 전통이냐 서구화냐의 싸움이 있었다. 동서 문화논쟁을 보면 중국도 예외가 아니었다. 확실한 것은 어느 한쪽만을 강조하는 것은 모두가 지는 싸움이라는 것이다. 둘의 장점을 취하고, 단점을 버리는 것이 무엇보다 중요하다. 그래야 모두가 이길 수 있다.

7

풍우란
동서양 사상은 근본적으로 같다

지금이야 중국이 곧 미국을 앞설 것이라 예견될 만큼 달라져 있지만 60~70년 전만 해도 달랐다. 당시 중국 지식인들은 "왜 중국은 서구에 비해 근대화가 뒤졌는가?" 라는 큰 의문부호를 가지고 있었다. 이것을 학문적으로 집요하게 파고들어 중국인들의 상처 난 자존심에 위로를 해준 사람이 바로 풍우란(馮友蘭)이다. 우리에게 펑유란으로 잘 알려진 그는 박근혜 대통령이 중국을 방문할 때 그를 언급함으로써 그에 대한 우리의 관심이 높아지기도 했다.

풍우란은 무엇보다 전통유학을 논리적으로 체계화한 현대신유가이다. 웅십력(熊十力)이 현대신유학의 기초를 놓았다면 풍우란은 항일시대의 사상경향을 대표하는 학자이다.

현대신유가는 어떤 사람들일까? 현대신유가는 마르크스주의와 함께 가장 광범위한 유파를 형성했던 사람들이다. 그들은 현대의 유학자로서 유학을 중국문화의 정통이자 뿌리로 여겼고, 유가의 가르침을 계승하고 유가학술을 널리 펴는 것을 임무로 삼았으며, 송명성리학 가운데 도덕주의를 존중했다. 아울러 서양사상도 적극 수용하였다.

풍우란이 처음부터 마르크스 사상에 동조한 것은 아니다. 한때 장개석을 도왔기 때문이다. 장개석이 1949년 함께 대만으로 가자고 했다. 하지만 그는 그 요청을 정중하게 거절했다. 그러곤 모택동에게 편지를 썼다.

"과거 저는 봉건 철학을 강의하고 국민당을 도왔습니다. 하지만 이제 사상을 개조해 마르크스주의를 공부하기로 결심했습니다."

모택동은 그를 북경대 교수로 복귀시켰다.

유학자 가정에서 자란 그는 전통문화의 영향을 많이 받았다. 북경대학 철학과를 나왔고, 5·4 신문화운동이 터진 1919년 미국 콜롬비아 대학에서 공부를 했다. 이곳에서 실용주의를 접했고, 후에 신실재론과 베르그송 사상에 빠졌다. 논리적이고 실제적인 성향은 이때 형성된 것이다.

1934년 그는 두 권으로 된 「중국철학사」를 내놓았다. 이 책은 중국 최초로 체계화된 중국사상사였다. 이 책이 나오자 중국은 흥분했다. 비록 과학기술은 서양에 뒤졌다 해도 철학 사상만큼은 서양보다 앞섰을 것이라는 기대감을 채워주었기 때문이다.

그는 중국철학사를 두 시기로 나누었다. 중국의 사상이 막 형성되던 춘추전국시대, 즉 학문으로 말하면 제자백가 시대로 그는 이 시대를 '자학시대(子學時代)'라 했다. 그 후 사상이 어느 정도 정리되어 유학이 중국철학의 중심으로 떠오른 시대를 '경학시대(經學時代)'라 했다. 그는 중국철학이 계승해야 할 시대로 자학시대를 꼽았다.

춘추전국시대는 정치사에서 볼 때 혼돈의 시대였다. 하지만 사상이 꽃 핀 시대였다. 통일왕조 시대인 한나라 때 유학이 국가의 통치철학이 되었다. 다른 사상들은 유학에 밀리게 되고, 유학자의 입맛에 맞는 것만 살아남았다. 경학은 송나라 때 절정을 이룬다. 기존의 원시 유학에 신진사대부들의 철학이 가미되면서 성리학으로 자리를 잡았다. 유학은 흔들릴 수 없는 중국의 지배이념이 되었다. 불교나 도교의 철학은 유학의 공격을 받았다.

그의 사상적 진면목은 6권으로 된 「정원육서」(貞元六書)에서 찾아 볼 수 있다. 그는 주자학의 관점을 서양의 신실재론에 접붙여 자기 나름대로 사상을 구성했다. 새로운 성리학이라는 뜻에서 '신리학(新理學)'이라 했다. 신리학은 주자학의 이기론(理氣論)을 보편과 특수라는 논리개념으로 재해석해 전통사상에서 부족한 점을 논리적으로 체계화한 것이다. 그는 이(理)가 사물 속에 있는데, 보편이 특수 속에 깃들여 있다고 보았다. 이 둘은 분리될 수 없다. 이는 사물이고 사물은 곧 이라는 것이다. 다양한 현상(氣) 속에 보편적 진리(理)가 존재한다는 율곡 이이의 생각과도 닿아있다.

풍우란에 따르면 사물의 보편과 그 사물은 있으면서 같이 있고 없으면 같이 없다. 사물의 특수는 감각의 대상이며 볼 수 있고 만질 수 있다. 이에 반해 사물의 보편은 사유의 대상이며 실험실 속에서 그런 보편을 추상해 낼 수 없다. 이를 개념화하면 '구체적 보편'이다. 구체적 보편의 내포(內包)는 이이고 외연(外延)은 사물이다. 이와 사물, 내포와 외연은 함께 있다. 한 짝이요 한 몸이라는 말이다. 사람들이 그것들을 분석할 때 분별되고 대립되는 것으로 인식할 뿐이다. 따라서 이것은 존재의 문제라기보다 인식의 문제이다.

"고요하고 아무런 형체가 없으되 모든 형상이 빽빽하다."

이의 세계를 형용한 말이다. 추상적 인식세계는 그렇게 우리 속에 존재한다.

그는 박사학위 논문을 통해 동양의 정신문명과 서양의 물질문명도 본질적으로 차이가 없다고 주장했다. 서양에서도 정신문명을 중시하는 태도가 있고 동양에서도 물질문명을 중시하는 관점이 있기 때문이다. 동양이든 서양이든 인류의 본성은 본디 같고 사상도 다르지 않다. 동서양 사상이 근본적으로 구분되지 않는다고 했다.

그렇다면 무엇이 다를까? 그것은 옛것을 고수하느냐 새것을 받아들이느냐의 차이일 뿐이다. 서양은 산업혁명과 과학의 발전을 통해 새것을 받아들이면서 물질문명이 주도하고, 중국은 새것을 받아들이지 못한 탓에 정신문명이 주도하는 세상으로 남아있을 뿐이라 보았다. 그는 언젠가 중국이 근대화가 되면 중국에도 옛것과 다른 근대철학이 발전할 것으로 보았다. 지금 중국이 물질적으로 발전하는 것을 보면 그의 혜안이 돋보인다.

1960년대부터 그는 자신의 「중국철학사」를 개정하는 작업에 착수했다. 그리고 죽기 직전까지 7권의 대작인 「중국철학사신편」을 마무리했다. 그는 왜 이 작업에 그토록 몰두했을까? 인류가 수천 년에 걸쳐 축적한 지식을 그는 진리의 불꽃으로 간주했다. 그는 자신의 생명을 연료삼아 피를 토하듯 글을 남긴 학자들 때문에 지금까지 지식이 살아있다고 생각했고, 자신도 그 일에 동참하고자 개정작업을 한 것이다. 누에는 생명을 바쳐 실을 토해내고 초는 목숨을 다하여 빛을 낸다. 그는 우리도 그처럼 살아야 한다고 말한다.

그에 대한 평가는 양분된다. 중국 밖에서는 공산주의로 변절한 자로, 중국에서는 서양사상에 치우쳐 중국사상의 진목 면을 바로 보지 못한 자로 평가했다. 하지만 중국사상사에 대해 평생에 걸쳐 연구한 열정과 새로운 사상에 대한 그의 실험정신은 높이 평가받아야 마땅하다. 그처럼 동서양을 아우른 이를 어디 또 쉽게 찾아볼 수 있겠는가.

8

본회퍼
두려워 말고 인생의 폭풍우 속으로 나아가라

죽음을 얼마 앞두지 않은 시기에 본회퍼(D. Bonhoeffer)는 부켄발트 수용소에 있었다. 그곳에는 자기처럼 히틀러에 저항했던 정치범들과 전쟁 포로들이 있었다. 한 치 앞을 모르는 불안과 공포가 그들의 마음을 점령하고 있었다. 목사인 그는 이들을 하나님의 말씀으로 격려하고 위로할 필요를 느끼고 그들에게 다가갔다. 그는 사람들에게 오늘을 주신 하나님께 감사하고 작은 것 하나에도 감사하도록 했다. 그라고 왜 불안하지 않았을까.

그에겐 약혼자가 있었다. 이름은 마리아. 그녀만 생각하면 꿈이 생겼다. 하지만 수용소의 벽은 너무 높았고, 그를 자주 절망하게 만들었다. 그는 수용소에서 "나는 누구인가?"라는 시를 썼다.

"사람들은 내가 간수들과 대화할 때 자유롭고 다정하고
맑게
마치 명령하는 사람은 그들이 아닌 나인 것처럼
행동한다고 말한다.

나는 정말 사람들이 말하는 것과 같은 자일까?
그렇지 않으면 다만 나 자신만 알고 있는 자에 불과할까?
새장 속의 새처럼 불안하게, 그리워하다 병들고
목을 졸린 사람처럼 숨 쉬려고 몸부림치고
색깔과 꽃과 새들의 노랫소리와
친절한 말과 이웃들을 그리워하며

기도하고 생각하고 창작하는 데 지쳐서 허탈에 빠지고
의기소침하여 모든 것에 이별을 고하려고 한다.

나는 도대체 누구인가? 이 고독한 물음들이 나를
비웃는다.
내가 누구이건
오, 하나님 당신은 아십니다.
나는 당신의 것입니다."

이 시를 보면 "오호라 나는 곤고한 사람이로다." 고백한 바울이 생각난다. 본회퍼는 한 인간으로서, 하나님의 사람으로서 긴 고독과 싸우고 있었다.

1945년 4월 8일은 그의 마지막 날이었다. 그 날 아침에도 그는 수용소 죄수들과 함께 예배를 드리고 있었다. 그가 택한 본문은 이사야 53장 5절.

"그가 채찍에 맞음으로 우리가 나음을 입었도다."

말씀을 읽은 다음 기도를 했다. 그런데 기도가 끝나기도 전에 문이 열리더니 간수가 동행할 것을 요구했다. 때가 온 것이다. 그는 방 안의 사람들을 한 사람씩 둘러보면서 인사를 했다.

"이젠 끝이네요. 그러나 나에게 있어서 이젠 새로운 삶의 시작입니다."

그는 다른 세계를 보고 있었다.

교수형을 받기 전 집행관이 선고문을 읽었다. 그때 본회퍼는 무릎을 꿇은 채 기도를 하고 있었다. 집행시간이 되자 죄수들은 옷을 벗으라는 명령이 떨어졌다. 교수형에 처해지기 전 짧은 시간이 허용되었다. 이 땅에서 마지막으로 숨 쉬고 생각할 수 있는 시간이었다. 그때도 본회퍼는 꿇어앉아 기도했다. 그 뒤 그는 곧 처형되었다. 그의 나이 39세.

본회퍼는 21살 때 베를린 대학에서 박사학위를 받았다. 박사학위 논문 제목은 '성도의 교제(Sanctorum communio)'이고, 부제는 '교회 사회학에 대한 신학적 연구'였다. 사회신학을 한 것이다. 칼 바르트는 이 논문을 두고 신학적으로 볼 때 하나의 기적이라 했다. 최우수 논문이라는 말이다. 그는 이 대학에서 가르쳤다. 또한 핑겐발데 신학교도 이끌었다.

당시 독일은 제1차 세계대전으로 무너진 경제와 자존심을 회복시킨 히틀러에 열광했다. 독일교회는 그를 하나님이 보내주신 구세주라 칭송했다. 하지만 본회퍼는 열띤 히틀러운동에서 반기독교적이고 우상숭배적 요소가 있음을 직시하였다. 히틀러가 총통이 된 다음 날 그는 라디오 생방송을 통해 '자신을 신성화하는 지도자는 신을 모독하는 자'이며 히틀러를 맹목적으로 추종하는 행위를 비난했다. 방송은 중단되었고, 그는 감시 대상이 되었다.

그러나 그의 저항은 그치지 않았다. 그는 히틀러의 명령에 따라 유대인을 쫓아내는 독일교회를 비판하며 그런 교인들은 찬송가를 부를 수 없다고 했다. 예수님은 인종을 차별하지 않고 모든 사람을 위해 죽으셨는데 특정인들을 막는 것은 예수의 죽으심을 거부하는 반기독교적 행위라는 것이다. 그는 히틀러를 반대하면서 신앙의 순수성을 지켜내고자 했다.

그는 신학생들에게 성경을 깊게 연구하고 묵상할 뿐 아니라 기도도 열심히 하도록 했다. 또한 그는 누구보다 앞서 가난한 자, 소외받는 사람, 억압당하고 멸시받는 자들의 편에 섰다. 그는 교인들로 하여금 고난당하는 사람들의 관점에서 보도록 했다. 이것이 바로 그가 그토록 강조한 '밑으로부터의 시각(Blick von unten)'이다. 그는 그리스도인들로

하여금 철저히 이웃을 위한 존재로 살아가도록 했다.

그는 1945년 4월 9일, 독일이 항복하기 딱 한 달 전에 교수형에 처해졌다. 참으로 애석한 일이 아닐 수 없다. 그러나 그가 남긴 말과 행적은 우리로 하여금 다시 일어서게 한다.

"미친 사람이 차를 몰고 거리를 질주하고 있다. 나는 성직자니까 그 차에 희생된 사람들의 장례나 치러 주고 그 가족을 위로하는 것으로 만족해야 하는가? 내가 그 자리에 있었다면 그 자동차에 뛰어올라 미친 운전자에게서 핸들을 빼앗아야 하지 않았겠는가?"

"사고의 세계로 도망치지 마라. 오직 행위에만 자유가 존재한다. 두려워 주저하지 말고 인생의 폭풍우 속으로 나아가라."

"그리스도가 없으면 우리는 하나님을 알 수도 없고, 그분께 나아갈 수도 없다."

"그리스도인이 되는 것은 종교인이 되는 것이 아니라 참으로 인간이 되는 것이다."

9

프란치스코

나 혼자 행복해지고자 하면 모두가 불행해진다

교황 프란치스코(Francesco)가 한국을 방문했다. 한국의 미디어는 그의 행적을 소상히 소개했다. 대부분 서민적이고, 가난하고 고통받는 자의 편에 선 인물로 부각되었다. 하지만 그에 대한 비판도 만만치 않았다. 만인구원론자, 사회주의자, 마리아주의자라는 비판에서부터 심지어 프리메이슨에 가입했다느니, 아르헨티나 군부독재 시절 부역을 했다느니 등 말이 많았다.

그는 제266대 교황으로, 본명은 호르헤 마리오 베르고글리오(Jorge Mario Bergoglio)다. 부에노스아이레스 출신으로 그의 부모는 파시즘을 피해 이탈리아에서 아르헨티나로 이주했다. 화학에 관심이 커 화학기술 자격증을 따기도 했다. 21살 때 폐렴에 걸려 폐의 일부를 잘라내는 수술을 받았다. 그 뒤로 미사 때 성가를 부르거나 운율에 맞춘 기도도 할 수 없게 되었다. 예수회에 입회해 신학 과정을 밟기 전 그는 나이트 클럽 경비원, 청소 관리인, 화학 실험실의 연구원으로 근무했다.

젊은 신학생 시절 신학을 계속해야 할지 크게 고민한 적이 있었다. 삼촌 결혼식에 갔다가 한 여인의 아름다움에 빠졌기 때문이다. 그 여인을 본 후 일주일 동안 도저히 기도에 집중할 수 없었다고 고백했다. 그의 인간적인 면모가 드러나는 일화이다. 하지만 그는 1969년 사제가 되었다. 신학교에서 가르쳤던 그는 독일 프랑크푸르트에 유학해 박사 학위 과정을 마쳤다.

대주교가 되자 그는 낙태 반대 운동에 앞장섰다. 나아가 부에노스아이레스 시내 슬럼가 복음화에 박차를 가했다. 이를 위해 슬럼가의 사제 수를 배로 늘렸다. 강력한 의지가 없으면 불가능한 일이었다. 그뿐 아니다. 그는 1970년대 아르헨티나 군사 독재 시절 아르헨티나 가톨릭 교회가 자행한 죄에 대해 공개적으로 참회해야 한다고 주장했다.

2001년 추기경이 되었다. 그는 검소한 삶을 살았다. 주교 관저를 마다하고 작은 아파트에 살았다. 요리사를 두지 않고 직접 요리를 했고, 전용차 대신 대중교통을 이용했다. 그는 병원, 교도소 등을 찾아가 노인들과 가난한 사람들의 발을 씻겨 주었다.

2013년 콘클라베에서 교황으로 선출되었다. 교황의 이름은 프란치스코. 이 이름은 아시시의 성 프란치스코에서 따온 것이다. 가난한 사람들의 친구가 되고 싶었던 것이다. 교황으로 확정되자 브라질 추기경 후메스가 그를 안으며 귓속말을 했다.

"가난한 사람들을 잊지 마세요."

이 말을 듣는 순간 아시시의 성 프란치스코가 생각났다. 교황 즉위식이 가까워져 오자 먼 곳의 사람들이 비싼 여행 경비를 들여 참석하려 했다. 그러자 그는 그들에게 다음과 같은 부탁했다.

"차라리 그 돈으로 가난한 이들과 함께할 수 있도록 자선 단체에 기부하세요."

가난한 자에 대한 교황의 관심은 규제 없는 글로벌 자본주의, 곧 야만적 자본주의를 강도 높게 비판하는 것으로 나타났다. 그는 "어떻게 나이 든 노숙자가 혼자 죽음을 맞이한 일은 기삿거리가 안 되고 증시가 2포인트 내려간 건 기사가 되느냐"며 '살인하지 말라'는 계명은 인간 삶의 가치를 보호하기 위해 분명히 한계를 정한 것으로 경제적인 소외나 불균형도 살인하지 말라는 범주에 넣어야 한다고 했다.

그는 고대에서 금송아지가 우상이었다면 오늘날엔 그것이 바로 돈이라며 전 세계적으로 냉혹한 경제체제의 독재가 횡행하고 있다고 비판했다. 모든 것이 경쟁과 적자생존의 법칙에 따라 굴러가면서 강한 자가 약한 자들을 집어삼키고, 그 결과 수많은 이들이 배제된 채 일자리도, 미래에 대한 가능성도, 절망에서 탈출할 수단도 없이 한계상황으로 내몰리고 있는 현실을 안타까워했다.

교황은 규제가 부족한 금융 시장과 경제적 불균형을 제도적으로 개선하지 않으면 안 된다고 했다. 이러한 경제적 불평등을 바로 잡기 위해 각국 정부는 약자에게 그저 잠시 은혜를 베푸는 기부문화의 확산에서 벗어나 노동의 문화를 장려하고 일자리를 적극적으로 창출해야 한다고 했다. 물고기만 주려하지 말고 물고기 잡는 법을 가르치라는 말이다. 이런 주장엔 예수회 사제로 오랫동안 부에노스아이레스 빈민사목에 바쳤던 그의 열정과 사회 인식이 고스란히 반영되어 있다.

그는 결코 폭력적인 방법을 택하지 않았다. 하지만 "마피아처럼 악의 길을 따르는 자들은 신과 교감하지 않는다."며 마피아에 대한 파문도 주저하지 않을 만큼 단호했다.

그는 말한다.

"전쟁으로만 평화가 깨지는 것이 아니다. 인간의 존엄성이 지켜지지 않으면 평화가 깨진다."

"우리 식탁에 여분의 자리를 남겨두자. 기초적 의식주조차 어려운 사람을 위한 자리 말이다."

"가난한 사람들이 버려진 잉여가 되지 않도록 하라."

"나 혼자 행복해지고자 하면 모두가 불행해진다."

"부로 인간을 해치지 말고 부가 인간에게 봉사할 수 있도록 하자."

나아가 그는 사제들을 향해 엄중히 말했다.

"예수는 위대하지만 스스로 작아졌고 부유하지만 스스로 가난해졌다."

"우리는 가난한 자 중에서도 가장 가난한 자가 되어 세상에서 버림받은 사람들의 희망과 절망에 귀를 기울여야 한다."

"나는 교회가 길거리로 나가 더럽혀지고 다치고 부서지는 편이 교회의 안전을 염려하며 얌전히 있는 것보다 낫다고 생각한다."

"교회에 바라는 것은 실천이다."

"옷에서 양 냄새 나는 목자가 되라. 양이 있는 거리로 나아가라."

그는 한국방문에서도 가난한 자, 상처받은 자에 대한 배려를 잊지 않았다. 평소 자신의 생각을 몸으로 보여주었다. 그는 부에노스아이레스의 절망전선에서 살아남은 사람이다. 이제 그 전선을 세계 각 곳으로 확대하고 있다. 이 땅에 선한 변화가 일기를 기대해본다.

10

코저
갈등도 사회발전을 위해 도움이 된다

스트레스를 연구하다 보면 스트레스가 다 나쁜 것이 아니라는 것을 알 수 있다. 나쁜 스트레스(Distress)도 있지만 좋은 스트레스(Eustress)도 있다. 부모가 친구를 빗대어 "누구는 그렇게 잘하는 데 넌 뭐니?"하면 비교로 인해 스트레스를 받는다. 부모는 물론 친구도 미워진다. 나쁜 스트레스다. 그러나 남이 하는 것을 보고 스스로 깨달아 더 잘해야지 생각하고 분발하면 그것은 좋은 스트레스로 작용한다. 나쁜 스트레스는 병을 키우지만 좋은 스트레스는 자신을 키운다.

갈등도 마찬가지다. 어떤 갈등은 사회에 악영향을 주어 분열하고 파괴한다. 서로 미워하게 되고, 상대편 말이라면 바른말도 곡해한다. 이런 갈등구조는 사회를 발전시킬 수 없다. 그만큼 사회가 성숙되지 못했다는 말이다. 그러나 서로 의견이 다르다 해도, 그로 인해 갈등이 있다 해도 상대가 바른말을 할 땐 새겨듣는다면 사회는 발전할 수 있다. 싸우더라도 이성적으로 판단하고, 이성적으로 행동할 줄 안다는 것은 그만큼 사회가 성숙되었음을 보여준다. 성숙하지 못한 사회에서 갈등은 나쁜 쪽으로 작용하지만 성숙한 사회에서 갈등은 오히려 좋은 쪽으로 발전한다.

갈등이 사회발전에 도움이 된다고 주장하는 사회학자가 있다. 그가 바로 코저(Lewis Coser)다. 독일 사회학자 짐멜의 영향을 받은 그는 그의 이론에 근거해 기능적 갈등 이론을 제시했다. 그는 갈등이 혁신과 창조를 위해 압력을 행사함으로써 사회체계의 화석화를 막는다고 보았다. 갈등이 사회발전에 도움을 준다는 것이다. 갈등의 역기능보다 순기능에 초점을 맞춰 갈등하는 사회가 오히려 발전한다고 본 것이다. 그래서 그의 이론을 기능적 갈등론이라 한다.

코저는 갈등이 다음과 같은 다섯 가지의 순기능을 가지고 있다고 주장했다.

첫째, 갈등은 사회 에너지를 새롭게 하고 그 창조적 힘을 다시금 활성화한다.

둘째, 갈등은 새로운 규범과 새로운 기관을 창출한다.

셋째, 갈등은 경제 및 기술적 영역에 자극을 준다.

넷째, 갈등은 점차 창의성을 떨어뜨리는 순응과 습관적 관계를 막는다. 예를 들어 임금을 올려달라는 노조의 갈등행위는 '기술을 발전시키는 데도 돈이 필요하다'는 생각을 갖게 하고, 이로 인해 오히려 기술발전의 필요성에 자극을 준다. 마찬가지로 경영자와의 제도화된 갈등은 경영자는 물론 종업원 모두 비용을 줄여 이익을 높이려는 노력을 더 하게 만든다.

끝으로, 갈등은 사회의 안정과 통합 상태를 유지하기 위해 적극적인 기능을 수행한다. 사회구조의 융통성과 경직성 정도에 따라 사회체계 속의 갈등(가치, 이해관계, 권력)은 전체 사회체계의 적응 가능성을 높여준다. 그의 이러한 주장은 갈등이 안정된 균형 상태를 깨뜨린다고 생각하는 견해에 크게 수정을 가한 공로가 크다.

그에 따르면 체제 안에서의 변화는 갈등에 따른 통합적 효과가 있다. 그러나 체제의 변화는 결집(Cohesion)의 정도에 달려 있다. 통합이 잘된 사회는 갈등에 대해 참을성이 있고, 오히려 집단갈등을 환영하기도 한다. 하지만 통합이 잘 안 된 사회는 갈등을 두려워한다. 다시 말해 성숙도에 따라 차이가 있다는 말이다.

모두가 갈등을 염려하는 마당에 코저는 갈등이 오히려 순기능으로 작용해 사회를 보다 동태적으로 만든다고 보았다. 이런 점에서 다른 학자들의 생각과 차이가 있다. 갈등도 사회발전을 위해 도움이 된다는 그의 생각에 동의하려면 우리 사회가 그만큼 성숙되어야 한다. 유럽처럼 갈등하는 사회도 드물다. 그러나 그들은 그 모든 갈등의 차이를 딛고 오늘을 만들었다. 어느 사회든 갈등을 피할 순 없다. 한국 사회도 갈등으로 심각하게 병치레를 하고 있다. 이것을 성장통으로 바꾸려면, 갈등이 순기능으로 작용하도록 사회구조를 바꾸고, 의식의 성숙도를 높일 필요가 있다. 사회가 성숙하지 못하면 갈등은 오직 파괴를 불러올 뿐이다. 지금 우리에게 필요한 것은 갈등의 역기능을 줄이고, 순기능을 늘리는 지혜다.

11

월버트 무어
사회는 정체하지 않고 변한다

우리 사회는 아주 빠르게 변하고 있다. 오늘은 어제와 다르고, 내일은 오늘과 다를 것이라 말할 정도다. 사람도 변하듯 사회도 변한다. 모습도 달라지고 생각도 달라진다. 조선시대 사람들이 지금의 시대를 살아야 한다면, 물론 신기한 점이 많겠지만, 오래 버틸 수 있는 사람은 그리 많지 않을 것이다. 사회의 속성이 다르기 때문이다.

사회변동은 사회가 가지고 있는 시스템, 각 사회가 가지고 있는 차별성, 그리고 사회의 발전과 진화의 모습을 다룬다. 그렇다면 사회변동을 어떻게 알 수 있을까? 월버트 무어(Wilbert E. Moore)는 정상성(Normality), 변화의 질(Qualities of change), 변동의 규모(Scale), 사회 안에서의 변화(Changes in society) 등에 주목하라 한다.

정상성은 약간의 혼란이 있다 할지라도 그 안에 보편적으로 가지고 있는 성격(Universality, ubiquity), 그리고 구조적 변수들의 상호의존성, 곧 동태적 성격(Dynamics)을 의미한다. 그 속에는 분화, 조정, 또는 거래가 존재한다.

사회는 긴장관리시스템(Tension management system)을 가지고 있다. 변화가 예측이 어려울 정도로 발생하면 긴장이 발생하고, 동태성의 패턴이 복잡하면 할수록 불확실성이 높아진다.

현대에 있어서 변화의 특성은 네 가지로 요약된다. 첫째, 변화가 빠르다는 것이다. 변화가 이따금 일어나든, 일정하게 일어나든, 첨가되든, 축적되든 상관없다. 둘째, 변화는 어디서나 일어난다는 것이다. 변화의 예외 지대는 없다. 셋째, 그 변화는 계획된 변화일 수도 있고, 이차 결과에 따른 변화일 수도 있다. 끝으로, 변화는 폭넓은 지지를 받고 사회통합의 역할을 한다는 것이다.

변화의 질은 특정 사회구조와 연관이 있다. 이것은 변화에 대한 구조적 접근이 가능하다는 것을 보여준다. 이때 동태분석을 하게 되는데, 분석의 크기에 따라 미시동태분석 또는 거시동태분석으로 나눌 수 있다. 또한 변화의 질은 사회시스템과 연관이 있다. 행위자, 상호작용의 패턴, 그리고 행위의 결과에 따라 변화가 달라진다.

변화를 파악하고 측정하기 위해 다양한 방법론이 동원된다. 과학적 방법은 현상에 대한 정확성과 완전성을 높여준다. 역사적 연구, 장기 또는 단기 연구, 사회적 공간 연구, 상호관계 연구도 한다. 일원론적으로 접근할 것인가, 다원론적으로 접근할 것인가도 중요하다.

변화의 방향도 따진다. 이것은 과학적 개념이 아니라 가치판단과 관련된다. 그 변화가 축적 또는 진화의 성향을 띠는지, 성장이 단계 또는 순환적인지, 혁신과 축적이 장기 또는 단기 추세를 가지고 있는지, 변화가 변증법적인지, 근대화나 산업화처럼 축적 또는 지향적인지, 문화에 대한 소로킨(Sorokin)의 세 가지 유형처럼 어떤 트렌드 없이 순환(Trendless cycle)을 하는지 살핀다. 소로킨은 문화를 관념적(Ideational), 이상적(Idealistic) 그리고 감각적(Sensate)으로 구분했다.

변동의 규모는 변화의 크기와 시간을 고려한다. 소규모에 단기인 예로 집단역학이 있고, 소규모에 장기인 예로 삶의 주기가 있다. 대규모에 단기인 예로 혁명이 있고, 대규모에 장기인 예로 문명이 있다. 소규모의 변화인 경우 사회 행동의 반복적 성향, 집단구조에서의 변화, 집단역학, 세력 간의 갈등관계, 행위와 가치에 있어서 일치성 여부 등을 살핀다.

사회 안에서의 변화는 변화를 촉발하는 긴장요소가 있는지, 타문화에 대한 수용(Acculturation) 능력이 있는지 따진다. 기술 및 환경의 변화, 혁명, 사회적 불평등 등은 긴장을 유발시킨다. 문화 또는 사회의 요소들이 한 사회에서 다른 사회로 옮겨질 때도 긴장이 유발된다. 그동안 삶의 형태와 가치가 달라지기 때문이다.

사회변동은 질서와 변동의 부적합성을 따진다. 이것은 사회 내에서도 발생하지만 사회 밖에서도 발생한다. 그것이 사회 밖(Extra-social)이냐 사회 위(Supra-social)냐는 연구 주제에 따라 달라지기도 한다. 다렌도르프의 '유토피아를 벗어나서(Out of Utopia)'는 전자에 속하고, 메

요의 '호손실험'은 후자에 속한다. 역사의 법칙에 따르는가, 반역사적(Ahistorial)인가도 문제다. 포퍼는 역사의 법칙에 관심이 많았다. 변증법도 관심사항이다. 대체로 구조적(Structural)으로 접근을 한다. 기계적 물질주의(Mechanical materialism)도 한 예이다. 포이어바흐는 사회변동의 원인은 물질, 특히 기술의 변동이 크다고 했다. 마르크스도 변증적 물질주의를 말했다. 이에 대해 알튀세르(Althusser)는 과잉결정론(Over-determinism)이라 주장했다.

사회변동은 사회의 구조적 변동에 주목한다. 스멜서(Smelser)에 따르면 한 제도의 기능들이 시간의 흐름에 따라 다른 제도들 사이에 확산되고 분화된다. 그는 이것을 구조적 분화(Structural differentiation)라고 했다. 발전 사회학(Sociology of development)은 사회가 민족중심주의에서 벗어나 보다 선진화된 사회로 가는 것에 관심을 가진다. 이것도 사회변동의 한 면이다.

이 모두를 고려해야 한다면 사회는 사실 쉽게 이해할 수 있는 성질의 것이 아니다. 우리가 살아가고 있으면서 이따금 지금의 사회를 이해하기 어려답고 말하는 것도 이 때문이다. 하지만 한 가지 확실한 것은 사회는 정체하지 않고 변한다는 사실이다. 그것이 어떻게 변하고 움직이고 있는가를 알면 비로소 사회가 보인다. 우리가 속한 사회도 이러한 속성의 산물이다. 사회가 발전할수록 오히려 긴장발생 요인이 높아질 수 있다. 미래사회는 우리가 생각하는 것보다 긴장이 높아질 수 있다. 그래서 우리는 종종 옛날이 좋다고 말한다. 하지만 옛날이라고 긴장의 요소가 없었던 것은 아니다. 우리 모두 각 사회를 보다 깊이 연구하고, 더 좋은 사회를 위한 대안을 내놓을 책임이 있다. 그래야 발전한다.

12

로버트 란자
눈에 보이는 죽음만 생각지 마라

사람은 죽는다. 누구나 죽는다. 죽음은 보편성을 가지고 있다. 그러나 죽음을 나타내는 말은 다르다. 불교에서는 입적(入寂)했다고 한다. 열반, 입적, 원적 등 다양하게 사용하다 입적으로 단일화했다. 가톨릭에서는 선종(善終)이라 한다. '선생복종(善生福終)'의 준말로, 착하게 살다가 복되게 끝마쳤다는 말이다. 개신교에서는 소천(召天)이라 한다. 하늘의 부르심을 받았다는 말이다. 기독교인에게 있어서 죽음은 제2의 관문이자 방랑의 종말이다. 주님을 만나기 전의 마지막 수면이다. 죽으면 영원히 주님과 함께하기 때문이다.

이슬람에서는 어떻게 할까? 터키를 방문했을 때 들은 얘기다. 사람이 죽으면 모스크 밖에 죽은 자의 관을 가져온다. 이맘이 함께 한 사람들에게 묻는다.

“생전에 좋은 일을 한 것이 무엇인가?”

사람들이 망자에 대해 좋은 점을 말하면 “알라신이 이를 기뻐하고 받으실 것으로 믿는다.”고 선언한다. 사람들은 박수로 화답한다. 그의 죽음을 기쁨으로 받아들이는 것이다. 모두 묘지로 향한다. 시신은 메카를 향해 묻는다. 하지만 관은 묻지 않는다. 관은 사원의 것으로 재활용한다.

고대 이집트에선 일엽편주를 왕들의 무덤에 넣어둔다. 죽음을 강을 건너가는 것으로 인식하고 있는 것이다. 한국인들에게 죽음은 무엇일까? “돌아가셨습니다.” 그저 돌아감일까?

죽음이란 과연 무엇일까? 생명은 변화하고 진화하는데 죽음은 그 한 과정이라 한다. 생물학자 말 같다. 어떤 이는 자신의 자리를 다른 사람에게 물려주는 것이라 한다. 선대가 있으니 후대가 있는 것 아니겠는가. 어떤 이는 사람이 죽지 않으면 비극을 초래할 것이라 한다. 하긴 수천 년 전의 사람과 같이 사는 것도 힘들 것이다. 또 어떤 이는 죽음의 끝에는 또 다른 삶이 있다고 말하기도 한다. 죽음이 끝이 아니란 말이다.

과학자들의 생각은 좀 다르다. 어떤 이들은 죽음을 두고 질량 불변의 법칙을 말한다. 인간이 죽어도 그 질량은 우주 속에 있다. 그 질량이 원소가 되어 비가 되어 소에도 들어가고 곡식도 되게 한다. 그러니 죽음은 그저 죽음이 아니란 말이다.

미국 생명공학 기업 ACT(Advanced Cell Technology)사의 최고책임자이자 과학자인 로버트 란자(Robert Lanza)는 양자물리학과 다중우주이론을 바탕으로 생물중심주의(Biocentrism)라는 이론을 내놓았다. 이 이론에 따르면 죽음은 실질적인 측면에서 존재하지 않는다. 여러 우주들 중 한 곳에서 어떤 일이 일어나든지 상관없이 수많은 우주들이 동시에 존재하고 있기 때문이다. 무슨 말일까? 사람이 사망선고를 받을 때 두뇌에 남아있는 20와트의 에너지는 "나는 누구인가?"라는 느낌을 갖게 한다. 철학자 질문 같다. 그런데 중요한 것은 이 에너지가 사람이 죽은 뒤에도 결코 사라지지 않는다는 것이다. 만들어지지도 파괴되지도 않는다. 그렇다면 이 20와트의 에너지는 한 세계에서 다른 세계로 이동하는 것일까.

란자에 따르면 시간과 공간은 모든 것을 묶어놓는 단순한 도구일 뿐이다. 시간과 공간은 우리가 생각하는 것처럼 딱딱하거나 구체적인 물질이 아니다. 허공에 손을 흔들었을 때 아무것도 잡히는 것이 없듯 시간도 마찬가지다. 사람이 지금 보거나 경험하는 모든 것이 정신 속에서 정보가 빙빙 도는 것과 같다. 시간과 공간이 없는 곳에서는 죽음이 존재하지 않는다. 다시 말해 에너지는 결코 사라지지 않는다는 것이다.

아인슈타인이 자기보다 먼저 죽은 친구 베소를 향해 말했다.

"자넨 나보다 조금 앞서 이 이상한 세계에서 떠났네그려."

이에 대해 란자는 말한다.

"불멸이란 시간 속에서 끝이 없이 영원히 존재한다는 의미보다 시간

밖에서 함께 거주한다는 것을 뜻한다."

이는 눈에 보이는 육체적 죽음만 생각하지 말고 두려워하지 말라는 것이다. 란자가 정작 죽음 앞에서 어떤 생각을 할까 궁금하다.

죽음 앞에서 두려움이 없었던 인물로 토마스 모어를 들 수 있다. 그는 철학자 에라스무스의 친구였다. 에라스무스는 헨리 8세의 종교개혁에 반대하다 단두대에서 처형을 당했다. 모어도 그 영향을 받았다.

죽음에 대한 그의 태도는 책에서만 그런 것이 아니라 실제 삶도 그러했다. 그는 당시 영국 왕 헨리 8세가 앤과 결혼하기 위해 아내 캐서린과 이혼하는 데 동의하지 않았다. 그 이유로 대법관에서 물러나게 되는 것은 물론 반역죄로 사형 당한다. 사형에 처해지던 날 모어는 오래 감금된 탓에 허약한 몸으로 끌려 나왔다. 하지만 자신을 불쌍히 여기는 가족과 친구들을 향해 죽음을 슬퍼할 이유가 없다고 했다. 유쾌한 마음으로 장례를 치르고, 그를 회상하며 기리는 것이 마땅하다는 것이다.

죽음의 순간에 그는 집행관에게 말했다.

"힘을 내게. 내 목은 매우 짧으니 조심해서 자르게. 수염은 반역죄를 저지른 적이 없으니 수염을 조심하게나."

그는 죽음을 두려워하지 않았다. 사형을 앞둔 소크라테스는 친구와 제자들이 그를 해외로 도망갈 수 있도록 길을 마련해 두었지만 기꺼이 독배를 마셨다. 모어도 그에 못지않았다. 우리는 과연 죽음을 담담히 맞을 수 있을까?

어떤 이는 존엄성 있게 죽을 권리를 말한다. 죽을 때까지 고귀한 인간으로서 지켜져야 할 것들이 있다는 말이다. 자아의 분해나 추함은 존엄성과 거리가 멀다.

죽음, 살아선 좀처럼 생각하기 어려운 주제다. 그러나 누구나 피할 수 없는 주제다. 죽음은 두려움을 낳는다. 그럼에도 불구하고 우리가 좀 더 당당하게, 존엄하게 죽음을 맞을 수는 없을까? 두려움보다 죽음 너머의 영광과 환희를 찾을 수 있다면, 이 세상이 전부가 아니라면 우리는 과거의 안일을 뛰어넘어 보다 선한 삶을 살 것이다. 눈에 보이는 육체적 죽음만 생각지 말자.

제2장

인간이라면 핵심가치가 달라야 한다

소크라테스

존 로크

사르트르

옥스퍼드학파

하안

후설

퇴니스

조지 미드

칼 만하임

존 스튜어트 밀

허버트 스펜서

제논과 에피쿠로스

1

소크라테스
인간이라면 핵심가치가 달라야 한다

소크라테스는 희랍이 스파르타와 아테네가 갈라져 싸울 때 아테네의 다른 시민들처럼 중무장한 보병으로 펠로폰네소스 전쟁에 참가했다. 양 군은 포티다이아에서 3년 동안 치열하게 싸웠다. 전염병이 돌자 아테네 군사 1,000여 명이 죽었다. 하지만 매장할 여력이 없었다. 포티다이아가 포위되자 시민들은 양식조차 구하기 어려워졌다. 사람들은 서로를 잡아먹기 시작했다.

이 광경에 놀란 것은 바로 소크라테스였다. 그리스 사람들이 과연 이래도 되는가? 희랍의 탁월함(Arete)은 어디 갔는가? 그는 포티다이아 평원에 나가 온종일 생각에 빠졌다.

그동안 희랍인들은 남성다움, 신체적 탁월함, 군사적 용맹 등을 탁월함으로 여겼다. 전엔 막강한 페르시아군과 싸웠고, 이제는 스파르타와 갈라져 싸우고 있다. 이어지는 전쟁으로 인해 용맹함이 자연스럽게 희랍인들의 핵심가치가 되었다. 하지만 소크라테스는 이것이 더 이상 핵심가치가 되어서는 안 된다고 생각했다. 깊은 사색 끝에 희랍의 핵심가치는 절제와 헌신, 지혜의 추구, 그리고 정의의 실현이 되어야 한다고 결론을 내렸다.

전쟁이 끝나자 그는 아테네로 돌아왔다. 그리고 제자들을 모아 철학을 가르치기 시작했다. 그는 제자들에게 계속 질문을 했다. 미리 정답을 주는 대신 의문을 갖게 했다. 질문은 상대방이 탁월함의 실체에 도달할 때까지 계속되었다. 이것은 이른바 '소크라테스의 대화법'으로 발전되었다. 질문과 의문을 통해 답에 이르게 하는 것이다. 그의 제자 플라톤이 쓴 '대화(Dialogue)'는 소크라테스가 제자들을 어떻게 가르쳤는지를 잘 보여주고 있다. 크세노폰(Xenophon)의 '비망록(Memorabilia)'도 소크라테스의 사상을 잘 표현하고 있다.

소크라테스는 한마디로 희랍의 고전 사상을 대표하는 인물이다. 소크라테스는 자신을 철학자요 지식의 유일한 친구라 했다. 철학과 지식의 친구지만 "나는 아무것도 알지 못함을 알고 있다."며 불가지론을 폈다. 불가지론은 회의주의다. 그는 진실한 지식을 얻으려면 자신은 무지하다는 자아의식이 먼저 있어야 한다고 주장했다. "다 안다고 교만하지 말라, 자신을 의심하라."는 말이다. 15세기 쿠사누스(Cusanus)의 무지론(Docta Ignorantia), 17세기 데카르트의 방법론(De la Methode)은 소크라테스의 무지의 자기의식론을 그대로 채용한 것이다. 불가지론도 불가지론 나름이다.

그는 당시 소피스트들과 대립되는 윤리학자로서 희랍에 도덕의 토양을 마련한 인물이다. 그는 보편개념(Universal concept)의 발견을 학문의 최고 목표로 삼았다. 보편개념이란 무엇일까? 그의 제자 아리스토텔레스는 "학문의 기본목표는 보편적 정의(Universal definition)를 내리는 것이다."라고 했다. 보편적 정의를 내리는 것은 인간이 행복하게 살아야 한다는 윤리를 마땅하게 보는 것이다. 이 윤리를 확립하기 위해 우리는 어떻게 해야 할까? 인간이 착한 행동을 하도록 하는 것이다. 그러나 그는 이를 그렇게 쉽게 말하지 않는다. 소크라테스는 지식의 속성은 궁극적 형식(Form)을 파악하는 데 있다고 했다. 착함은 선의 형식, 곧 윤리적 행위를 하도록 하는 것이다. 병사는 용감해야 하듯 인간은 도덕적이어야 한다. 소크라테스는 이를 법률과 관습으로 규범화해야 한다고 말했다. 인간의 이기적 성향을 보편적 도덕률로 규정해 나가는 것이다. 만일 인간이 도덕의 보편적 개념을 소지하면 개인의 행동과 윤리는 하나가 될 수 있다. 법과 윤리도 마찬가지다. 이처럼 모든 관습, 법, 그리고 자신의 행동이 결국 하나가 된다. 개인은 그만큼 선하고, 사회도 선하게 된다.

소크라테스는 소피아(Sophia), 곧 지혜를 통해 인간은 보편적 이성(Universal reason), 곧 덕(Arete)에 도달할 수 있다고 주장했다. 그는 아테네 시민들에게 지혜를 구하도록 했다. 아테네 시민들이 지혜롭고 강하다고 말하는데 절제하지 못하고 지혜와 진리와 덕의 최선 상태에 대해선 관심이 없으며 부와 명예와 명성에 집착하는 것을 비판했다. 지혜보다 물질에, 내면의 아름다움보다 테세우스 같은 몸만들기와 화장에 열중하는 아테네 젊은이들에게 지혜와 내면의 아름다움을 추구하도록 했다. 나아가 그는 훌륭한 사람의 지배는 반 지배적이라 했다. 플라톤은 이 생각을 그의 철인정치에 반영했다. 지혜를 가진 철인이 나라를 다스려야 한다는 것이다.

그의 이 같은 생각은 소피스트(Sophists)와는 다소 접근방법이 다르다. BC 5세기 페르시아 전쟁을 겪고, 그 후 아테네와 스파르타 사이에 펠로폰네소스 전쟁으로 희랍의 정치와 경제는 큰 혼란을 겪었다. 경제와 사회문제는 현실로 다가왔다. 스파르타의 과두정치, 아테네의 민주주의가 뒤섞여 더욱 혼란스러웠다. 희랍의 민주주의는 악용되어 행정상 혼란을 야기했다. 국가 정치는 불안을 초래했다. 지금까지의 규율도 점점 동요하기 시작했다. 자유사상은 극단의 혁명 이론, 극단적 반사회 이론으로 바뀌었다. 실제의 정치권력은 지주와 귀족 차지였다. 신흥 상업 귀족도 범람했다. 입으로는 민주주의를 외치지만 경제적 혼란으로 사회는 혼란스러웠다. 이런 때 대중에게 호소하는 연설, 출세, 권력 장악의 방법을 가르치는 교수단이 등장했다. 바로 소피스트들이었다.

소피스트는 어떤 하나의 공통된 이념을 가진 집단이 아니라 출세의 터를 얻고자 한 궤변론자들이다. 대표적 이론가로 프로타고라스(Protagoras), 고르지아스(Gorgias), 프로디쿠스(Prodicus), 안티스테네스(Anthisthenes)들이 있다. 그들은 출세방법을 가르쳤다. 소피스트에 따르면 인간은 이기적이다. 그 이기심으로 인해 정치권력을 얻기 위한 투쟁의욕이 생긴다. 강자는 약자를 압박하고, 그 약자는 약자들 나름대로 세력을 결집해 강자에 대항한다. 인간은 자기의 유익(Selfish)을 얻기 위해 노력한다. 인간의 본성은 에고이즘으로 나타난다. 그들은 투키디데스에서 개인의 신념, 개인의 욕망을 강조했다. 투키디데스에 따르면 인간은 욕구를 충족시키려는 동물이다. 정치 행위도 마찬가지다. 인간의 이기주의와 욕망 충족에 따라 정치가 사전에 결정된다. 사회 판단은 개인의 이해관계에서 일어난다고 보았다. 소피스트들은 희랍의 윤리학자들과는 반대되는 이론을 개진했다. 그들은 '인간은 만물의 척도'라 한 프로타고라스의 말에 동의하지만 그것을 절대 진리로 인정하지는 않았다. 그들은 일정한 행동규율을 거부한다. 그들은 보편적 진리와 추상적 정의 원칙도 거부했다.

소피스트는 국가를 인위적인 조작으로 보았다. 정치적 목적은 자기의 목적을 달성하기 위한 것이요, 국가는 사회계약에서 시작한다. 개인주의와 국가사회계약설을 최초로 주장한 사람들이 소피스트들이었다. 국가 법률을 도덕과 별개의 것으로 구분했다. 국가 법률은 개인의 이기에서 생긴 정치권력이며 여기에는 이성의 반대되는 행위도 가능하다고 보았다.

개인은 모두 자기 위주로 행동했고, 모든 것을 자기 위주로 판단했다. 개인은 이기적이며 자신이 판단 기준이 된다는 것이 소피스트의 생각이었다. 그러나 소크라테스의 생각은 달랐다. "인간은 궁극적으로 착한 생활을 하려면 언행이 일치하는 하나의 형식을 요구한다."고 보았다. 절제, 지혜, 정의 등 보편개념을 낳는 형식이다.

소피스트의 반대 입장이 소크라테스다. 그만큼 차이가 있다. 그러나 둘이 만날 수 없는 것은 아니다. 인간이 만물의 척도라는 보편개념이 진리탐구에 의해 터득될 경우 모든 것을 인간의 척도로 규정하는 것이 가능하고 우주 개념도 찾아볼 수 있다. 소피스트는 소크라테스로부터 비난을 받았다. 길이 다르긴 했지만 생각을 바꾸면 같은 방향을 가기도 한다. 그렇게 둘 다 희랍에 큰 영향을 주었다.

여기서 궁금한 것이 있다. 소크라테스는 왜 독배를 들어야 했을까? 이유가 있다. 그가 진정한 지혜를 설파하던 시절 제3차 펠로폰네소스 전쟁이 일어났다. 아테네와 스파르타 사이의 싸움이었다. 아테네는 시칠리아 원정을 결정하게 되었다. 결과는 참패였다. 스파르타의 지지를 받던 30인의 참주(Tyrannos)가 아테네를 통치하면서 전쟁은 끝나게 된다. 참주는 비합법적으로 권력을 장악한 독재자들이었다. 정치적 혼란이 일면서 소크라테스는 희생양이 된다. 시칠리아 원정을 부추긴 알키비아데스가 소크라테스의 제자였기 때문이다. 아테네 시민들은 그 화살을 소크라테스에게 돌려 독배를 들게 했다.

다비드가 그린 '소크라테스의 죽음'에서 소크라테스는 한 손으로 하늘을 가리키고, 제자 플라톤은 깊은 생각에 빠져있다. 그는 왜 하늘을 가리켰을까? 더 큰 개념, 곧 큰 뜻을 가지고 살라는 것이리라. 소피스트들이 어떤 생각을 했을까 궁금하다. 세상이 어지러울수록 우리가 지켜야 할 진정한 핵심가치가 무엇인가를 소크라테스는 일깨워주었다. 인간이라면 핵심가치는 달라야 한다.

2

존 로크

인간은 기본 권리를 가지고 있다

존 로크(John Locke, 1632-1740)는 경험과 내면적 반성이라는 이원론을 택했다. 그는 감각적인 면을 주장한 경험론으로, 자연법을 통해 시민사회를 합리화했다. 자연법 이론과 경험론에도 영향을 주었다.

로크는 1688년의 영국 명예혁명을 합리화했다. 홉스가 국가권력, 절대적 정치를 옹호한 것에 비해 로크는 의회를 옹호했다. 의회에 입각한 대의 정부를 철학적으로 지지한 것이다. 로크는 위그(Whig)당 창설자인 샤프츠버리(Shaftesbury)의 비서 역할도 했다. 그는 스튜어트(Stuart)의 종교정책, 그의 절대주의 정책에 반대했다. 특히 스튜어트 왕조의 신성권(Divine right)을 반대했다. 영국 군주가 성공회를 정치와 종교를 규합하는 것에 반대한 것이다. 나아가 위그당원으로서 과격정치에도 비판적 태도를 취했다.

로크는 사회계약의 주창자로 홉스의 이론에 반대했다. 그는 자연의 원상태를 평화와 이성의 상태로 보았다. 경험과 이성으로 인간을 해석한 그는 이성적 인간으로 영국 중산계급의 엘리트를 내세웠다. 자연 상태는 전정치적 상태지만 결코 전사회적 상태는 아니다. 그는 사회계약과 정치계약 두 이론을 발전시켰다.

자연 상태라고 무법 상태는 아니다. 자연조건에서 인간의 이성이 존재한다. 자연법은 이성으로 결정되는 일단의 규칙이다. 홉스는 일찍이 자연 상태는 만인의 만인에 대한 투쟁의 관계라 했다. 자연법은 실질법이나 시민법과 대치되며 가능한 남을 지배하고자 한다. 만일 상대가 듣지 않을 경우 자기 의사에 따라 강요하는 것이 자연 상태다. 이성 상태나 시민사회 성립은 실질법과 시민법이 성립한 다음이었다. 자연법은 실질법과 시민법이 성립하기 전의 전제조건이 된다. 자연법 밑에서 인간은 평등하고 그들의 권리가 보장된다. 홉스는 자연 상태에서 시민법을 통해 보장 가능한 제일 기본적인 권리는 생명의 권리라 보았다.

로크에 따르면 자연 상태의 인간은 세 가지 기본 권리를 가지고 있다. 첫째는 자유다. 자연법에 구속받는 것 이외에 기타 법의 구속에서 면제되는 권리다. 둘째는 홉스의 자기 보존 권리인 생명권이다. 셋째는 재산권이다. 로크는 재산에 대해 명확한 해석을 했다. 즉 사유재산권은 개인이 어느 목적에 노동을 한 과실로서 인간의 기본 조건이다. 홉스는 개인이 생명을 보장받는 이상에는 사유재산도 보장된다고 했다. 로크는 사유재산을 기본권으로 만들었다. 이 기본권은 원시시대의 공산적 원시공동체와 대치된다.

세 가지 기본권 중 사유재산을 포함한 것이 특징이다. 이것이 시민사회의 기초를 이뤘다. 로크가 활동하던 때는 산업혁명 100년 전이다. 세 기본권은 자연법, 자연 상태에 의해 보장된다. 그러나 여기에 나쁜 사람이 있어 너무 권리를 침범함으로 기본권 보장을 확실히 하기 위하여 사회계약을 맺는다. 사회계약 결과 정치체(A body of polities)라는 국가를 성립한다. 정치체라는 말은 홉스가 레비아탄에서 정치하는 육체(동물)로 먼저 사용되었다. 홉스의 말과 같이 지배자가 피지배자에게 권리를 양도하지 않으면 쌍방 계약 없이 권리를 실시한다. 이를 보장하기 위해 자기 권리를 양보하고 그 대신 생명, 재산권의 자유라는 보장을 받는다. 모든 권리를 국가에 맡기는 홉스의 주장과는 달리 부분적이고 제한적이다.

그들이 권리를 양보하는 대상은 한 인간이나 단일 기관이 아니라 전체로서 공동사회다. 제1차 계약에서 권리양보대상은 전체로서 공동사회에 양보한다. 전체로서 공동사회는 구체적 인물이나 기관이 아니다. 구체적 정치문제는 파악할 수 없고, 전체로서 통치자를 확정짓지도 못한다. 또한 정치사회, 국가 주권을 등장시킬 수 없다. 사회계약에서 볼 때 로크는 주권 관념을 전연 개재하지 않았다. 이 같은 로크의 제1차 사회계약론은 암시적으로 다수결 원칙을 표시한다. 전체 공동사회는 다수결에 의존한다. 자연법 실시를 위해 소수는 다수의 의사에 구속을 받아야 한다. 다수 의사에 구속을 받는다는 것이 계약에 명시되어 있지는 않지만 의사표시는 그 사회일원으로 합의된 것을 그 사회에서 그들이 이루고 보장받고 있다는 데서 계약에 합의된 것임을 증명한다. 사회계약의 경우 몇 대 선조끼리 서로 맺었다고 해서 그것이 어떻게 자손들을 구속할까? 애매한 점은 있다. 그러나 역사적으로 계약을 실제로 맺고 재산을 보장받으면서 그 사회에 살고 있으면 그 자손도 합의한 것으로 간주한다.

로크는 암시적으로 국가와 정부를 구별했다. 즉 이중계약은 사회계약에 의해 전체 공동사회에 양보한다. 국가는 현실적으로 그들이 양보한 권리실현을 구체적 기관에 배정한다. 치자와 피치자 간의 권리한계는 정부를 의미한다. 제2차 계약 때 치자와 피치자 관계의 정치사회 권력 배분문제는 정부계약으로 시민사회나 국가 성립 이후 맺어진다. 로크는 사회계약에서 권리양보, 시민사회 성립, 정부계약을 성립시켰다. 로크는 아리스토텔레스의 이론에 따라서 입법권의 소재에 따라서 군주정, 귀족정, 민주정으로 구분했다. 로크는 삼권이 대등 관계가 아니라 입법부 우위에 집행부, 사법부를 가상했다. 삼권분립에 대해서는 언급하지 않았다. 사회계약으로 권력을 양보하여 대의 실제로 입법부 우위를 강조한 것이다.

사회연방대표라 해서 무엇이나 결정할 수 있는 것은 아니다. 이성을 가진 인간들이 자연 상태의 기본권을 보호하기 위해 전체 공동사회에 권리를 양보한 이상 자연법에 구속을 받아야 한다. 여기서 전체 공동의사를 대표하는 방법으로 인민투표를 한다. 그는 대의민주주의 형태를 가장 좋은 정부형태라 했다. 군주제라 해도 왕이 입법권에 관여하지 않고 입법부 결정에 따르면 좋다며 당시 영국을 옹호했다. 왕이 권력을 가지고 있다 해도 국민이 동의하면 민주원칙에 어긋나지 않는다는 것이다. 그는 대의민주주의와 함께 의회를 정부의 최고기관으로 보았다. 그 배후에는 공동사회, 자연법, 자연권이 있다.

정부가 사회계약에 배치되어 개인의 자연권을 무시하면 국민은 반항할 권리를 가진다. 혁명 권리(The right of revolution)는 동의에 입각한 것이다. 동의요소에 배치되면 반항할 혁명권을 가진다. 하지만 로크는 실정법 아래서 어떻게 혁명권을 발휘하느냐에 대해서는 명확하게 답하진 않았다.

그의 정치 이론은 종교문제에도 그대로 인용되었다. 교회는 자유로운 결사에 의해 만들어졌다. 전체 계약으로 성립된 국가는 부분적으로 국가교회에 관여해서는 안 되며 사회연방 의사를 균등히 해야 한다. 가톨릭이나 무슬림은 외부세력에 복종하므로 영국사회에 맞지 않으며 무신론은 선악을 분별하지 못한다고 보았다. 그는 성공회와 개신교의 대립에는 무관심했고, 관용을 보였다.

자연권, 국민의 동의, 권력에 대한 반항권 등 그의 이론은 시민사회 기초에 도움을 주었다. 그의 이론이 사회철학으로 효용을 발휘하게 된 것은 개인주의적인 면이 사회계약 이론에 크게 영향을 주었기 때문이다. 그의 개인주의 이론은 홉스의 절대 정치 이론과 맞선다. 이후 미국의 정치는 로크의 이론을 그대로 받아들이는 방향으로 전개되었다. 그의 합리주의 이론은 사회의 안정을 초래하는 방향으로 갔다. 만일 개인의 합리적, 이성적 활동으로도 해결되지 못하면 국가의 강력한 조치가 필요할 것이다. 그러나 그 조치가 무엇이냐에 대해서는 언급하지 않았다.

영국과 미국과 달리 진전을 보지 못한 프랑스는 로크의 자연법 철학을 변개할 필요가 있었다. 이것을 수행한 사람이 루소다. 그는 인민동의설을 유효화하여 개인의 자유를 보장할 대의 정치론과 이것을 경제에 적용할 경우 자유방임주의와 자본주의 경제체제를 정당화할 지도적 이념으로 삼았다. 이것을 직접 담당한 학자는 덴마크의 몰리유(W. Molyeux)였다. 프랑스의 유그노, 네덜란드의 개신교, 몽테스큐의 권력분립론, 루소를 거치면서 과감한 사회계약설이 나왔다. 로크와 루소는 프랑스혁명에 이념적으로 지도자 역할을 했다. 로크의 이론은 무제한하게 발전할 미개발 지역을 갖고 있는 미국에 독립운동, 개인 자유보장에 큰 역할을 했다. 로크의 이론은 현대 개인주의, 민주주의, 비판주의에 정신적 대변인 역할을 하고 있다.

3

사르트르

인간은 꼭두각시가 아니다

사르트르(Jean-Paul Sartre)는 실존주의자다. 그것도 철저히 개별적 인간 존재의 자유를 주창한 실존주의자다. 그는 무엇보다 인간이 이용당하는 것을 싫어했다. 그의 철학적 결론은 간단하다. "인간은 이용당해서는 안 되는 열정적 존재이다(Man is a useless passion)." 여기서 Useless는 쓸데없다는 뜻이 아니라 이용당해서는 안 될(Not to be used) 자발적 존재라는 것이다.

그는 인간이 무엇을 하지 않으면 안 되도록 강요당하는 것을 싫어한다. 그런 요구에 매이게 되면 자기 스스로 무엇을 창조하며 기쁘게 일하는 것이 아니라 마지못해 기계처럼 그것이 요구하는 대로 따라야 하기 때문이다. 한 마디로 꼭두각시 인간은 될 수 없다는 말이다.

우리를 꼭두각시가 되도록 강요하는 것들은 무엇일까? 그가 말하는 것을 보면 한두 가지가 아니다. 참으로 많다. 앞으로 무엇이 등장할지 모른다. 그는 그 가운데서 몇 가지를 들어 신랄하게 공격했다.

그중 하나가 신이다. 인간은 자유로운 존재이어야 하는데 신은 인간으로 하여금 죄책감을 가지게 하고 움츠리게 한다는 것이다. 그는 신의 요구를 거절할 뿐 아니라 신의 존재마저 거부한다. 그리고 자기 자신을 자유인으로 받아들이고 그에 대해 더 이상 죄책감을 가지지 말라 한다. 사르트르에게 있어서 신을 거부하는 행위는 자유를 위한 인간의 자기 선언에 속한다. 신을 벗어난 인간이 진정 자유로울 수 있는가는 다른 문제다. 쉽게 말해 구속이 싫다는 말이다.

그는 개별 주체인 인간이 심리학에 이용당하는 것도 반대했다. 그는 현대 심리학, 특히 결정주의적 심리학에 비판적이었다. 인간을 조건화 대상이 아니라고 봄으로써 행동주의 심리학에 반기를 들었고, 인간을 본능적 존재로 본 프로이트의 정신분석도 그에겐 비판대상이었다. 모두 결정주의적 사고를 가지고 있기 때문이다. 그는 무의식을 거부함은 물론 인간을 본능 등 인간 이하의 삶의 형식으로 설명하거나 기계적 결정주의로 말하는 것을 싫어했다. 출생, 신체, 본능, 문화 및 경제적 상태, 과거 정서적 트라우마 등 과거의 어떤 것으로 설명하거나 결정된다는 생각도 거부했다. 인간은 능력이 있고 선택할 자유가 있으며 개인적 책임을 가진 존재다. 따라서 심리적 기제로 자기 자신을 조작하거나 사용되어서도 안 된다.

이러한 생각은 종교나 심리학에만 국한되는 것이 아니다. 그는 그 어떤 조작적 행위도 인간의 자유를 침해한다고 보았다. 인간은 컴퓨터에 의해 조작되어서도 안 된다. 매스컴에 의해 기계적 수동적 소비자로 만들어져도 안 된다. 노먼 빈센트 필의 적극적 사고방식으로 조형화되는 것도 허용될 수 없다. 사람을 조직인으로 순응하게 하여 거기서 성공하게 만드는 것도 바람직하지 못하고, 근대사회가 요구하는 어떤 역할로 강요하는 것도 용납할 수 없다. 심지어 일반 법칙을 개별적인 인간의 특정 순간의 역사에 적용하는 것도 거부했다.

사르트르에게 있어서 인간은 능력이 있고 선택할 자유가 있으며 개인적 책임을 가진 존재다. 인간은 신이든 심리학이든 이용당하는 대상이 아니다. 심리학이나 정신분석이 인간의 모든 것을 설명할 수 없다. 인간은 신이나 사회에 맞선 개인적 창조물이다. 인간은 꼭두각시가 아니다. 리비도나 권력에의 의지가 아니라 존재에 대한 개인의 선택만이 존재할 뿐이다. "나는 나의 선택이다." 이것이 바로 사르트르의 실존주의요 실존심리학이다.

인간은 이용당하거나 기만당하는 대상이 아니다. 자기를 자유롭게 들어내고, 또 들어낼 수 있는 존재이다. 그 어떤 법칙의 요구에 순응해 만족을 취하는 자기기만도 안 된다. 자유로운 존재는 자기에 대해 책임을 지는 존재다. 이 존재론적 사고(Ontology)를 견지하고자 하는 것이 그의 일관된 생각이다. 그는 1964년 노벨 문학상 수상자로 결정되었다. 하지만 그는 이를 단호히 거절했다. 자신의 선택이었다.

사르트르는 개인의 자유뿐 아니라 인간의 존엄과 사회적 책임에도 관심을 가졌다. 오랫동안 가난한 사람들과 사회적으로 온갖 불이익을 받는 사람들에게 관심을 보였다. 교사생활을 하면서도 넥타이 매는 것을 거부한 것도 노동자들에게 더 가까이 다가가고 싶었기 때문이었다.

그는 제2차 세계대전 이후 한때 소련에 동조했지만 1956년 부다페스트에 소련 탱크가 진입하는 것을 보면서 공산주의에 대한 희망을 접었다. 그리고 마르크스주의도 다른 구체적 실존상황을 인정하는 법과 인간의 개인적 자유를 존중하는 법을 배워야 한다고 주장했다.

그는 정치 사상적으로는 급진적 사회주의자로 분류되고 있다. 「구토」,「벽」, 「존재와 무」 등 여러 문학작품을 통해 자본주의와 부르주아에 저항했다. 그는 "참여는 행동이지 말이 아니다."라는 신념에 따라 좌익 문학 활동에 참여하기도 하고 혁명을 촉진시킬 수 있다고 생각한 활동에 직접 참여하기 위해 거리로 뛰쳐나가기도 했다. 그는 죽는 날까지 사회주의만이 진정한 자유로운 사회를 만들어 낼 수 있다고 생각했다.

그는 왜 그런 생각을 갖게 되었을까? 그 답은 의외로 쉽다. 자본주의에서 노동계급의 자유가 중산계급, 곧 부르주아계급의 자유보다 훨씬 더 제한되어 있다고 생각했기 때문이다. 그는 인간의 자유를 증진시키고자 하는 작가로서 사회주의 사회 건설을 최우선 과제로 삼았다.

그렇다면 사회주의 사회가 최선일까? 그렇지는 않다. 그는 모든 구성원이 똑같은 수준의 자유를 누릴 수 없는 한 어떤 사회도 자유롭지 않다고 했다. 이 땅에서 그런 완벽한 수준의 자유를 누릴 수 있는 사회는 없기 때문이다.

그는 인간의 자유를 위해 신이 존재하지 않는다는 사실에서 가능한 모든 결론들을 도출하고자 했다. 심리학에 대한 거부, 사회제도에 대한 거부도 마찬가지다. 그렇다면 지금 우리는 그가 바라는 수준의 자유를 누리고 있는가? 그렇지 않다. 자유롭게 스스로 선택을 할 수 있을 만큼 우리 삶은 결코 녹록치 않다. 실존의 삶이 쉽다면 그토록 존재의 삶을 강조하겠는가. 하지만 그가 가르쳐 준 교훈은 있다. 인간은 기계가 아니며 더욱이 꼭두각시처럼 살고 싶어 하지 않는다는 사실이다. 인간은 언제나 인간이고 싶어 한다. 그 꿈이 꼭 신의 존재를 부정해서 얻을 수 있다는 보장은 없다. 그것은 단지 사르트르의 소망일뿐이다.

한 가지 더 생각해보자. 그는 인간의 본질을 자유로 보았다. 그런데 그 자유는 불안과 함께 있다고 말한다. 인간 자신이 불안의 근원이기 때문이다. 그에 따르면 인간의 자유는 불안에 이르는 고독을 동반한다. 그렇다면 "나 자신을 선택하라."고 한들 얻는 것이 무엇일까 궁금하다. 우리에게 사르트르를 넘어선 성찰이 필요한 이유가 여기에 있다.

4

옥스퍼드학파
인간은 이상과 자유의지를 가지고 있다

공리주의는 자본주의가 확립된 이후 이에 따른 복잡한 정치문제에 화답하지 못했다. 최대 다수의 최대 행복은 특권 귀족계급을 공격하는 데 훌륭한 구호가 되었다. 하지만 자본주의 발달에 따른 사회적 모순에 지도력을 발휘하지 못한 것이다. 중상계급은 19세기까지 우세를 보였다. 그들은 일반정부 이론에 눈을 떴다. 사회변화와 더불어 점점 새로운 시대의 지도 원리를 어떤 방향에서 모색하느냐에 관심을 두게 되었다. 이 때 나타난 것이 옥스퍼드학파의 이상주의 철학이다.

영국의 이상주의의 기반은 윤리학에 있다. 이 이론은 공리주의에 대한 반동에서 나왔다. 그들은 국가를 2차적 지위로 하고 국가는 개인의 기본적 자유권을 보장하기 위해 존재한다는 로크의 학설로, 인간 행복은 물질적 쾌락에 입각해야 계산이 가능하다는 공리주의 이론에 반대했다.

옥스퍼드에 맞서 언어개념 규정에 분석을 주장하는 캠브리지학파도 있지만 옥스퍼드학파는 이상(ideals)을 강조했다. 이 학파에 속한 인물로 케어드(E. Caird), 그린(T. H. Green), 릴리(W. S. Lilly), 리치(D. Richie), 브래들리(F. H. Bradley), 보상케(B. Bosanquet), 월리스(W. Wallace), 페어브러더(W. H. Fairbrother) 등이 있다.

옥스퍼드학파의 공통점은 인간, 인간제도는 자기의 이상, 자기의 목적에 따라서 판단하게 된다는 것이다. 이 판단은 인간을 일련의 단순한 감정이나 경험으로 볼 것이 아니라 그 이상 어떤 것으로 봐야 한다는 것이다. 자기의 이런 목적에 의해 사회제도를 판단할 때 이것은 자기의 주관, 현상에 지나지 않는다. 그러나 그들은 사실을 말하지 않는 이상의 세계나 사실의 세계를 인정했다. 이념은 사실을 통해 지각작용을 더욱 확실케 한다. 자기 이념에 입각하여 사회제도를 비판할 때 그대로 보다 이념이 본질적 위치를 제공한다. 그들은 다른 윤리학과 마찬가지로 인성에서 출발하여 사회생활을 설명했다. 그들은 특수한 행동이나 자위적 행동, 그리고 인간의 진정한 의사(Real will)를 구별했다. 인간의 이성(윤리관)에서 우러나오는 진정한 의사가 인간의 지표가 된다. 그들은 인간과 제도를 옳고 그른 선악에서 올바른 방향으로 이끌 수 있다고 보았다. 그들은 윤리적 기반에서 도덕적 판단을 하고, 이성적 기반에서 행동의 기준을 세우고 판단한다.

현실 판단에 이념을 주장하는 철학으로 두 가지 조류가 있었다. 하나는 희랍의 철학을 재생하는 것이다. 플라톤과 아리스토텔레스는 국가를 선한 삶을 실현하기 위한 최고 형태로 보았다. 다른 하나는 칸트나 헤겔의 형이상학적 관념론을 답습하는 것이다. 일찍이 독일 관념론자들은 국가를 우선했다. 국가는 개인권리의 근원이다. 전체를 개인보다, 국가를 개인보다 중시한 그들은 개인의 다수 의사를 배반한다 해도 정당하면 국가 행위는 정당하다고 보았다. 영국의 이상주의도 국가보다 개인의 존재를 우월시하는 자연권 철학의 반동으로 나타났다. 국가를 우선한 것이다. 국가의 제도는 인간의 이성에 따라 판정한다.

브래들리는 인간을 자기가 속한 가족, 공동체와 분리될 수 없는 도덕적 존재로 보았다. 그는 이를 설명하기 위해 선천적인 면과 후천적인 면을 종합했다. 선천적인 면으론 개인은 부모에 의해 태어나 정신적, 육체적 속성은 부모로부터 받는다. 후천적으론 보살핌과 언어를 통해 성장한다. 언어가 주입하는 정신, 감정에 영향을 받고 사회관습과 제도에 따라 성장한다. 인간은 조상에게서 육체와 정신을 계승받지만 후천적으론 사회영향을 받는다. 타고난 능력도 사회규제를 받는다. 자기에게 위임된 여지가 한정된다. 자기 한 계에 국한되는 것이다.

공동체에서 분리된 인간은 추상에 불과하다. 인간이 완전한 인간으로 성장할 가능성은 완전한 사회인이 될 가능성 여부에 있다. 인간은 국가나 사회에 있어서 의무를 이행함으로써 완전한 사람이 될 수 있다. 국가나 공동체에 있어서 자기 위치를 멋대로 택할 수 없다. 한정된 임무지만 그 임무를 수행함으로써 도덕적 임무를 수행하는 것이다.

그린은 이상주의 이론을 정치문제에 활용했다. 그는 공동사회의 윤리를 강조했다. 그는 숙명론이나 공리주의에 반대하고 인간본질을 도덕적으로 보았다. 인간은 운명적, 자연적 존재가 아니라 각기 자기의식을 가지고 태어났다. 즉 인간은 자유의지를 가지고 있다. 인간은 외부자극이나 육체적 욕구에만 움직이는 것에 그치지 않고 원래 이념에 우러나는 동기에 좌우된다. 인간은 행동 기본에 의식적 이상을 가지는데 이것이 바로 자유의지다. 자유의지를 행동에 적용할 때 윤리 표시가 가능하다. 인간은 행동하는 존재로 항상 도덕적 성격을 가지며 만족을 추구하는 목적에 따라 도덕성이 판단된다.

공리주의자들이 구하는 목적은 최대 다수의 최대 행복의 실현이다. 인간은 고통을 피하고 쾌락을 추구함을 목적으로 한다. 그린은 공리주의자들이 최대 다수의 최대 행복을 최고선으로 삼는 것을 오류로 보았다. 하지만 그린은 최대 다수의 최대 행복을 실현하기 위한 행동의 기준만은 허용했다. 공리주의 이론은 실제 가치를 상실하는 모순성을 내포하고 있다. 즉, 고통을 피하고 쾌락을 취하는 행동기준은 사회진보를 저해할 가능성이 있다. 사회진보는 인간이 다 같이 일반임무를 감당하며 다 같이 잘 살 수 있을 때 가능하다. 인간은 도덕적 임무에 구속을 받을 때 고난의 길을 택할 수 있다.

그린에 따르면 도덕은 덜 완전한 인간의 삶에서 더욱 정치적인 인간의 삶으로 발전시킨다. 인간의 진실한 선은 인간생활 완성에 있다. 개인의 우수성만으로 완성되지 못한다. 완전한 인간은 사회적 인간이다. 착한 사람은 자기만 특권을 가지는 것이 아니라 남과 이익을 나누며 더불어 잘 살아야 한다. 개인의 이익은 사회의 이익과 결부되어야 한다.

개인문제는 사회와 국가를 위해 희생된다. 사회생활은 공동사회를 의미하며 개인의 선은 공동의 선의 일부가 된다.

그린은 자연권 이론에도 반대했다. 자연권 이론은 인간이 나면서부터 행동의 자유, 물질의 사용으로 이익을 보는 권리를 소유한다고 했다. 인간이 가진 이 기본권은 사회나 정치가 생기기 전뿐 아니라 국가나 사회가 성립된 후에도 보장되어야 한다고 했다. 하지만 그린은 사회나 국가에 앞서는 독립적 권리를 인정하지 않았다. 인간은 자연적으로 도덕적이고 이성적인 사회적 존재이므로 인간행동의 자유는 자기가 맡은 바 임무를 다하는 데 있다. 자연권은 합리적으로 조직화된 사회에서 생활하는 합리적, 도덕적 인간으로서 가질 권리이지 원시사회로부터 가진 권리로 계승되는 것이 아니다. 자연권은 인간의 공동선 이념에 지배받아야 하고, 국가나 사회를 통해야만 의의를 가진다. 인간의 기본권인 재산권은 시민의 도덕적 발전에 이바지한다는 전제하에 국가에 의해 인정되며 고의적 자연적 권리로 인정될 수 없다. 공동선에 배치된 개인의 선은 국가가 제지해야 한다.

브래들리나 그린 등 옥스퍼드학파는 인간의 개인적인 면보다는 사회적인 면을 강조했다. 이 학파는 영국의 개인주의를 윤리관에서 이탈시키는 데 크게 기여했다. 그들은 영국의 개인주의를 비판하고, 인간의 이상과 이념 측면에서 개인주의를 벗어났다.

5

하안

유와 무는
서로 의존관계에 있다

형상이 있는 구체적 존재물인 유와 형상도 없고 어떤 질적 규정이 없는 무, 이것이 중국 사상의 한 큰 획이었다면 놀랄 것이다. 그것을 거대담론으로 삼을 수 있을 만큼 생각이 깊었기 때문이다. 노자나 장자에서 유무론은 이미 시작되었다. 노자는 말했다.

"천하 만물은 유에서 생기고, 유는 무에서 생긴다."

이른바 노자의 우주생성론이다. 유무론은 노자, 장자, 주역의 삼현을 내용으로 한 청담 논변에서 더 강화되었다. 그 중심에 하안(何晏)과 왕필(王弼)이 있다. 그들은 위진 현학자들이다. 그들은 무를 근본으로 하고 유를 말단으로 하는 우주본체론을 제시했다. 우주생성론을 우주본체론의 차원으로 더욱 발전시킨 것이다. 두 사람 모두 무를 만물의 존재 근거로 간주했기 때문에 귀무파(貴無派)라 한다.

하안은 유와 무가 서로 의존 관계를 가지고 있다고 했다. 유는 무에 의존해서 존재할 수 있다는 것이다. 나아가 무를 근본과 본체로 간주하고, 유를 말단과 형상으로 간주했다. 이것은 양자가 본(本)과 말(末), 체(體)와 용(用)의 관계에 있음을 말한다. 보다 발전된 사상이다.

왕필도 노자가 말한 유와 무를 바탕으로 본말과 체용을 논했다. 그는 본을 나무의 뿌리에 비유하고, 말은 줄기나 가지로 보았다. 체는 보이지 않지만 근본적인 본체이고, 용은 보이지만 결코 근본이 될 수 없다. 노장사상은 기본적으로 근본을 숭상하고 말단을 지양한다는 것(崇本息末, 崇本擧末)이 그의 생각이었다.

왕필에 따르면 무는 사물의 본체이고 유는 무의 구체적 표현이다. 만물의 존재 근거는 어떤 구체적이고 물질적인 존재가 아니며 이 물질적 규정성을 뛰어넘는다. 그 존재가 바로 절대적인 무다. 천지만물은 무를 근본으로 한다(以無爲本).

그뿐 아니다. 왕필은 무로 돌아간다는 독특한 개념을 내놓았다. 천하 만물은 모두 유로써 존재한다. 하지만 유는 무를 근본으로 하는 것이고, 유를 온전히 하고자 한다면 반드시 무로 돌아가야 한다는 것이다. "온갖 사물과 형체가 하나로 돌아간다. 어찌하여 하나로 돌아가는가?" 그것은 무 때문이다. 만물은 모두 무로 돌아가며 무로 통일된다는 말이다.

왕필은 또한 무를 도라 생각했다. 그가 무를 본체로 삼은 이유가 있다. 형상과 명칭, 그리고 구체적 속성을 지닌 사물은 자기 자신의 범위와 성질에 제한되어 있어 다른 여러 사물의 근거가 될 수 없고 만물을 통일할 수 없다. 형상과 명칭, 그리고 구체적 속성이 없는 본체인 무야말로 만물을 이룰 수 있고, 통일될 수 있다. 도는 형상과 이름이 없다는 점에서 무와 직결된다. 이것이 만물의 종주다. 하안과 왕필은 "뜻을 얻으려면 말과 상을 잊으라."고 했다. 우주의 본체인 무를 알라는 것이다.

곽상(郭象)의 생각은 하안이나 왕필의 그것과는 아주 다르다. 그는 우선 "유는 무에서 나온다."는 노자의 생각부터 반대했다. 그에 따르면 모든 유, 곧 구체적 사물은 독립적으로 존재할 뿐 어떤 다른 것에 의존하지 않고 자족한다. 사물은 각기 절대적으로 독립된 존재다. 독립성을 강조한 나머지 사물 사이에 어떤 관계도 없다고 했다. 각 사물에 대한 독립의식, 존재인식이 강하다. 정말 서로 관계가 없는 것일까 궁금하다.

그뿐 아니다. 그는 유의 독화(獨化)를 주장했다. 유는 스스로 발생하며 독자적으로 변화한다는 것이다. 어떤 원인도, 조건도, 법칙도 없다. 돌연히 독자적으로 변화한다. 그렇다고 조물주가 그렇게 한 것도 아니라고 주장했다. 만물은 모두 저절로 그렇게 된 것이므로, 어느 누구도 만물을 그렇게 만든 이가 없다. 그는 상제, 곧 신의 존재를 거부했다.

그는 왜 무에서 유가 나오는 것이 아니라 했을까? 무는 아무 의미가 없다고 보았기 때문이다. 무를 본체로 본 하안이나 왕필의 생각과는 전혀 다르다. 그렇다면 노자나 장자가 왜 무를 논했을까?

"사물을 나오게 하는 사물 없이도 사물은 저절로 만들어진다는 것을 밝히기 위해 무를 말했을 뿐이다."

곽상답다. 그에게 있어서 사물의 생성에 근거가 되는 다른 사물은 필요 없다. 유는 스스로 발생하여 독자적으로 변화하기(自生獨化說) 때문에 도에 근거하거나 다른 사물에 의탁할 필요도 없다. 무는 사실 불필요하다는 말이다. 이것은 노자나 왕필이 말한 무개념과 다르다

만물은 독화하여 생겨나고, 다른 사물에 의존하지 않기 때문에 다른 사물을 기다리지 않는다(無待). 각 사물은 각기 각 사물로 규정되는 본성이 있고, 본성에 따라 살며, 본성 자체로 만족한다. 본성에 따라 사는 것으로 만족하기 때문에 스스로 소요(逍遙)할 수 있다. 흔히 소요라면 속세를 떠나든지 사물 밖에서 노니는 정신적 자유를 의미한다. 이는 장자나 완적의 소요다. 그러나 곽상의 소요는 다르다. 오직 자기 본성이 요구하는 것에 따름으로 인한 만족이다. 저마다 자신의 본성에 만족한다면 그것으로 완전무결하다. 사물 간에 크고 작음이나 높고 낮음, 아름다움과 추함 따위로 차별하지 않는다. 각 사물은 저마다 특성이 있고, 그 특성을 편안히 수용한다. 모든 사물이 과연 그런 경지에 닿을 수 있을까 싶다. 설령 그렇다면 인간 각자도 불만족이 없어야 하는 것 아니겠는가.

유와 무는 다르다. 그러나 그것의 독립과 의존관계를 두고 서로 대립되어 왔다. 노자는 유는 무에서 나왔다며 우주생성론을 폈다. 유는 무에 절대적으로 의존한다는 말이다. 하안과 왕필은 우주생성론을 넘어서 무를 우주의 본체로 보았다. 그들의 담론으로 무의 위상이 아주 높아졌다. 하지만 곽상은 유, 곧 각 사물에 절대적인 독립지위를 부여하고 무를 불필요한 것으로 간주했다. 노자뿐 아니라 하안과 왕필의 생각에 직구를 날린 것이다. 곽상은 유는 스스로 발생한다고 주장함으로써 조물주를 배제했고, 각 사물을 절대화시켜 사물의 보편적 관계마저 부정했다. 그는 결국 각 사물마저 고립시켰다. 서로 관계가 없다는 말이다.

그러나 우리에게 물음은 남는다.

"유와 무는 과연 아무런 상관이 없고, 유는 유로서 만족하는가?"
"무를 본체라고 생각해본 적이 있는가?"
"조물주를 배제해도 좋을 만큼 유는 진정 절대적이고 독특한가?"
"사물은 서로 관련이 없는가?"

이에 대한 당신의 생각이 당신을 더 깊은 사색의 자리로 인도할지도 모른다.

6

후설
인간은 상호작용을 통해 얽혀 있다

현상학(Phenomenology)은 모든 사물의 순수한 본질의 세계, 사회에서 인간의 의식 세계를 연구한다. 모든 존재와 그 세계가 어떻게 나타나며 어떻게 구성되는가에 관심이 있다. 세계의 본질은 의식 자체가 작용을 한다. 사물, 문화적 산물, 집단, 조직, 제도, 자아와 대상, 세계와 인간, 시간과 공간 등으로 그 주제는 아주 다양하다. 현상학은 이 모든 사회현상을 포괄적으로 관찰한다. 그 인식 통로는 경험분석과 의미의 이해다. 의미에 대한 이해는 의미 구조의 발견으로 이어진다.

왜 의미에 집중하게 되었을까? 르네상스 이후 과학혁명이 가져온 양적 연구방법은 실증적 연구에 진전을 가져왔다. 하지만 양적으로 측정할 수 없는 의미, 목적, 동기 등을 파악하기 위해서는 질적 연구방법이 필요하게 되었다. 현상학은 보다 발랄하고, 보다 자유롭고 자율적이며 책임 있는 인간 측면을 강조한다. 비판 사회학과 인간주의 사회학을 도입해 경험적 방법의 단점을 보완했다. 질적 연구는 현상학의 반성능력, 비판정신과 결합할 때 진정 더 의미 있는 결과를 얻을 수 있다.

현상학은 무엇보다 정형(定型)을 탐구한다. 데카르트의 말처럼 명석하고 판명하게(Clara et distincta) 인식하고자 한 데서 나온 것이다. 현상학에 있어서 정형은 개념적 도식(Conceptual scheme)을 정립하는 데 도움을 준다. 예를 들어 무엇을 하기 위한(Um-zu) 동기와 때문에(Weil) 동기를 찾아내고, 개인의 이념형이 어떻게 구성되었는지 살피며, 과정도 따져본다.

현상학은 기계적인 행동주의 접근법과는 달리 인간의 행동을 상호주관적 차원, 곧 생활세계(Lebenswelt) 안에서의 상호작용을 다룬다. 대표적 학자로 에드문트 후설(Edmund Husserl)이 있다. 그는 생활세계와 상호주관성, 곧 간주체성(Intersubjectivity) 개념을 제시했다.

생활세계는 의미의 해석이 필요한 세계요 사회적 행위가 요구되는 사회세계다. 행위 자체는 행위자에게 의미를 가진다. 이것이 바로 주관적 의미를 가진 인간의 거동이다. 그러나 사회적 행위는 타인과 관계가 있다. 우리가 사는 세상은 나만의 세계가 아니고 나와 너의 상호주관적 세계라는 것이다. 상호 주관적이므로 나는 타자를 이해하고, 나는 타자의 이해 대상이 되는 세계에 살고 있음을 인정해야 한다.

생활세계에서 견해나 개념은 동료와 이웃인 우리의 생활세계, 곧 인간의 실재성과 가능성에 바탕을 둔다. 생활세계와 일상적 경험의 타당성과 유효성에 따라 해석이 달라진다. 상호주관적 세계는 동료와 이웃, 곧 우리와 같이 대상과 사실을 직면하고 있고, 같은 세계 안에서 생활하고 있으며, 상호작용을 통해 서로 얽혀 있다. 생활세계는 구성원의 상호작용을 통해 변하고 발전한다.

과학적 탐구도 마찬가지다. 과학도 과학 공동체 구성원들의 상호작용으로 나오고 성장한다. 아인슈타인도 미켈슨(Michelson)의 실험에 도움을 받았다. 과학자도 동일한 세계에서 만나 공동의 목표를 추구하고 수정하기도 한다. 과학도 공동의 문화 활동이라는 말이다. 과학의 문제는 생활세계 안에서 제기되며, 과학적 노력의 결산은 생활세계에 첨가된다. 과학의 이론은 생활세계의 역사적 및 문화적 실재의 일부분일 뿐이다.

모든 의식은 자아 내에 집결된다. 자아는 모든 작용과 창조의 이행자다. 후설은 이를 자아 극(Ego-pol)이라 했다. 자아 극은 의식의 목적론적 개념이다. 의식 생활의 한 과정에서 다른 과정으로 이행하면서 과거의 경험을 잊지 않고 이를 현재의 경험과 연결시키며 미래의 경험을 예견하면서 성장한다.

상호주관성은 주관의 공동체이자 우리의 의식이요 타아의 경험이다. 우리의 의식은 객관적인 세계를 위한 주관성이며, 타아의 경험은 감정이입을 통해 타인의 개념(타주관성)을 생각하는 것이다. 감정이입은 감성과 통각(대상을 한 정형에 준거해 파악)을 통해 다른 사람과 교통할 수 있게 한다. 타인의 주관적 과정을 나의 그것처럼 내가 경험하고 이해하는 것이다. 직접 경험할 수도 있고, 간접적으로 경험할 수도 있다.

사회세계의 상호주관성은 우리 관계의 본질을 구현한다. 타아의 경험을 통해 인간의 사회성을 발견한다. 타인의 의식생활에 들어감으로써 나와 동일한 인격을 타인에게서 발견하며, 나와 네가 만나 서로 교통하게 된다. 이것이 상호주관적 세계이다. 사회적 세계는 이렇게 구성되어 있다.

후설에 따르면 경험적 세계는 정형을 통해 인식된다. 이른바 정형화(Typisierung)다. 새로운 사물도 유사한 것을 상기해 냄으로써 지각하는 것은 우리의 인식 속에 정형화가 자리하고 있기 때문이다. 정형화 인식은 지각하고 있지는 않지만 우리의 예지를 통해 특정 정형으로 인식하는 것을 말한다. 정형화 원리는 타아의 경험에도 작용한다. 구체적으로 개별성과 정형성 측면에서 물체를 지각하듯 사람을 지각하기도 하고, 비지각 상태에서 추상적으로 정형화 원리에 따라 경험하기도 한다. 연상도 하고 종합적으로 연관시켜 보기도 한다. 이것이 바로 우리가 사는 생활세계다.

7

퇴니스
우리는 두 사회에서 살고 있다

18세기와 19세기에 사회의 성격을 규정하는 이론으로 크게 두 가지가 있었다. 하나는 원자론적 이론(Atomistic theory)이고, 다른 하나는 유기체 이론(Organistic theory)이다.

원자론적 이론은 16세기와 17세기의 유명론(Nominalism)과 합리주의적이고 개체주의적인 철학에서 싹튼 것으로 행동의 결정인자로서의 개인의 자율성 및 그 고유한 이성의 자주성을 강조했다. 개인은 각 객체가 기계적으로 연합하는 것과 마찬가지로 하나의 독립되고 자체 유지적인 실체이다. 마찬가지로 사회도 사회계약, 곧 로마법에서 정부와 사회의 존재를 설명하려고 하는 것처럼 합리적으로 인식된다. 그 사회생활의 바탕에는 이성의 산물인 자연권이 있다고 믿는다. 사회의 개체주의적 관념과 자연권 이론을 부각시킨 인물이 바로 칸트다.

유기체 이론은 법과 정치경제에 관한 역사학파의 연구에서 나왔다. 사회가 정부와는 달리 다소 거리가 있고 어느 정도 반대되는 성질이 있는 것을 발견하게 된 것은 프랑스혁명 때문이다. 이 이론의 대표적 학자로 헤겔, 피히테(Fichte), 사변적 사회학자 폰 쉬타인(Lorenz von Stein)이 있다. 그들은 사회를 형이상학적 실체로 가정하고 민족정신의 개념으로 표현했다.

퇴니스(Ferdinand Tönnies)는 이 두 이론에서 드러난 점들을 체계적으로 조화시키고자 했다. 두 이론에 있어서 명백히 부적합하다고 생각되는 것은 무시했다. 그는 사회가 유기체적이면서 개체주의요 합리주의적인 면이 있다고 보았다. 유기체적 선택을 했느냐, 합리적 선택을 했느냐에 따라 사회는 유기적 공동체인 게마인샤프트(Gemeinschaft)가 되기도 하고, 개체의 이익을 따지는 게젤샤프트(Gesellschaft)가 될 수도 있다.

전자는 혈연, 재산 또는 의견의 합치 등 인간 사이의 유기적 관련성에 바탕을 둔다. 기본적 형태로 혈연관계, 이웃, 그리고 우정을 들 수 있다. 후자는 개인의 합리적 선택에 따라 달라진다. 개인은 공동체 속에 있음에도 불구하고 개인의 목적에 따라 그 단체와 분리되어 있다. 또한 게마인샤프트에서 분리되어 있으면서도 때론 연합한다. 게젤샤프트는 개인들을 합의, 곧 계약에 따라 서로를 묶어준다. 개인은 이 관계 속에서 각자 자신의 이익을 추구한다.

퇴니스는 사회가 게마인샤프트에서 게젤샤프트로 변한다고 보았다. 게마인샤프트는 가족중심의 공동체 사회(Community)로 농촌사회를 기반으로 하고 있음에 반해 게젤샤프트는 이익을 추구하는 도시사회(Society)를 뜻한다. 사회가 게젤샤프트로 가면서 농촌조직은 와해되고, 대도시 세계인으로서의 삶의 양식이 퍼진다.

게마인샤프트와 게젤샤프트

게마인샤프트	게젤샤프트
1. 가족생활: 일치, 사람, 감성	1. 대도시생활: 협의, 이익추구, 의도
2. 농촌 마을의 삶: 습속, 관습, 단체	2. 국가생활: 법, 인간의 계산
3. 마을의 삶: 종교, 의식, 교회	3. 세계인의 삶: 여론, 인간의식의 진화
4. 가정경제: 애호, 선호, 창조와 보호의 기쁨	4. 숙고에 따른 거래: 주의, 비교, 계산, 계약, 상업
5. 습관에 바탕을 둔 농업: 반복 업무, 관습작용	5. 의사결정에 바탕을 둔 산업: 자본의 현명한 생산적 사용, 노동의 판매, 규정
6. 기억에 바탕을 둔 예술: 지시, 믿음, 자신의 일	6. 개념에 바탕을 둔 과학: 자명, 진실, 의견

그러면 사람들은 도시생활에 만족할까? 그렇진 않다. 사람들은 게젤샤프트의 문제점을 알게 되자 게마인샤프트를 추억하게 되었다. 사람들에게 있어서 게마인샤프트는 인격적 집단, 만남이 있는 생동적 관계의 참 공동체로 간주된다. 이에 반해 게젤샤프트는 이익, 특히 나만의 이익을 내세우는 비인격적 집단이다. 그 속에는 배신의 위험이 있고, 형체만 있을 뿐 생명이 없는, 고향을 잃어버린 사이비 공동체로 느껴진다. 그렇다고 우리 모두가 게마인샤프트로 돌아갈 수도 없다. 이것

이 바로 현대를 살아가는 사람들의 딜레마다.

그는 인간의 의지(Human will)에도 두 형태가 있다고 했다. 하나는 이성적 의지(Rational will, Kurwille)요 다른 하나는 자연적 의지(Natural will, Wesenwille)다. 이성적 의지가 강할 땐 게젤샤프트가 강할 것이다. 자연적 의지가 강하면 어디로 갈까? 어디 그뿐이겠는가. 사람의 의지가 다양하니 사회도 다양할 수밖에 없다. 이것이 우리가 사는 사회의 모습이다. 사람들은 농촌에 살면서 도시의 문화를 갈망할 것이고, 도시 사람들은 자연을 꿈꿀 것이다. 도시에 살면서 텃밭을 가꾸며 사는 이유가 있다. 어디에 살든, 어떤 형태로 살든 조화를 이루며 아름답게 살 일이다.

8

조지 미드

사회는 자아의 조정능력에 따라 달라진다

조지 미드(George H. Mead)는 상징적 상호교섭학파의 대표적인 인물이다. 이 학파의 관심은 사회 속의 자아(Self)다. 사회는 개인 사이에 공유된 의미 위에 기초하고 있고 개인의 성격은 이러한 의미로 이루어지는 타자와의 상호작용 속에서 형성된다고 믿는다.

미드에 따르면 자아는 타자의 역할, 곧 사회생활을 통해 형성된다. 자아는 타인의 정의(Definition)를 통해 이루어진다. 즉 사회의 존재를 인식한 다음 그 속에서 자아가 형성된다는 것이다. 자아는 일반화된 타자(Generalized other)의 관점에서 체계적으로 자아를 형성한다.

먼저 모방을 통해 타자의 역할을 담당해 보려는 마음이 싹튼다. 이것은 역할담당(Role-taking)과 자아형성 단계에서 준비단계(Preparatory stage)

에 해당한다. 역할담당은 한 개인의 마음속에서 이루어지는 내적 대화를 통해 내가 남의 입장에 서 봄으로써 서로 경험을 공유하는 것을 말한다. 그 다음 놀이단계(Play stage)에 들어선다. 이 단계에서는 제한된 타자의 입장만 취한다. 아이가 간호원 노릇을 해보는 식이다. 이렇게 실질적으로 역할 담당을 해봄으로써 남의 입장에서 객관적으로 자신을 볼 수 있고, 이로 인해 자아가 형성되기 시작한다.

그 다음은 게임단계(Game stage)다. 이 단계에선 여러 다른 사람으로부터 여러 개의 자아 이미지를 추출할 수 있고, 이들과 협력하는 방법을 배운다. 그 보기가 야구시합이다. 야구는 한꺼번에 여러 사람의 입장에 서서 협력할 수 있는 능력을 가져야 시합이 가능하다. 자아형성이 이루어지면 나름대로 자기의 정체성이 형성되어 자기 나름대로 행동을 하게 되고, 나의 입장에서 타인들의 역할 내지 기대를 동시에 담당한다. 사회생활을 통해 보다 성숙한 인격으로 형성되어가는 것이다. 끝으로, 일반화된 타자의 역할단계이다. 이 단계에서 공동체의 전반적인 입장을 취할 수 있는 능력을 가진다. 보다 넓은 공동체의 입장에서 자기를 인식할 수 있을 뿐 아니라 보다 넓어진 타인의 시각에서 타인과 협력할 수 있다. 이때 자아는 안정되고 일관성 있는 자아로서 자기 이미지를 형성하게 된다.

인간의 자아나 마음은 사회과정을 통해 형성된다. 개인과 사회는 깊이 연관되어 있다. 사회는 행위자들의 심성과 자아의 상호조정 능력에 따라 변화가 가능하다. 사회는 유동적 실체이며 사회조직은 행위자의 적응능력을 통해 유지되고 변화된다. 인간행위는 I, 곧 충동적 자아에서 출발하여 Me, 곧 사회적 자아로 나아간다.

그가 말하는 I는 동적이며 예측하기 어렵다. 생물학적 자아로 매우 충동적이고 즉흥적이다. 그것이 무엇인가는 잘 알 수 없다. 일단 출현해야 알 수 있을 정도로 불확정적이다. 새로운 맛을 보여줄 수도 있다. 개인의 충동적 측면으로 행동의 추진력이 되기도 한다. I가 창조적이고 원시적인 구성능력을 보여준다거나 창조적 동물이 될 수 있는 것은 이 때문이다. I의 인간은 맹목적이고 무의식적이며 충동적이다. 하지만 I의 인간은 결코 피동적 반응체가 아니며 자극이나 사회화 과정에서 수동적으로 움직이는 꼭두각시가 아니다. 환경과 세계를 비록 적게나마 변화시키는 주체다. 인간은 세계를 주체적으로 구성하고 재구성한다.

Me는 내면화된 타자(Internalized other)로서 자기가 소속되어 있는 일반화된 타자에 의해서 만들어지며 행동방향을 조절하고, 인간을 사회적 동물로 인식케 한다. 사회적 규범이 내재화되어 있다. 사회적 자아로서 I의 행동한계를 설정해 준다. I로 하여금 Me를 사용해 소기의 목적을 달성토록 하는 것이다.

I와 Me는 개인과 사회의 관계로 볼 수 있으며 사회화 과정은 개인의 창조적 요소와 사회의 규제적 요소 사이의 복잡한 상호작용으로 이루어진다. I와 Me의 관계로부터 개인과 사회의 상호보완성을 파악할 수 있다.

자아는 능동적으로 환경을 창조해 나간다. 인간은 자아가 있음으로 말미암아 I와 Me를 통해 내면적 대화를 부단히 계속함으로써 자기 마음속에 자기 나름대로의 세계를 이루고 있다. 고로 개인은 그 자체가 사회의 축소판이다. 인간은 자기를 대상으로 삼아 자신에게도 행동을 취할 수 있으므로 인간은 자기행동을 스스로 규제할 수 있다.

언어는 인간의 자아와 마음 형성에 중요한 역할을 담당한다. 언어는 의사소통상 인간의 상호작용 속에서 습득되며 상징의 주축이다. 역할 담당은 언어를 통한 의사소통의 과정으로 이루어진다. 어린이는 언어적 상징을 통해 자기 주위의 사물을 나름대로 정의하고 의미를 파악하며 자기가 속한 집단의 정의를 내면화하여 타인의 관점들을 볼 줄 알고 사고의 능력을 키워간다.

하지만 개인 혼자서는 약하다. 따라서 생존을 위해 협동을 촉진시켜야 한다. 인간의 협동적 행위(Concerted behavior)는 동물처럼 선천적으로 결정된 것이 아니고 상징을 통해서 상대방과 경험을 공유함으로써 가능하다. 인간이 사회적이라고 할 때는 자신의 상상 속에서 남들의 반응과 행동을 공유하는 것을 말한다. 자신의 입장을 초월하고, 자기 자신을 객관화해서 볼 수 있게 되면서부터 역할담당 능력, 곧 자신의 상상 속에서 상대방의 반응을 정확히 예측할 수 있는 능력, 나 자신을 남의 입장에서 볼 수 있는 능력을 가진다.

인간집단은 공동의 생활세계와 공동의 대상, 공동의 기대와 이해를 형성하고 발전시켜 나가므로 사회는 합의에 기반을 두고 있다. 이를 위해 필요한 것이 마음(Mind)이다. 마음은 자아의 능동적 측면이다. 즉, I와 Me 사이의 내면적 대화이다. 개인이 의미 있는 상징을 구사하여 자기 자신과 대화할 때 일어나는 과정의 상징적 행동이다. 마음은 의사소통이라는 사회적 과정을 통해서 생기는 것이므로 언어적 상징을 통해 자신을 사회에 적응시키며 동시에 사회 자체의 존속도 가능하게 한다. 인간사회의 존속은 합의를 바탕으로 이루어지는데 이 합의는 개인의 마음의 존재를 전제한 것이다. 그러므로 바람직한 사회생활을 위해선 먼저 마음을 얻을 필요가 있다. 나는 오늘도 마음을 통해 사회와 연결되고 있다.

9

칼 만하임
새로운 자아식의 소유자가 역사를 주동한다

만하임(Karl Mannheim)은 지식사회학자다. 유대계로 헝가리인 아버지와 독일인 어머니 사이에 태어났다. 독일로 망명했지만 나치 때문에 영국으로 다시 망명했다. 자신의 운명을 더 알고 싶었던 것일까. 그는 한때 포치상황(Constellation), 곧 운명을 좌우하는 별자리 상태를 연구하기도 했다.

독일에서 그는 신칸트학파를 연구했지만 역사주의로 전환했다. 혁명적 문화주의자 서클에 들어가 루카치를 지도했다. 이 서클은 이론적으로 약간 좌경화되었고, 문화혁명을 꿈꿨다. 그는 사유구조분석을 통해 유기체론과 연관성을 주장했다. 관계주의다. 그는 처음부터 복잡하고 더 고차적인 구조를 준거하여 더 단순한 것을 설명하고자 했다. 그는 사회적 결정론을 비판했고, 문화 속에 있는 내재적 가치를 강조했다. 정신과학의 방법론을 확립해 자연과학주의와 비합리주의를 비판했다.

그는 새로운 자의식을 가진 지식인이 역사추진의 주동세력이라며 마르크스에 대항하는 이론을 내놓았다. 기계적인 프롤레타리아는 비합리적, 집합적 무의식에 사로 잡혀 있는 반면에 지식인은 지적 제어능력을 가지고 있는 자유부동의 인텔리겐치아(Free-floating intelligentia), 곧 하나의 관점에 치우치지 않는 개인으로 보았다. 나름대로 의식, 곧 자아의식을 가지고 있기 때문이다. 이것은 어떤 특정 정치적, 경제적 발전단계의 한 소산으로, 인간의식의 발달에 의해 가능하다.

그는 인간의식이 발달을 네 가지로 보았다. 사유의 자기 초월화와 자기 상대화 경향의 일반화, 폭로의식의 출현과 이로 인한 새로운 사유 상대화의 형식 성립이다. 사유 상대화의 원천은 사회학적 · 경제학적 차원을 설정하는 습관의 정착, 그리고 개개 사상과 관념보다는 이것들이 부분으로서의 구조로 통합되고 있는 세계관 체계의 전체성이 존재에 의거하고 있고, 나아가 이 존재 자체가 역사적 생성의 일부에 불과하다는 이데올로기적 전체 관찰법의 발생이다. 이로써 그는 지식사회학의 세계를 확립했고, 전체적, 보편적, 평가적 이데올로기 개념을 전개했다. 그의 지식사회학은 생생한 삶과 연관되고, 역사적 전체성을 포괄하며, 역사의 창조적 기능을 제시했다.

런던 정경대학에 있을 때 자유민주주의에 대한 부정적 태도가 긍정적 태도로 전환되었다. 그는 전체주의 발생을 막기 위한 계획, 곧 권력통제와 계획화를 강조했다. 반전체주의 운동으로, 자유를 위한 계획이자 사고방식의 전환이다.

만하임은 19세기에 나타난 사회구조와 사상 사이의 관계를 처음 체계적으로 연구한 인물들 가운데 하나다. 그런 인물로 마르크스, 뒤르케임, 쉘러(Max Scheler), 콜링우드(R. G. Collingwood)가 있었다. 과학을 역사로 본 지식사회학의 이론가들이다. 영국의 후기자유주의 사회학(Late liberal sociology)이 홉하우스(L.Hobhouse), 긴스버그(M. Ginsberg), 그리고 만하임에게 영향을 주었다. 이 사회학은 인간의 목적과 의지를 강조했고, 정부와 사회에 대해 더욱 적극적이고, 도구적이며, 간섭주의적 태도를 주장했다.

그는 이론지향의 정치적 함의 쪽에 관심을 가졌다. 학문의 한계성 안에서 사회학을 정치화했다. 그리고 사회적 과정을 자연적 과정, 곧 물화(Reification)로 전환시켰다. 사회학을 사회문제로 더욱 접근시킨 것이다.

그는 극단적 인간주의(Radical humanism)에 속한다. 그는 자의식을 강조했고, 이따금 사회학에서도 정치성과 극단성을 내비쳤다. 이런 인물로 이외에 마르쿠제, 배링턴 무어(Barrington Moore, Jr.), 굴드너(A. Gouldner), 보토모어(T. B. Bottomore), 렉스(John Rex) 등이 있다. 만하임은 지식사회학 입문서인 「이데올로기와 유토피아」를 썼고, 「재건시대의 인간과 사회」, 「자유, 권력, 그리고 민주적 계획」을 내놓았다.

「이데올로기와 유토피아」는 그의 대표적 저서다. 이데올로기는 사유를 대표한다. 여기엔 세계관, 허위의식, 과학으로서의 정치가 담겨있다. 유럽의 혼란과 전환기의 산물로, 우리의 정신적 위기를 분석한 것이다. 허위의식은 존재와 일치하지 않는 의식으로 은폐되어 있고, 기존의 것을 확대 재생산하는 성격을 가지고 있다. 그는 여기서 형식사회학보다 문화사회학의 방법을 택했다. 지식, 과학, 교육을 통해 현대 산업적 대중사회의 방향 설정에 도움을 주고자 한 것이다.

"기술은 기술자에게, 이념은 이념가에게."

그의 문화사회학은 영적 실재를 향한 새로운 지향이었다. 그는 자유주의적 바이마르공화국의 붕괴가 서구문명의 문제로 등장했음을 보여주었다. 서구문명의 종언, 몰락, 위기, 죽음의 말로가 등장했다는 것이다. 서구가 죽어가고 있다. 이 책에는 도덕철학적 분위기가 넘친다. 이 책으로 프랑크푸르트대학은 그를 정교수로 초청했다. 그를 높이 평가한 것이다.

프랑크푸르트학파와 만하임의 관계는 순탄치 않았다. 대학에는 호르크하이머, 프롬, 아도르노, 마르쿠제, 벤야민 등이 있었다. 마르쿠제는 만하임의 지식사회학이 종래의 역사성 요소를 무시한, 순수 과학적 진리개념을 폐기하고 진리나 타당성의 문제를 존재론적 기능연관에서 파악했다고 높이 평가했다. 하지만 의식과 존재와의 대응을 진리 기준으로 삼고 있는 지식사회학의 방법이 존재를 고정적, 정태적으로 보고 있다고 비판했다. 호르크하이머는 만하임의 지식사회학은 딜타이의 역사철학의 영향을 받아 그의 이론체계 속에 초역사적인 인간의 형이상학을 내포하고 있는 관념철학의 한 변종이라 공격했다. 나아가 그는 "역사는 아무 것도 말해주지 않으면 무의미하다.", "역사의 의미는 무엇이라고 이름 붙일 수 없으나 황홀 속에 있는 어떤 사람들이 언제나 추구하고 있는 어떤 것이다."라는 만하임의 말을 인용하며 그가 신비주의에 빠져있다고 했다. 아도르노도 만하임이 문화위기의 구출을 시도하는 것 같아 보이면서도 사회비판에서부터 날카로운 손톱을 뽑아버리고 문화대신 야만을 심어놓았다고 비판했다. 또한 지식사회학의 지적 타락의 원인은 변증법적 제 개념을 분류적인 제 개념으로 번역하는 형식주의적 방법에서 유래한다고 비판했다. 같은 유대인이면서 헝가리 지식인이라는 이유로 반발한 것은 아닌지 궁금하다. 그의 친구 포가라시도 인텔리겐치아의 사회학은 궁극적으로 사회파시즘에 이데올로기적 기초를 줄 수 있는 극히 세련된 기획이라 비판했다. 만하임은 외로웠을 것이다.

만하임은 프롤레타리아를 경시하고 지식인의 역할을 중시했다. 이런 점에서 사실상 프랑크푸르트학파와 비슷하다. 그는 급진적 휴머니즘, 사회역사적 사상, 자유부동한 지식인의 역할에서 일관성을 유지하였다. 자유부동의 지식인은 프롤레타리아화 경향이 있는 경험적 지식인이 아니라 객관적 가능성의 범주로 베버의 이념형이나 루카치의 역사와 계급의식에서 구체화되었다. 하지만 지식인의 자유부동은 추상적 인식이라는 비판을 받기도 했다.

그는 무엇보다 삶 속에서 지식인의 역할을 강조한 인물이다. 자아의식을 가진 자로서 어느 누구보다 역사와 사회에 책무를 가지고 있다는 것이다. 이 점은 어느 시대나 거부할 수 없는 큰 외침이다. 당신은 진정 자유부동한 지식인인가.

10

존 스튜어트 밀
소수의 의견도 존중하라

밀(John Stuart Mill)은 옥스퍼드학파보다 연대가 앞선다. 사상적으로는 공리주의에서 교두보 역할을 했다. 밀은 후에 영국 사회주의와 연관을 맺었다. 그는 1848년에 공산당선언과 '정치경제학 원리'를 썼다. 이것은 개인주의에서 사회주의로 전향한 대표적 저작이다. 벤담의 개인주의는 그린의 이상주의로 전환되었다. 아담 스미스의 '국부론,' 벤담의 '도덕과 법의 원리입문'은 영국 자유주의 경제이론을 강조한 대표적 저작이다. 그러나 영국의 경제사회는 이 체계에만 의존할 수 없었다.

영국의 산업은 농업에서 공업화로 바뀌고, 도시로의 인구집중이 이뤄졌다. 수공업이 대규모 공업으로 발전했다. 게다가 1810년에 노동파업이 시작되었다. 영국은 18세기 말 비엔 회의 이후 20년 동안 대외문제로 골몰했다. 전쟁으로 인한 전비회복을 위해 국채를 발행했다. 재정적 어려움은 국내산업경제의 어려움으로 이어졌고, 노동자와 자본가의 대립을 낳았다. 아담 스미스의 보이지 않는 손, 신의 섭리 이론으로 상품으로서 노동은 노동자의 평가기준이 되었다. 산업이 발달함에 따라 부녀자, 소년 노동자의 장시간 노동에 대한 사회여론이 악화되자 1802년에 공장법이 실시되었다. 점차 단체법이 제정되었다. 휘그당뿐 아니라 토리당도 이 문제 해결에 집중했다. 10시간 노동법이 1847년에 통과되었다. 이것은 계약의 자유와 반대성격을 가지지만 노동이 보통 상품이 아님을 증명했다. 이것은 개인 재산에 대한 정부간섭을 의미하며 영국 자유주의에 일격을 가한 것이다.

영국 노동운동에 이어 일어난 노동조합은 프랑스 혁명이전에 나타났다. 1792년에 제화공노동자협회가 생기고, 토마스 하디가 주장한 런던 통신협회가 결성되었다. 이 초기 노동조합운동에 1800년 노동조합금지법이 제정되었다. 자유주의자들은 노조를 허용할 것인가 아니면 금지할 것인가를 놓고 대립하였다. 1820년에 노동조합 금지법이 폐지되었고 1875년에 노조의 자유가 허용되었다.

1834년 유토피안 사회주의자인 오웬(Robert Owen)이 대국민 연합조합을 설립했고, 50만 회원을 흡수했다. 이 조합은 1년 만에 해산되었다. 1868년에 노동조합 콘그레스(Trade union congress)가 10만 회원을 확보했고, 73년에는 그 수가 70만으로 늘었다. 단체주의 입법과 노동조합운동에 대해 공리주의자들이 주장하는 개인주의, 자유주의, 최대 다수의 최대 행복 입법 원리는 이 사실을 설명하지 못하였다.

이 운동에서 추진역할을 한 것은 차티스트 운동(Chartist movement), 곧 급진정치운동이었다. 당시 투표권은 세금을 내는 일정한 부르주아에 한정되어 있었다. 이 운동가들은 인민헌장을 내걸고 노동자의 참정권을 주장했다. 차티스트 운동은 성공하지 못했다. 하지만 노동자도 투표권을 가져야 한다는 의식이 확산되었다. 노동자가 정치에 참여하면 벤담이 주장하는 바와 같이 경제적 자유주의는 파탄에 빠질지 모르지만 노동자에 참정권을 주지 않는 것은 정치적 자유주의에 배치된다. 결국 실질적 자유주의와 형식적 자유주의의 대립을 해결하는 것이 문제로 등장했다. 이 문제해결에 착안한 인물이 바로 밀이다.

19세기 전반까지 영국은 벤담의 공리주의, 자유주의가 지배했다. 로크에서 흄에 이르는 감각론적 인식론은 벤담의 개인주의, 자유주의, 쾌락주의로 바뀌었다. 또한 리드(Thomas Reid)를 대표로 하는 스코틀랜드 철학자들은 흄의 감각론적 인식론을 점점 회의적으로 해석했다. 그들은 이성, 칸트의 오성(Understanding)이 필요하다고 했다. 그런데 벤담은 흄의 감각론적 인식론에서 개인은 쾌락을 취하는 경향을 가진다며 공리주의 이론에 도달했다. 해밀턴(William Hamilton)은 칸트의 영향을 받아 감각론적 인식론에서 인식론을 주장했다. 그러나 감각에 의해서 인간의 지식은 한계가 있다며 인간의 내적 원리, 신앙, 이성을 주장했다.

이 같은 독일 관념론에서 콜리지(Samuel T. Coleridge)는 반공리주의, 반자유주의로 해석했다. 그에 따르면 감각론적 인식론자들이 주장하는 오성과 이성을 구별해야 한다. 오성은 자연계를 내다보는 힘이며, 이성은 정신을 내다보는 힘이다. 18세기 이론의 일대 과오는 이성을 무시하고 오성을 중시한 데 있다. 콜리지는 칸트의 이념을 강조했다. 국가에서 정신력을 발견한다는 그의 보수적 이론은 벤담의 철학적 과격주의, 입법개혁주의와 대립된다. 러스킨(Ruskin), 칼라일(Carlyle)도 벤담의 이론을 비도덕적으로 보았다.

프랑스혁명에 대한 반동으로 영국에 두 개의 조류가 나타났다. 프랑스혁명의 바탕이 된 보수주의와 진보주의가 영국에서 보수주의와 사회주의로 나타난 것이다. 보수주의와 사회주의는 1830년 이후 50년 동안 자유주의 전성시대를 가져왔다. 오웬, 생시몽, 푸리에, 블랑(Louis Blanc)에 의해 사회주의가 주장될 때 그 이념은 자연법에 입각해 있었다. 자연철학자의 주장처럼 인간은 나면서부터 평등한 권리를 소유하고 있고, 또 인간의 권리가 보장되어야 하며 개인에 간섭하지 말아야 자유를 그대로 행사할 수 있다고 했다. 이 자연주의 해석은 자연법에서 출발한다. 자연주의가 실현되려면 사회 환경과 결부되어야 한다. 경제조건이 평등해야 사회주의가 가능하기 때문이다. 영국의 사회주의는 자연법에서 출발했고, 오웬의 사회환경론을 부분적으로 계승하여 자연주의에서 사회주의화했다.

자유주의자들이 사유재산을 신성시하는 이론을 고집한다면 사회개선을 주장하는 사회주의와 대립된다. 사회주의 실현은 공상적 사회주의자 오웬과 같이 지배계급의 자아의식에 의해 실현가능하다. 리카도는 사회주의를 반대하고 자유주의 고전학자로 등장했다. 자연주의의 공통된 양상은 사회를 정태적으로 본다. 예로, 벤담은 훌륭한 제도가 마련되면 인간은 자연적으로 조화를 이룬다. 리카도는 이를 지대론으로 설명했다. A지대가 오르면 대개는 더 싼 B지대를 개간한다. A와 B 지대 차이에서 지대가 발생한다. 토지소유를 용인하면 사회는 달라진다는 것이다.

그러나 자유주의에 대한 비판은 거셌다. 콩트는 실증주의로 자유주의를 비판했다. 독일의 입장에서 영국 자유주의를 비판한 옥스퍼드학자도 있었다. 밀은 공리주의를 이탈해 사회주의에서 자유주의를 비판했다.

존 스튜어트 밀의 아버지 제임스 밀은 벤담과 가까운 사이로 그를 신봉하고, 그의 공리주의 보급에 큰 역할을 했다. 제임스 밀은 벤담의 연상주의를 심리학적인 면에서 발전시켰다. 제임스 밀의 집에 자주 출입한 학자로 말사스, 리카도, 맥쿨루크(MacCulluch)가 있다. 제임스 밀은 아들을 벤담의 집에 출입하도록 했다. 제임스 밀은 벤담의 자연주의, 자유주의에 심취했다. 그러나 존 스튜어트 밀은 자신의 아버지를 18세기의 마지막 인물이라 평가했다. 18세기를 이지가 무능했던 시대로 본 것이다. 벤담은 인간을 이기적, 물질적으로 해석했으며, 제임스 밀은 너무 현실적이어서 신을 믿지 않았고 감정을 천시했으며 절대로 가정에 종교를 들여놓지 않았다.

존 스튜어트 밀은 아담 스미스 이론을 배웠지만 아버지가 리카도의 입장에서 아담 스미스를 비판적으로 해석하여 가르쳤다. 벤담이 있던 파리로 간 그는 프랑스에서 콩트, 생시몽을 연구했다. 그는 벤담을 거쳐 로크, 흄의 사상도 연구했다. 그는 동인도회사에 근무했다. 영국의 유명한 학자로서 베이컨, 버클리, 칼라일, 콜리지 등도 대학교수를 하지 않고 다른 직업을 가졌었다. 그는 이 회사에 있으면서 '논리학체계,' '정치경제원론'을 썼다.

밀은 점점 벤담의 최대 다수 최대 행복, 이기적 존재에 대해 회의를 가지기 시작했다. 인간이 어떻게 최대 다수의 최대 행복을 이끌 수 있는가? 인간은 과연 이기적인가? 인간이 이기적이라면 사회개혁이 이뤄져야 한다고 생각하고 이것을 위해 투쟁할 필요를 느꼈다. 내면의 투쟁을 위해 사회를 개혁해야 한다. 가치 있는 내면투쟁을 하려면 도덕철학이 필요하다. 벤담은 인간이 이기적이라는 가정아래 입법개혁을 주장했지만 밀은 내면, 정신적 입장에서 도덕철학을 논하며 사회개혁을 주장했다. 그는 자기, 이기에서 자기분화, 자기 객관화라는 도덕적 체계에서 사회개혁을 내세웠다. 인간 안에는 보편적 자아가 존재한다. 사회개량은 보편적 자아와 환경조절문제로 귀착한다. 그에 따르면 인간은 본래 도덕심을 가지고 있다. 보편적 자아도 내재해 있다. 보편적 자아는 사회 환경에 적응하고 조절해 나가야 한다.

밀은 남녀평등, 자연주의, 자유방임주의, 비례대표제 정부를 주장했다. 당시 영국은 두 개의 당이 있었지만 그는 소수의 의사도 정치에 반영되어야 한다는 생각을 가지고 있었다. 그는 '자유론'을 통해 자유는 환경의 다양성에서 이뤄지고, 인간의 자유는 비록 자기의 의견과 맞지 않다 하더라도 자기의 의사의 옳음을 증명하기 위해서라도 타인의 주장을 이해할 필요가 있다고 했다. 그의 자유론은 언론의 자유를 강조하는 고전이 되었다.

그는 자유를 귀하게 보았다. 자유는 인격성장에 절대 필요하기 때문이다. 이것은 콜리지의 영향을 받은 것이다. 그는 불가피한 상황에서 반대자에게도 자유의 길을 터줘야 한다고 했다. 그가 처음에 반대한 대상은 지주와 귀족이었다. 소수의 봉건적 지주 귀족의 의사보다는 다수의 의사에 따라야 한다고 했다. 그 후 그는 다수의 의견만 절대적인 것이 아니라 소수 의견도 존중해야 한다고 했다. 훗날 그는 노동자를 멸시했는데, 그것은 노동계급이 자유를 존중할 줄 모르고 무지하기 때문이라 했다. 이에 대해 그는 국가간섭과 여론의 영향에 따라 해결해야 한다고 했다.

밀은 '논리학체계'에서 모든 인식은 경험에서만 얻는다고 했다. 여기에 선험적 원리는 존재하지 않는다는 귀납적 원리를 이용했다. 그는 논리학적 방법을 사회현상과 정치현상에 적용했다.

벤담은 쾌락만 주장했다. 그러나 그는 쾌락에도 별개의 욕구가 있다고 보았다. 선악이 행동으로 나타날 때 선행은 칭찬을 받지만 악행은 벌을 받는다. 그러나 내부적으로 자신을 자제하는 양심적, 도덕적 성격이 있다. 자기 자아, 쾌락 이외의 훌륭한 목적 달성, 내부적 양심적 제어가 그것이다. 인간은 환경을 조절하는 것이 가능하다. 그는 내면적 욕구, 의지의 자유를 통해 벤담에서 벗어났다. "만족한 돼지보다 불만족한 인간이 되고 싶다.", "만족한 인간이 되는 것보다 불만족한 소크라테스가 되고 싶다."는 그의 이상주의는 공리주의에서 벗어나 사회개량주의로 나갔다. 그는 사회개량의 길에서 자유를 확대했다. 그는 개인의 자유를 단결, 결사의 자유로 확대했다.

1824–25년에 영국에서 노동조합이 합법화되었다. 이 합법화 단계에서 결사의 자유가 자유주의의 내용으로 완전히 될 수 있는가 하는 것으로 논란이 되었다. 밀은 결사의 자유는 개인 자유의 확장이라 했다. 당시 임금기금설(wage fund theory)도 논의가 되었다. 산업운영에서 기금엔 한정이 있다. 일정한 한계 기금으로 노동자가 어떻게 잘 살 수 있느냐는 것이다. 이것은 노동자가 이 기금을 어떻게 선용하느냐에 달려 있다. 노동자의 수를 줄임으로써 임금을 인상해야 한다는 이론에 대해 밀은 반대했다. 노동임금설은 개인의 자유, 단체의 자유, 자유방임, 사회개량주의로의 전환을 의미한다.

밀은 자유론에서 자유주의와 사회주의를 명확히 표시했다. 그는 공적 행복을 위해선 분배법칙에 의해 사회개량이 가능하다고 주장했다. 분배법칙은 사회에 관련되므로 사회 자체에 대한 규제가 가능하다. 그는 자본주의에서 사회주의로의 점진적 전환을 논했다. 사유재산문제에 대해 사유재산이 정당한 한 전체 행복에 유리하며, 유언에 의한 상속은 재고할 필요가 있으며 유언이 없으면 사회에 귀속시킬 것을 주장했다. 유언이 있다 해도 쾌적한 한계 이외의 사유재산권은 주장할 수 없다고 했다.

밀은 지대문제도 언급했다. 당시 리카도의 지대론이 있었는데, 이것은 좋은 토지와 나쁜 토지의 수확차이에서 지대가 발생한다고 본 것이다. 이에 대해 밀은 지대란 우열의 토지 때문이 아니라 수확의 차이가 나타나는 것을 일련의 사회현상으로 보았다. 즉, 토지를 가짐으로 지주가 근로소득을 한 것이라는 지대공유설을 주장한 것이다. 밀이 죽은 후 일체 근로소득은 공유화해야 한다는 이론이 등장했지만 밀의 이론은 생산수단을 공유해야 한다는 방향으로 그의 지대론 해석범위가 더 넓어졌다. 사회주의적인 생산수단 공유화 이론으로의 전환은 밀의 지대론에 영향을 받은 것이다. 밀은 아버지를 통해 벤담의 자연, 자유주의에 감염되었지만 점차 이상주의, 사회개량주의, 사회주의로 전향되었음을 알 수 있다.

1848년은 경이로운 해(Annus mirabilis)이다. 이 해에 구라파에서 노동운동, 마르크스의 공산당 선언, 밀의 정치경제학이 나왔다. 영국에선 노동운동이 전개되었다. 이때 밀은 생산법칙과 분배법칙을 구별하고 사회주의로 나갔다. 1830년대 영국의 차티스트운동이 실패로 끝났지만 그 후 사회주의는 기독교사회주의로 나아가 협동조합운동을 전개했다. 영국은 산업이 발전함에 따라 모순이 많았다. 칼라일은 문학가로서 영국의 현상을 소개하고 이 문제해결을 촉구했다. 정치가들도 박애주의를 내세웠다. 노동운동은 이런 문제의 타개책으로 나타났다. 당시 프란시스 플레이스(Francis Place)는 이 운동을 통해 결사금지법 폐지를 호소했다. 영국교회는 단체적 생명을 장악할 것과 사회에 의무를 다할 것을 호소했다. 캔닌(Cannin) 내각은 자유무역의 정치적, 경제적 자유를 위해 국가간섭을 배제했으나 노동자에게는 적용하지 않았다. 이에 밀은 개인의 물질적 추구에 대해 정신적 투자를 강조했다. 이것은 벤담의 물질적 공리주의를 정신적으로 뜯어고친 것이다. 이를 통해 노동조합의 존재 의미를 부각하고, 정신적 독자성을 실현함으로써 사회가 진보하도록 한 것이다.

밀은 사회적 진보에 따라 문명을 가져온다. 이 문명은 인간 개인이 만든 것이 아니라 인간이 연대 결합해서 만든다. 사회는 진보하는 문명에 따라 발전한다. 개인은 전체의 행복에 영향을 주도록 행동해야 한다. 그는 인간을 사회학적으로 해석하고, 인간의 사회결정론을 폈다.

이 같은 방법은 그의 경제관에서도 드러난다. 그에 따르면 인간이 진보하는 사회발전에 따라 움직이는 것처럼 경제도 음울한 감정에서가 아니라 사상, 감정, 정당성 등 새로운 생명을 주입시켜야 한다고 했다. 그는 민주주의 입장에서 사유재산 상속, 토지소유권 문제를 재검토했다. 재산은 재능의 활용에서 나오는 일체의 권리, 인류의 선, 행복, 진보에 필요한 사회제도다. 하지만 그는 사유재산 권리는 어느 한계에서 다수의 제약에 복종해야 한다. 그는 사회주의 장점을 인정하고, 사유재산제도를 인정하는 사회주의를 주장함으로써 극단론을 피했다. 토지국유화에 대해서는 언급하지 않았다. 자유경쟁을 인정하나 자발적 협력과 노동조합 운동을 통해 노동자의 지위를 보장할 것이라는 중용적 입장을 취했다.

밀은 사회의 진보는 개인의 독창성과 에너지에 있다고 했다. 하지만 그는 민주주의에서 말하는 인간을 개인으로 보는 것에 반대했다. 개인은 사회적인 의무에 반대할 수 없다. 그러나 개인의 무한한 자유는 억제되어야 한다고 주장했다. 개인은 각기 가진 다양성을 발휘하여 세계를 풍부하게 해야 하며, 이에 어긋나는 경우는 억제해야 한다. 사회제도에 어긋나지 않는 한계에서 세계를 풍부하게 하며 개인을 관용하라는 것이다. 그는 개인의 정력적, 활동적 측면을 인정하면서 각자의 개성이 인간복지, 곧 사회전체에 기여하도록 했다.

밀은 민주주의 약점도 지적했다. 대의제도는 소수대표제에 가장 부적당하다는 것이다. 의회는 다수의 힘을 빙자하여 상대방을 압살하는 기관이다. 의회는 계급 중 당파이익을 노골적으로 반영한다. 소수파의 입장에서 소수의 의견을 듣지 않는다면 불건전한 민주주의다. 민주주의의 대의주의는 소수파의 의견도 존중해야 한다. 선거에서 실질적으로 다수의 지지를 받는 것은 다수파가 절대로 옳아서가 아니라 득표를 기술적으로 많이 얻은 것뿐이라는 말이다. 그래서 그는 비례대표제를 민주주의에서 불가결한 보충물로 보았다.

그의 비례대표제 원리는 토마스 헤어(Thomas Hare)에 따른 득표이양제도라는 구체적 비례대표제를 구상했다. 단순히 다수에 의한 지배방지로 국회의원 자격을 정치학 전공자로 한하며 투표자 지식수준에 따라 복수투표제를 허용하는 것이다. 가난한 사람은 교육을 받지 못한 정도가 많으므로 읽기, 쓰기, 수학 등 투표지원시험을 치러 합격자에 한하여 투표하게 한다. 선거권을 제한하는 것이다. 그는 이 같은 자격이 구비되면 법적 결함이 없는 한 정년 남녀에게 투표권을 주어야 한다고 주장했다. 나아가 그는 조세납부액에 따른 등급선거권을 시인했다. 이것은 보통 선거권과는 다르다. 국회의원에게 봉급을 주지 않고 선거는 자기비용으로 치르는 것이다.

밀은 그의 아버지나 벤담이 비밀투표제를 찬성한 것과는 달리 공개투표제를 주장했다. 투표권이란 공공성에 대한 일종의 선택이므로 비밀투표제는 필요 없다. 공개투표의 경우 투표권의 매수가 성행하게 되지만 개선하면 된다. 그는 귀족원 존속도 주장했다. 의결이 아닌 법안 기초만을 담당케 하자는 것이다.

11

허버트 스펜서

사회가 발전하면 균형 상태를 유지한다

생물학, 경제학, 법학, 심리학은 원래 사회철학의 주류는 아니지만 사회철학의 여러 가지 고유문제와 관련하여 다루어졌다. 예를 들어 인간도덕은 공중에 떠도는 것이 아니라 인간의 육체구조, 경제적 동기, 법률제도, 사회본능, 역사적 제도와 관련이 있다. 이것은 도덕의 일면을 설명하지만 핵심을 설명하지 못하고 있다.

경제학의 경우 상반된 이론이 제시되었다. 아담 스미스와 리카도의 고전경제학은 자유방임이론으로 국가권력을 제한하고 개인의 자유를 강조했다. 이와는 달리 독일의 리스트(List)는 관세로 국가를 육성하자는 국가주의적 보호정책을, 마르크스는 국제사회주의를 내세웠다. 리스트와 마르크스의 경제이론은 국가간섭의 확대를 초래했다.

생물학도 두 가지 다른 방향으로 제시되었다. 허버트 스펜서(Herbert Spencer)는 사회유기체설, 국가유기체설을 주장했다. 그럼에도 불구하고 인간 대 국가 관계를 분리하고 개인의 자유를 주장했다. 국가의 권력을 제한하자는 것이다. 독일의 사비니(Savigny)도 생물이 눈에 보이지 않을 정도로 세포 분열하여 성장하듯 국가도 혁명, 개혁 등을 통해 점진적으로 성장한다며 국가권력의 제한을 주장했다. 하지만 우생학은 이와 다르다. 생물학적 우생술을 시인한다면 국가는 힘을 통해 생물학적 우생술을 실시해야 한다. 이것은 국가 권력의 확대를 초래한다. 여기서 스펜서의 생물학적 방법에 따른 국가권력 제한 이론이 1848-80년에 개인주의, 자유방임주의를 옹호하는 것으로 나타났다.

스펜서는 철저한 자유방임주의로 그의 이론에 자유방임과 사회주의 이념, 과학주의와 관념주의가 담겨 있다. 그는 자유방임주의를 극단적으로 옹호했다. 개인주의에 자연과학의 옷을 입혀 설명했다. 군국주의에서 산업주의, 상업국가체제로 발달함에 따라 개인주의, 자유방임주의, 근대산업의 지도원리, 진화를 주장하는 자연적 추세가 강했다. 칼라일과 라스키도 자유방임주의와 개인주의를 주장했다.

밀은 당시 영국의 구사상을 대변하는 거두였다. 그러나 스펜서는 공리주의를 편리주의 철학이라 혹평했다. 그럼에도 불구하고 스펜서는 일종의 공리주의와 개인주의에 입각한 행복을 추구한 공리주의자였다. 인간의 행복은 벤담이 말한 인간향락이 아니라 조물주가 마련한 행복추구다. 이것은 개인능력의 자유로운 에너지를 통해 발현된다. 그러므로 국가의 입법을 통해서가 아니라 개인의 자연능력인 에너지를 통해야 한다. 국가보다 개인입장에서 개인의 자유평등법은 개인의 능력과 에너지에서 실현된다.

스펜서는 비국교주의 가정에서 자랐다. 영국교회에 반항심을 가졌다. 숙부이자 목사인 토마스 스펜서는 교회가 외부환경에 적응해야 할 것을 주장했다. 이 종교의 급진적 이념은 조카인 스펜서에게 영향을 주었다. 그는 개인이념에서 모든 남녀에 선거권을 부여할 것을 주장했다. 그는 자연법칙에 따라 국가는 소극적이어야 하고, 사회의 장래는 무정부주의에 도달해야 한다고 했다. 이것은 비국교도 가정에 태어나 국가를 불신임하는 이념에서 나온 것이다.

스펜서는 독일의 관념론에서 '생명의 이념'을 받아들였다. 생명의 이념은 실증과학이 아니라 선험적 추상이다. 생명의 이념은 모든 것은 생명을 유지하고 영구히 발전시킨다는 추상적 이념에서 모든 것은 자연이고, 사회는 자연의 일부이며, 사회를 포함하는 자연은 내적으로, 외적으로 진화하여 개별화하며, 이것을 통해 생명은 우주진화를 이룬다는 것이다. 우주 진화에는 생물학적 진화도 포함된다. 그는 이 생명의 이념을 자연과학이론과 조화시켰다. 자연과학의 이념에서 보면 그의 자연과학은 생물학이 아니라 물리학에 좌우된다. 그는 젊은 시절 물리학에 관심을 두었다. 그는 물리학적 인과관계법칙과 생명이념을 결부시켰다. 그는 콩트의 사회법칙을 그대로 계승했다. 콩트는 사회학을 사회 인류의 과학이며 사회정학과 사회공학은 물리에 의해 움직인다고 했다. 스펜서는 선험적 이념, 생명의 이념을 물리학의 법칙인 힘과 결부시켰고, 사회는 힘의 항존 법칙에서 이뤄진다고 했다. 생물학,

사회학, 천문학, 지질학도 이 힘의 항존 법칙에 좌우된다. 그는 에너지 법칙에 따라 모든 사실, 우주발전, 생물의 발전을 주장했다. 생물은 외부환경의 변화에 따라 기능적, 구조적으로 적응한다. 생물은 이것을 통해 세대에서 세대로 계승한다. 그는 생명의 이념과 자연과학적, 물리적 힘의 항구법칙에서 생명은 내부에서(Ab intra)발전하며 환경에 적응될 때(Ab extra) 내부적 생명이 외부적 환경에 적응한다는 힘 에너지 균형화 현상을 설명했다. 하지만 아무리 생명의 이념을 가져도 외부에 적응하지 못하면 적자생존의 원칙에 따라 도태된다. 생명의 이념은 개별화 성향을 통해 진보한다. 동시에 정신은 그 자신이 내부에서 자신에 적응한다. 이것은 유전적 적응으로 이것이 사회에 적응하면 무정부상태에 도달한다. 그는 이처럼 관념론적 생명 이념설과 유물론적 힘 항존설을 주장했다. 생명, 힘은 사실 모호한 개념이다. 하지만 그는 힘, 에너지를 내부적으로 발전시키고 사회 환경에 적응하도록 함으로써 자기 기능적 균형원리를 도입하였다.

정치도 군사적 단계에서 정치적으로 진화하면 산업적 단계로 나아간다. 진화는 생물의 개별화 성향을 의미한다. 생명의 조건이 외부조건에서 균형화해 나감을 의미한다. 사회가 발전하면 궁극적으로 균형 상태를 유지한다. 무정부적 유토피아사회다. 완전 균형 상태로 유토피아에 도달하면 사회는 정지된다는 것이 그의 궁극적 이상이다. 군사적 단계에서 산업단계로 균형화되면 사회는 정지된다. 이 단계에서 국가는 필요 없어 탈락된다. 그 사회가 좋은가 나쁜가는 무정부상태 접근 여하에 따라 판단된다.

진화법칙을 주장하는 스펜서가 진화가 정지에 빠진다는 것은 어디에 근거한 것일까? 현재 상태를 이상상태와 대치시켜 국가를 불신임한 것이다. 현 국가는 부정하고 쓸데없이 간섭한다. 국가는 한정된 관리의 지혜에 의해 좌우되므로 개인의 지혜에 기대해야 한다. 국가숭배보다 개인숭배를 주장한 것이다. 그는 사회철학의 제일원리인 자유평등원칙을 개인을 통해 실행할 것을 주장한다. 개인에 자유를 주어 힘이나 에너지가 외부환경과 균형이 되도록 방임하는 것이다.

그는 사회원리와 관계없이 개인권리를 사회에 선행시켰다. 그럼에도 불구하고 그는 토지소유권을 인정하지 않았다. 자유평등원칙에 따라 누구나 토지에 접근할 권리를 가지고 있기 때문이다. 토지가 일부에게 소유되면 그 법칙에 위배되므로 옳지 못하다. 그러므로 토지는 공유하고 국유화해야 한다. 이것은 그의 사회주의적 면모를 보여준다.

그는 가정에 대해서도 혁명적 이론을 주장했다. 그는 선거권의 확대와 남녀평등을 주장했다. 특히 그는 밀보다 20년 앞서 여인의 복종에 반대했다. 그는 개인의 자유를 주장하면서도 아동에 대한 간섭을 주장했다. 이것은 그의 자연주의 이론과 상치된다.

그는 사적권리를 주장함에 있어서 국가는 본질적으로 야만하다고 주장했다. 자유 개인만 문명인이요 사회 진화 담당자다. 그는 개인과 국가를 대치시키는 공적 이론을 제시했다. 그에 따르면 국가는 약탈국가의 유물이다. 이것은 자유발휘에 간섭하는 존재일 뿐이다. 따라서 정부를 존속시킨다 해도 최소한의 존재에 그치도록 해야 한다. 그는 불신임 국가, 최소한의 정부 이론을 구체화했다. 그는 자유 법칙을 위해 시민에게 국가를 불신임하는 권리를 주어야 한다. 만일 정부가 부과하려면 전 시민에 평등하게 부과해야 한다. 국가의 유일한 기능은 시민보호다. 국가는 상호보험을 위한 보험주식회사다. 국가는 제한된 기능을 가져야 한다. 산업, 빈민구제 등 공적인 일에 일체 간섭을 해서는 안 된다. 교육에 대해서도 국가의 간섭이 배제되어야 한다고 주장했다. 국가가 아무리 교육을 해도 범죄가 늘어나기 때문이다. 교육과 범죄는 관계가 없으므로 간섭을 해서는 안 된다는 것이다. 이것은 자유방임의 극단적 해석이 아닐 수 없다. 국가의 간섭배제는 국가를 우체국이나 조폐창처럼 협소한 기능만 수행하도록 하는 것이다. 이것은 당시 방임사상이 얼마나 시대를 장악하고 있었는가를 보여준다.

스펜서에게 있어서 개인이란 생물학적 유기체는 사회유기체이기도 하다. 유기적 결합은 공동목적에서 이뤄진다. 인간의 진보는 보다 큰 상호의존으로 간다. 각 개인의 복지는 전체의 복지에 있다. 개인이란 생물학적 유기체가 전체적 사회에서 생활할 때 사회 내에서 이질적 분화를 통해 인간은 진화하고 적자는 생존한다. 적자생존은 경쟁요인이 필요하다.

사회주의적이었던 그의 초기 사회철학은 후기에 가서 개인주의로 바뀌었다. 현존 제도에 대해 상대적 정당성을 인정하고, 교육문제에 대해 인간의 방임을 주장했다. 사회유기체설에서 출발해 자연권, 개인주의를 주장했다. 그는 국가 안에서 인간 생명, 곧 인간성의 선험적 생명이념을 주장했다. 그의 선험적(A priori) 이념은 우리가 살 가치가 있다는 것이다. 이것이 옳다면 우리는 생명을 유지하기 위해 모든 행위를 하는 것이 좋다. 이 행위에는 자기의 욕구와 자유가 권리로 인정되어야 한다. 그는 종교나 경제면에서 국가를 무시할 수 있는 권리를 가진다고 보았다. 이것은 비국교도로서의 자기 긍지를 나타낸 것이기도 하다.

그는 과학적 입장에서 볼 때 사회의 성장은 분업에 입각해야 하고, 분업의 조건은 교환과 계약의 자유로 한다고 했다. 자연권은 사회계약의 원리로 옮겨가고, 결국 자연권은 소유자 간의 약속관계로 돌아간다. 국가와 국가성원 사이에도 암묵적으로 체결된 계약이 있다. 국가가 성원 간에 유일한 생활조건인 분업으로 생활을 유지시키고 국가는 계약을 유지해야 한다는 것이 묵계다.

스펜서는 로크와 마찬가지로 국가의 주권을 제한했다. 국가는 유기체와 마찬가지이기 때문에 국가권한을 제한해야 한다는 것이다. 그는 국가기능을 방어적 전쟁, 국내의 적에 대한 방어, 국토사용 통제에 두었다. 나아가 그는 국가가 범죄자만을 막는 야경국가론이나 반전을 주장하는 퀘이커교도들의 주장에도 반대했다. 그는 이 3대 기능에 저촉되지 않는 한 직선인의 정치활동을 허용해야 한다. 직선인은 제일원리적 인간이다. 제일원리에서 볼 때 "하늘이 무너져도 정의를 행해야 한다(Fiat justitia ruat coelum)."는 말은 옳다. 이것은 궁극적 정의다. 불완전한 인간이 여기에 도달할 수 없다 해도 그것은 정의다. 직선인이 부정행위를 할 때 곡선인이 된다. 그는 초기에 토지국유화, 부의 참정권을 주장했으나 후에는 이와 달리 국가의 기능 제한, 개인의 자연권 보장, 계약의 자유원리로 자본주의 상업윤리를 시인하는 결과를 낳았다.

12

제논과 에피쿠로스
금욕이냐 쾌락이냐

스파르타에 굴복한 아테네는 마케도니아의 지배아래 들어갔다. 필립에 이어 그의 아들 알렉산더는 소아시아, 아프리카 북부 등 광범한 지역을 통일한다. 동양과 아프리카를 정복한 것이다. 동양과의 접촉으로 문화와 이념이 교류되었다. 생각도 넓어지게 되었다.

알렉산더에서 3세기 동안, BC 30년 로마에 정복될 때까지를 헬레니즘 시대라 한다. 이 시대에 정치, 경제, 문화 세 부분에서 번영을 주도한 곳은 희랍이 아니라 알렉산드리아, 안티오키아(Antiokia), 셀레키아(Selekia), 벨가몬(Belgamon), 로도스(Rodos) 등 여러 도시들이었다. 희랍에서 비교적 큰 역할을 한 도시는 고린토스(Corintos)였다.

헬레니즘 시대에 아테네 철학은 스토아(Stoa)와 에피쿠로스(Epicuros)에 의해 대변되는 세계시민주의(Cosmopolitanism)였다. 세계시민 철학은 알렉산더 이전 아테네 도시국가가 쇠망할 즈음 소크라테스 제자에 의해 등장했다. 소크라테스의 제자이자 키니코스(Cynicos) 학파의 시조 안티스테네스(Antisthenes)는 플라톤보다 스무 살 위로, 소크라테스가 처형당한 뒤 점점 도시국가에 반항했다. 그는 '개처럼 천한 생활(Kynikos bios)'을 모토로 생활했다. 그의 어머니는 트라키야(Trakja) 인으로 완전한 시민권을 갖지 못했다. 안티스테네스는 키노사라고스(Kynosaragos)에 학교를 세워 빈자의 편에서 도시국가의 사회악을 지적했다. 즉 세인이 말하는 착한 것, 관습, 미신은 헛된 것이며 이 욕망을 제거하고 도덕(Arete)을 실현해야 한다고 했다. 여기서 그의 모토인 '개처럼 천한 생활'은 금욕생활을 통해 도덕을 실현하고자 하는 금욕주의 철학이 담겨 있다.

이에 대해 에피쿠로스학파를 이룬 아리스티포스(Aristippos)는 향락주의를 내세웠다. 그도 소크라테스의 제자였다. 이 학파는 키레나우스(Cyrenaus)라 불리기도 한다. 이 학파의 인간행위 기준은 쾌락(Hedone), 곧 행복추구다. 아리스티포스는 선배인 소피스트처럼 교수하고 돈을 받는 것은 수치가 아니며, 이것으로 행복을 달성하면 인간행위에 어긋나지 않는다고 주장했다.

자연법학자에 두 시조가 있다. 하나는 안티스테네스의 극기요, 다른 하나는 아리스티포스의 쾌락이다. 극기와 쾌락은 안티스테네스나 아리스티포스와 같이 국가가 아닌 한 개인에 의해 달성한다고 보았다. 그 후 디오게네스(Diogenes)는 자신을 '세계시민(Cosmopolitan)'이라 했다.

자연법학자들이 말하는 세계시민주의는 디오게네스가 자신을 코스모폴리탄이라 한데서 비롯된다. 현대에 이르러 코스모폴리탄은 세계시민으로서 긍정적, 건설적으로 현실을 시인하는 이미지를 갖고 있다. 하지만 당시 그들이 주장하는 세계시민은 현실을 부정하는 부정적, 도피적, 데카당스로 인식되었다.

금욕주의 시조인 안티스테네스나 향락주의 시조인 아리스티포스의 이론은 두 대표적 학자에 의해 자연법 이론으로 더욱 체계화되었다. 그들이 바로 제논(Zenon)과 에피쿠로스(Epicuros)다. 하나는 스토아학파로, 다른 하나는 에피쿠로스학파로 대변된다.

제논은 금욕주의 이론을 체계화했다. 그는 키프로스 섬 출신 상인의 아들로, 디오게네스 후계자인 크라테스(Krates) 영향을 받았다. 제논은 주랑에 둘러싸인 당(Stoa poikile)에서 학생을 모아 강연을 했다. 제논학파를 스토아학파라 한 것은 바로 당(Stoa, 堂)의 이름을 딴 것이다. 제논의 이론은 그의 선배들이 금욕주의 철학을 이성의 법칙, 자연법에 의해 대신한 것이지 자연법 이론의 창설자는 아니다. 선배들의 금욕주의 철학을 집대성한 것이다. 그가 이같이 개인의 이성을 통해 개인에 모두 공통된 이성이나 자연에 의해 행복할 수 있음은 아리스토텔레스 이후 희랍의 사상을 통해 표현되었다. 이성을 가진 전 인류가 자기 이성에 복종하면 행복이 가능하다는 것이다. 개인이 개별적으로 복종하는 법규는 더 이상 도시국가의 법규가 아니라 이성(Logos)의 메가로 폴리스(Megalo polis), 곧 이성이 지배하는 전체 세계국가에 복종함으로써 인간의 행복이 가능하다는 것이다.

제논의 이론은 키니코스의 이론보다 적극적이다. 그의 이론에 있어서 코스모스는 신적 로고스로 관통되어 있다. 코스모스에서 사는 인간은 신적 로고스를 균등히 분배받아 소유하고 있다. 자연과 전 세계는 신의 로고스에 의해 관통된 자연학이다. 그에 따르면 모든 물질은 질료(Hyle)로 구성되어 있다. 이 질료는 신적 로고스에 의해 작용한다. 질료, 곧 물체(Soma), 물체적인 것(Soma-tikon)은 신적 로고스에 의해 움직인다. 이 질료의 움직임은 불(火身, Phrtechnikon)에 의해 동력을 받는다. 불의 물활론적 이론이다. 전 세계는 신의 목적론적 범신론에 따라 움직인다. 조물주인 화신은 세계를 만들고, 세계를 움직이는 로고스를 좌우한다. 여기서 전 세계는 화신의 운명적 조작에 따라 움직인다. 인간도 로고스에 의해 생활해야 하는 운명을 가졌다.

스토아학파는 논리학, 자연학, 윤리학을 혼합했다. 논리학에 따르면 모든 존재는 질료로 구성되어 있고, 질료는 로고스에 의해 작용된다. 그리고 로고스는 화신에 의해 목적론적으로 움직인다. 스토아의 이 같은 논리학은 자연을 설명한다. 모든 인간은 신적 로고스를 균등히 분배받았다. 따라서 인간은 로고스에 따라 행동해야한다. 이것이 윤리다.

인간도 로고스에 따라 생활해야 한다는 것은 자연이나 운명에 따라 생활하는 것과 같다. 인간은 각기 분배받은 로고스에 복종해 금욕생활을 한다. 이것이 바로 이성적 생활이다. 이로써 인간은 자연적 본능적 정욕을 억제할 수 있고 이 자연적, 이성적 방식에 따름으로 행복 상태에 도달한다. 현자가 현실을 도피하는 이유가 있다.

에피쿠로스는 아테네 시민으로 빈곤은 식민지 교사라 했다. 식민지에서 살다가 알렉산더 대왕이 죽은 뒤 아테네로 돌아왔다. 귀국도중 마케도니아 군대의 포악한 통치를 목격하고 반 마케도니아, 반군국주의 편에 섰다. 그는 아테네에 돌아와 학생을 가르쳤다. 에피쿠로스도 제논과 마찬가지로 논리학, 자연학, 윤리학 셋을 합한 유물론 체제에서 자연법을 주장했다.

일찍이 데모트리토스(Demokritos)는 원자론을 말했다. "무(無)에서 아무것도 생기지 않는다. 멸(滅)에서 무로 돌아갈 수 없다. 다만 존재하는 것은 무수한 원자와 무한한 허공뿐이다. 모든 것은 집합 이상에서 생성하고 소멸한다." 데모크리투스는 자연은 원자에 의해 구성된다는 기계적 유물론을 강조했다. 그러나 에피쿠로스는 원자엔 고유한 중량이 있고, 따라서 원자는 각각 자기 운동을 한다고 보았다. 중량에 따라 원자가 낙하운동을 한다. 그 운동도 우연적 운동, 일탈적 운동, 편향적 운동으로 나눌 수 있다. 이것은 그가 데모크리토스의 원자론을 본땄음에도 불구하고 기계적이 아님을 보여준다. 에피쿠로스는 원자고유중량을 주장함으로써 기계적 유물론을 벗어날 수 있었다.

에피쿠로스는 모든 인간을 똑같이 보지 않았다. 모든 사람은 자유의지를 가지며, 자유의지를 가진 인간은 죽음을 두려워하지 않는다. 죽음은 혼의 원자가 비상했음에 불과하기 때문이다. 인간은 혼의 비상을 두려워하지 않는다. 자유의지를 가진 인간의 목적은 쾌락(Hedone) 추구에 있다. 인간은 살아있는 동안 자기의 신중한 사유에 따라 신체의 무고와 마음의 평정상태(Ataraxia)를 유지하는 경지에 도달한다. 그는 여기서 '숨어서 살아라(Lathe biosas)'를 강조한다. 노예와도 사귀고, 거리의 여인과도 산다. 이런 생활에서 인간은 우애를 얻는다. 인생의 목적은 쾌락이며, 인간의 기준은 쾌락의 추구에 있다. 그는 논리학을 기준학이라 했다. 논리학은 인간의 기준인 쾌락의 추구에 있다는 것이다.

그러나 인간이 이성, 자연, 쾌락을 달성한다 할 때 과연 쾌락, 곧 인간의 행복은 무엇일까? 엄중한 질문이다. 이 질문에 몰두하면 쾌락에 충실할 수 없다. 그러므로 일체의 판단을 중지(Epoche)한다. 우리가 진실로 현실에 휩쓸리지 않고 불편부당한 정지의 신경, 곧 마음의 평정상태에 도달하기 위해 판단중지를 하는 것이다. 이것을 강조한 인물은 피론(Phyrron)이다. 행복판단은 오류를 범할 가능성이 있어 신과 같이 봐야 하고 판단중지에 입각해야 한다. 이 이론은 극단의 쾌락주의로, 쾌락주의의 범위를 벗어나지 못한다. 쾌락주의에서 에피쿠로스와 피론은 서로 통된다.

제논이나 에피쿠로스를 막론하고 이 이론들은 무질서한 전제 치하에서, 불안한 사회에서 더 이상 국가에 기대할 수 없어 개인주의로 나간 윤리철학이다. 이것은 국가를 중심으로 윤리체계를 세운 플라톤과 아리스토텔레스와는 성격이 다르다. 그만큼 세상이 달라졌다. 개인이 국가를 통하지 않고 과연 행복할 수 있을까? 그렇게 되려면 배분된 이성에 따라 욕심을 금지하고 신중한 판단아래 각자 알아서 행복을 추구할 수 있어야 한다. 금욕으로 나갈지 쾌락으로 나갈지는 개인의 몫이다. 그런데 여기에서 물을 말이 있다. "국가가 통제하지 않아도 될 만큼 개인은 진정 윤리적일 수 있을까?" 개인주의 철학의 만연은 정세를 바꾸어놓았고, 결국 희랍 도시국가의 이념은 퇴조할 수밖에 없었다.

제3장

악한 본성을 극복하고 새로운 사회를 만들라

공자

맹자

순자

노자

동중서

왕충

왕부지

죽림칠현

북송오자

주희

짐 데이토

1

공자
인을 실천함에는 양보가 없다

공자의 가르침에서 키워드는 '인(仁)'이다. 우리는 그저 문자적으로 '어질 인'으로 쉽게 생각한다. 하지만 그것만이라면 그의 가르침과는 거리가 있다. 그가 말하는 인은 한 마디로 '사람다운 사람이 되는 것'이다.

공자를 따르던 사람들은 인에 대해 어떻게 정의를 내렸을까? 맹자는 인을 사람이 사는 편안한 집에 비유했다. 인을 이루면 마음이 편안해지기 때문일까. 주희는 하늘과 땅이 만물을 만들어내는 마음이라 했다. 정성을 들여 만드는 것이 얼마나 힘들겠는가. 하지만 그 결과는 달고 달리라. 호적은 인이야말로 사람이 가야 할 길이요, 그 길을 힘을 다해 가야한다고 했다. 이 말이 그래도 공자가 말하는 인에 좀 더 가깝다는 느낌이다. 풍우란은 인을 전덕(全德), 곧 완전한 덕이라 했다. 인이 효(孝), 충(忠), 지혜(智), 용기(勇), 예(禮), 공(恭), 관(寬), 신(信), 민(敏), 혜(惠) 등 모든 요소를 포괄하는 것으로 보았다.

그러면 공자는 정작 인을 무엇이라 했을까? 그 답은 하나가 아니다. 하지만 그가 한 말들을 모아보면 인이 무엇인지 알게 된다. 그의 말은 생각보다 아주 쉽고 간결하다.

"자기가 하고 싶지 않은 일은 남에게도 하지 말라."

은률(Silver rule)로 통하는 말이다.

"부모에게 효도하고, 형제우애하며, 자기를 속이지 않고, 남과 한 약속은 어기지 않는다."
"사람을 사랑하라."
"참으라."

우리가 늘 많이 들었던 말 아닌가. 인은 그만큼 우리 삶과 가까이 있다는 말이다.

"자기의 욕심을 누르고 예, 곧 삶의 규범으로 돌아오라."

자기보다 남을 생각하는 사람이 되라는 말이다. 인은 바로 그런 것이다.

문자적으로 인(仁)은 두 이(二)와 사람 인(人)자를 합한 것이다. 두 사람 사이의 관계를 나타내는 말이지만 이것이 어찌 두 사람만의 관계만 말하는 것이겠는가. 그의 관심은 사회생활을 하는 사람들 모두에 있다.

충(忠)과 서(恕)에 대한 그의 글을 읽으면 사람이 보인다. '충'하면 흔히 임금에 충성하거나 나라에 충성하는 것으로, '서'는 다른 사람을 용서하는 것으로 생각한다. 하지만 그가 말하는 충과 서는 약간 다르다. 그에 따르면 '충'은 국가에 대한 충성이 아니라 자기 자신에 대한 흔들림 없는 정직과 성실이다. 사람이라면 인테그리티(Integrity)가 있어야 한다는 말이다. '서'는 남을 헤아리는 마음이다. 배고픈 사람을 보면 그의 배고픔을 생각하고, 힘들어 하는 사람을 보면 그의 힘듦을 헤아린다. 남의 입장에 서 보는 것이다. 강유위가 인을 사랑의 힘이라 했는데, 이제야 그 뜻을 알 것 같다. 충이 자신의 내면을 다스리는 것이라면 서는 자신의 밖을 다스리는 것이다. 충서는 우리의 안과 밖이 균형을 이루어야 한다는 것을 보여준다. 인은 단지 어떤 훌륭한 내면의 심성만을 말하는 것이 아니다.

그는 그 어떤 것보다 사람에 주목했다. 그리고 인이라는 상징어를 통해 사람의 사람다움을 이 땅에서 실현하고자 했다. 공자하면 예가 떠오를 만큼 예를 강조한 인물이라는 것을 누구나 안다. 하지만 그는 예보다 앞서 인의 중요성을 강조한 인물이다.

"사람이 사람답지 않으면 예절은 배워서 무엇 하겠는가. 사람이 사람답지 않으면 음악은 배워서 무엇 하겠는가."

예나 기술에 앞서 사람됨이 중요하다는 것이다. 사람 됨됨이가 좋은데 예의도 바르고 예술도 뛰어나다면 금상첨화다.

그가 말하는 인 속에는 사랑, 정의, 겸손, 친절, 덕, 온유, 성실, 인내 등 우리가 생각하는 좋은 것들이 다 들어가 있다. 인은 미움, 불의, 교만, 거짓된 행동이나 언어를 거부한다는 말이다. 그런 의미에서 인은 우리에게 있어서 아주 당찬 친구다.

그에 따르면 군자는 필히 인을 실천하는 사람이 되어야 한다. 군자가 인을 버리면 군자라 할 수 없다. 식사를 할 때도 인을 생각하고, 길을 걸을 때도 인을 생각해야 한다. 심지어 넘어지는 순간에도 인을 생각하라 한다. 이것은 그가 얼마만큼 인에 집착했는가를 보여준다. 어디 그뿐이랴. 당인불양어사(當仁不讓於師). 다른 것은 몰라도 인을 실천하는 것이라면 스승에게도 양보하지 말라 했다. 심지어 살신성인(殺身成仁), 곧 자기 몸을 죽여서라도 인을 이루라 한다. 자기를 죽일 만큼 힘쓰라니 얼마나 힘들겠는가. 하지만 이 모두 인의 실현이 그만큼 중요하다는 것이리라.

인을 실천하려면 자기 마음을 미루어 남을 헤아리고, 자기가 싫은 것은 남에게도 시키지 않아야 한다. 그만큼 다른 사람을 먼저 생각하고 배려해야 한다. 그는 말한다.

"인은 결코 멀리 있지 않다. 바로 우리 곁에 있다."

이것은 인은 바로 우리가 생활 속에서 이뤄내야 할 매우 가깝고, 중요한 요소임을 말해준다. 인은 누가 하라고 해서 하는 것이 아니다. 자발적으로 해야 진정 인다운 인이 된다. 공자는 우리 삶 속에서 인을 몸소 실천하며 사는 사람들을 보고 싶어 했다. 그런 사람들이 많아져야 진정 어진 세상이 열리지 않겠는가.

2

맹자
선한 본성을 실현하라

공자하면 맹자를 떠올릴 만큼 우리는 두 사람을 아주 가깝게 인식한다. 마치 동시대 인물처럼. 하지만 공자는 맹자를 알지 못한다. 공자가 죽은 지 100년 뒤에 태어났기 때문이다. 속한 나라도 다르다. 공자가 노나라 사람인데 비해 맹자는 추나라 사람이었다.

그렇다고 맹자를 공자와 다르게 말하진 않는다. 맹자하면 맹모삼천지교(孟母三遷之敎)가생각난다. 그의 어머니가 자식의 교육을 잘 시키기 위해 세 번이나 집을 이사했다는 고사 때문이다. 그만큼 교육을 중시했다. 그러면 맹자는 누구에게 공부를 했을까. 전해지는 말에 따르면 그는 공자의 손자 자사(子思)의 문하에서 공부했다고 한다. 나아가 맹자 스스로도 공자의 사람이라 했을 만큼 학문적으로도 공자의 편에 섰다. 훗날 공맹사상이 서로 엮어지는 이유가 충분하다.

공자는 춘추시대를 살았다. 혼란스러웠던 시대의 문제를 안고 고민했던 그는 여러 왕들을 찾아다니며 자신의 생각을 말했다. 하지만 어느 누구도 그의 말을 흔쾌히 받아주지 않았다. 맹자가 살았던 전국시대는 더 혼란스러웠다. 많은 사람들이 기아로 죽어갔다. 그도 공자처럼 여러 왕들을 찾아다녔지만 성과를 거두지 못했다. 나이가 들자 그도 공자처럼 고향에 돌아와 제자들을 가르치고 책을 썼다. 그 가르침이 책으로 남아 오늘도 교훈하고 있다. 그의 대표적 저서가 바로 「맹자」다.

그가 왕들을 찾아다니며 설득하려했던 것은 과연 무엇이었을까? 그것은 바로 성선설에 바탕을 둔 왕도정치였다. 물론 인간에게 부정적인 요소가 없는 것은 아니다. 하지만 그는 부정적인 견해를 거부하고, 인간은 날 때부터 선한 본성을 가지고 있다고 보았다. 성선설이다. 그는 이 설에 바탕을 두어 정치를 펼 때 그 결과가 달라진다고 보았다. 어지러운 세상을 볼 때 그런 말이 전혀 나오지 않을 법한데 역시 그는 생각하는 것이 달랐다.

그는 왜 인간이 선하다고 했을까? 그에 따르면 인간은 누구나 남에게 차마 하지 못하는 마음을 가지고 있다(不忍人之心)고 보았다. 우물에 빠지려는 어린 아이를 보았을 때 그 아이를 못 본 채 할 수 없다는 것이 그 예다. 순간적으로 불쌍히 여기는 마음(惻隱之心)이 들기 때문이다. 이외에도 인간에게는 자기 잘못을 부끄러워하고 남의 잘못을 미워하는 수오지심(羞惡之心), 남에게 양보하는 사양지심(辭讓之心), 옳고 그름을 가리는 시비지심(是非之心)이 있다. 그는 이 네 가지 마음을 인의예지와 연결시켰다. 이런 마음이 있어야 인의예지도 바로 설 수 있다는 것이다. 그는 이 네 가지를 사단(四端)이라 했다. 맹자의 사단이다. 이 사단이 바로 인간 속에 들어있는 선천적인 요소이자 사람다운 사람이 될 수 있는 근거이다. 이것이 있는 한 인간에게는 희망이 있다. 그는 인간의 선한 요소에서 희망을 보았다. 참 긍정적인 인물이 아닐 수 없다.

그에게 있어서 수양은 따로 있지 않다. 앞서 말한 사단을 잘 기르고, 의로운 마음을 키우며, 욕심을 줄이고, 흐트러진 마음을 바로잡으면 된다. 그는 인간 내면에 들어있는 선한 요소를 충분히 발휘하면 할수록 사회혼란이 종식될 것으로 보았다.

그는 왜 그의 성선설을 정치에 연결시키려 했을까? 그것은 정치를 권력을 획득하기 위한 투쟁이 아니라 보다 나은 세상을 만들기 위한 것으로 생각했기 때문이다. 그가 바라는 세상은 전쟁이 없고, 예의가 바르며, 누구나 선한 본성을 충분히 발휘하고, 통치자가 그지없이 어질고 군자와 지식인들이 열성적으로 정치에 참여하며, 천하가 통일되어 왕도가 행해지는 곳이었다. 전쟁이 없는 세상을 바랐기에 우리가 흔히 말하는 부국강병도 그의 생각에는 없었다. 당시나 지금이나 그의 생각은 현실과는 거리가 있다.

그렇다고 그의 생각을 무시할 순 없다. 한 마디로 그는 어지러운 세상 전체를 바꿔보려는 꿈을 가지고 있었다. 「맹자」는 그 꿈을 실현하고자 하는 교과서였다. 현실은 그의 이상을 허용하지 않았고, 그 또한 권력을 장악한 적도 없다. 하지만 오늘도 그를 높이는 것을 보면 그의 이상이 얼마나 가치가 있는가를 보여준다. 비현실적이라 할지라도 그의 생각은 너무나 순정하기 때문이다.

맹자는 공자처럼 많은 제자를 두지 못했다. 그러나 그의 개혁적인 사고를 높이 산 주희가 사서를 정리하고 「맹자」를 「논어」와 같은 반열에 세웠다. 성리학, 정주학, 주자학이라 불린 신유학(Neo-Confucianism)을 조선사회가 적극적으로 받아들이면서 맹자는 조선인의 가슴에 깊이 새겨졌다. 아울러 그의 개혁적인 사고도 영향을 주었다. 조선이 그것을 글로만 받아들이지 않고 적극적으로 수용하고 실현시켰다면 좀 더 달라지지 않았을까 싶다.

"나에게 맡겨만 주면 온 천하를 도덕적 이상국가로 만들 수 있다."

맹자의 이 말은 정치에 대한 그의 자신감을 드러내고 있다. 그는 인의와 도덕에 어긋나는 일을 보면 참지 못했다. 그의 생각이 먹혀들지 않으면 미련을 두지 않고 떠났다. 그래도 패도한 현실에도 왕도의 이상을 저버리지 않은 그의 기개가 높다. 언제 맹자가 꿈꾼 나라가 올까.

3

순자
악한 본성을 극복하고 새로운 사회를 만들라

성악설하면 순자(荀子)가 떠오른다. 맹자나 그나 공자의 학맥을 이은 사람인데 왜 사람을 보는 눈이 달랐을까? 그것이 궁금하다.

순자는 공자와는 약 200년 뒤 사람이고, 맹자가 죽은 해에 태어났을 것으로 추정하고 있어 세 사람 모두 서로 얼굴을 익힌 사이는 아니다. 순자는 제나라 사람으로, 나라의 큰 제사를 주관하는 벼슬을 했을 정도로 예를 존중한 유학자였다. 한때 초나라 춘신군 밑에 있기도 했지만 춘신군이 몰락한 다음에는 후학을 가르치는 일에 전념했다. 하지만 성악설의 이미지 때문인지 그에 대한 평가는 그리 긍정적인 편이 아니다.

그는 왜 성악설을 주장했을까? 성선설이든 성악설이든 이 모두 인간의 본성을 선천적으로 규정하고 있다는 점에서 서로 같다. 선천적이기 때문에 쉽게 고쳐질 수 있는 것이 아니라는 말이다. 맹자는 인간이 선하다는 것을 인간의 내면에서 찾았다. 인간의 내적인 것에 대한 그의 주관적 판단이 작용한 것이다. 이에 반해 순자는 외적으로 보이는 사회의 혼란스러움에서 인간의 악함을 보았다. 객관적 요소가 작용한 것이다. 그러니 관점이 완전히 다를 수밖에 없다.

순자는 사회가 잘 다스려진 상태, 곧 윤리와 도덕이 바로 선 상태를 선이라 했다. 그렇지 않고 혼란스럽다면 악하다고 보았다. 혼란이 극심한 시대였던지라 악의 모습이 더 보였을 것이다.

사회는 왜 혼란스러울까? 그는 인간이 태어나면서부터 자신의 이로움을 좋아하고 그것을 추구하려는 생리적인 욕구 때문이라 했다. 그 이기적인 본성 때문에 사회는 늘 질시와 다툼이 일어날 수밖에 없다. 사회는 이런 욕구가 자연스럽게 분출되는 무대다. 당시 춘추전국시대가 혼란스러운 것도 이 때문이라 했다. 사람들이 악하면 사회도 자연스럽게 혼란스럽고 악해진다는 말이다.

비록 성악설을 주장하기는 했지만 그는 인간의 악한 본성을 그대로 두고 싶지는 않았다. 그는 혼란을 극복해 선한 인간, 선한 사회를 만들고자 했다. 그는 우선 마음의 변화를 시도했다. 그는 네 가지로 단계의 변화를 제시했다. 먼저 생리적 욕구로 가득한 성(性)의 단계에서 시작해 좋은 것과 나쁜 것을 느낄 수 있는 정(情, 정서 또는 감정)의 단계, 자신이 나갈 바를 이성적으로 선택할 수 있는 려(慮, 지성과 합리)의 단계를 거쳐, 마침내 자신이 옳다고 판단한 선택을 의지적으로 실천해 나가는 위(僞)의 단계로 나누어 제시했다. 이것을 실행해 나가기 위해서는 의지와 결단이 필요하다.

'위'의 단계는 순자가 가장 가치 있게 여기는 단계이다. 그런데 왜 하필 '위'일까? 위는 거짓이라는 말 아니던가. 하지만 순자에게 있어서 위는 거짓이라는 뜻이 아니다. 사람 인(人)과 할 위(爲)를 합한 것으로, 인간이 마땅히 해야 할 것, 곧 인간의 의지적 실천을 드러낸 말이다. 이런 실천의지가 없다면 개인이든 사회든 개혁될 수 없기 때문이다.

그는 인간을 능참(能參), 변화에 참여할 수 있는 존재로 보았다. 이것은 인간을 부정적으로만 보지 않았다는 말이다. 인간의 변화가능성을 믿은 것이다. 이것으로 미루어 보아 그가 끝까지 미움을 받을 이유는 없다. 그가 예(禮)를 강조한 것도 혼란한 사회에 질서를 창조하기 위한 것이었다.

순자는 나쁜가? 결코 그렇지 않다. 그는 혼란한 사회현실을 직시했고, 이것을 바로 잡기 위해선 인간의 이기적 욕심을 다스리지 않으면 안 된다고 보았다. 질서 있는 새로운 사회건설을 꿈꾼 것이다.

우리 사회도 그 당시 못지않게 혼란스럽다. 좀처럼 도덕과 윤리가 세워지지 않는다고 야단이다. 순자는 그가 살던 나라가 하나로 통일되면서 모든 사람들의 욕구가 벌떼처럼 일어나지 않도록 나라를 잘 다스리는 임금이 나타나기를 바랐다. 바람직한 리더의 출현을 대망한 것이다. 그 사람은 기존의 예의제도가 맞지 않을 때 그것을 바꿀 수 있는 사람이요, 타고난 악한 본성을 극복한 임금이다. 이것이 바로 그의 후왕사상(後王思想)이다. 어디 꼭 이런 리더만 필요할까? 악한 본성을 극복하고 새로운 사회를 만들기 위해선 우리 모두의 참여가 필요하다.

이런 의미에서 혼란한 사회를 바르게 세울 수 있는 사람은 바로 당신이다. 당신의 능참을 기대한다.

4

노자
무위의 세상이 열리면 도가 바람처럼 들어오리라

중국인의 글에서 자주 볼 수 있는 단어가 있다. 바로 도(道)다. 중국인의 사상에서 이 개념을 가장 잘 설명하고 있는 인물이 바로 노자(老子)이다. 도를 알면 노자를 안다 할 정도다.

그러면 도란 과연 무엇일까? 노자는 인간의 말이나 글로 도를 표현할 수도 알 수도 없다고 했다. 도가 인간의 말로 표현되었다고 하면 그것은 이미 진정한 의미의 도가 아니다. 도는 인간이 어떻게 개념화할 수 있는 것이 아님을 알 수 있다. 그는 도에만 이것을 적용한 것은 아니다. 그에 따르면 존재는 언어 이상의 것이다. 도도 마찬가지다. 도나 존재는 인간의 언어를 뛰어넘을 만큼 크다.

그렇다고 그가 도란 어떤 것이라고 말하지 않은 것은 아니다. 그에 따르면 도는 상제보다, 천지보다 앞서 존재한다. 그만큼 중요한 위치를 차지한다는 말이다. 모든 존재의 근원이 도다. 천지만물이 태어나고 자라는 것은 모두 도의 힘이 작용한다. 그에 있어서 도는 우주창조의 동력으로, 자연계의 운동법칙으로, 인류행동의 준칙으로 작용한다. 따라서 우주만물뿐 아니라 인간도 도를 따라야 한다고 했다.

나아가 도는 형체가 없다. 도는 우리 눈으로 볼 수 있는 것이 아니다. 그것은 우리의 감각을 뛰어넘는다. 우리의 감각으로 도저히 알 수 없어 도를 무(無)라 한다. 하지만 도는 텅 비어 있거나 아무 것도 없는 것이 아니다.

도가 만들어지기 전에 도는 혼돈체로 존재했다고 주장한다. 노자가 박(樸), 현(玄), 황홀(恍惚)이라 한 것은 혼돈 상태를 표현한 것이다. 어렴풋이 그는 도의 원시형태를 보여준다. 하지만 이 도는 만물을 형성할 수 있는 가능성과 잠재성을 가지고 있다. 그 이름을 명확히 뭐라 하기 어렵기 때문에 그저 도라 했다는 것이다.

도는 고정되어 있거나 불변하는 것이 아니다. 오히려 끊임없이 움직이며 변한다. 만물은 시간과 공간의 제약을 받지만 도는 바깥 환경의 영향을 받아 없어지거나 바뀌지 않는다. 스스로 끊임없이 움직이며 영원히 존재한다. 이러한 끊임없는 도의 움직임 때문에 만물이 생성되고 유지된다.

이렇듯 활발하게 움직이지만 아무렇게나 움직이는 것은 아니다. 나름대로 원칙이 있다. 이것이 만물에게 어떤 법칙으로 나타나기도 하고, 그것이 인간 행동의 준칙이 되기도 한다. 이 준칙에 대한 우리의 인식이 커, 도라 하면 먼저 이것을 떠올릴 정도다.

노자는 도가 가지고 있는 법칙을 몇 가지 소개하기도 했다. 그 중에 하나가 바로 자연이 가지고 있는 법칙, 곧 되돌아감이다. 되돌아감이 도의 운동법칙이라고 했다. 사물을 보면 서로 상반되는 방향으로 가는 것처럼 보인다. 하지만 종국적으로는 원래의 상태로 되돌아간다. 인간도 마찬가지다. 서로 대립하면서 발전하지만 서로 되돌아가 하나가 된다. 그래서 도는 하나(一)이기도 하다. 자연이 본연으로 회귀하듯 도도 되돌아간다. 그의 말대로 도는 자연을 본받는다.

노자는 천도를 좋아한다. 그에 따르면 하늘의 도는 만물을 해롭게 하는 것이 아니라 이롭게 한다. 그래서 좋다. 성인을 성인이라 부르는 이유가 있다. 도를 행하기 때문이다. 성인은 자연을 거스르지 않고, 그 법칙을 따른다. 이것이 바로 그가 말하는 무위(無爲)다. 무위는 자기 마음대로 행동하지 않는다. 개인적인 욕심을 부리지 않는다. 마음을 비우며 끊임없이 자연의 법칙을 따른다. 자연은 인간처럼 애쓰지 않아도 우리의 생각을 뛰어넘을 정도로 엄청난 일을 해내지 않는가. 자연을 본받으라는 말은 자연의 도를 따라 무위의 삶을 살라는 뜻이다. 유위(有爲)가 아니라 무위다. 억지가 아니라 자연이다.

노자가 무위를 강조한 것은 세상을 구하려는 뜻이 담겨있다. 지나치게 욕심을 부리는 자, 지배욕과 소유욕으로 가득한 자가 정치를 하면 백성들은 억압을 당하기 십상이다. 그래서 정치가로 하여금 성인의 삶을 닮으라 한다. 그러면 세상이 달라질 수 있기 때문이다.

사람들은 이 땅에서 이런 도를 보기 원하지만 그것은 아무도 볼 수 없는 것이기에 오늘도 사람들은 이곳저곳을 기웃거린다. 노자는 말한다.

"도를 행하는 자가 되라. 자기 것을 자기 것이라 하지 않고, 이룬 것도 자랑하지 않으며, 군림할 수 있어도 오히려 군림하지 말라."

당신으로 인해 무위의 세상이 열리면 도가 바람처럼 들어오리라. 살신성인이 따로 없다.

5

동중서
인간은 하늘에 뿌리를 두었다

자연과 인간은 어떤 관계를 가지고 있을까? 동양이든 서양이든 이 관계를 어떻게 보느냐에 따라 자연과 인간에 대한 세계관이 달라졌다.

중국도 이 두 가지가 서로 관계가 있다는 주장과 관계가 없다는 주장으로 팽팽히 맞서왔다. 관련이 있다는 쪽은 자연현상을 통해 인간의 행동을 설명한다. 그러나 실증적으로 입증하기 어려워 관념적일 수밖에 없다. 이에 반해 관련이 없다는 쪽은 보다 합리적이고 과학적인 자세를 견지한다. 관계가 입증되지 않는 한 믿기 어렵다는 것이다. 그래서 자연은 자연이고, 인간은 인간이라 말하며 자연현상과 인간행동을 분리한다.

동중서(董仲舒)는 자연과 인간을 유기적 관계로 이해했다. 이것은 그가 공자와 맹자 등 유가의 사상을 본받은 데서 비롯된다. 한나라 초기 진나라가 왜 망하게 되었는가를 구명한 적이 있었다. 진나라가 법가사상을 바탕으로 해서 너무 세세한 것까지 법과 규정을 만들어 강력하게 규제하다 보니 그것이 오히려 사회적으로 불안감과 위기감을 불러왔다는 결론에 이르게 되었다.

그 결과 한나라는 도가의 무위(無爲) 사상을 받아들이기로 했다. 이것은 유가가 요순을 사상의 근원으로 내세운 것에 대한 반작용이기도 하다. 당시 도가는 한족의 시조인 황제(黃帝)와 노자사상을 수용했다. 황제는 신화적 인물이다. 도가가 한의 시조 황제를 받드니 그 아니 좋겠는가. 한나라는 유방이 통치 때 사용했던 법삼장(法三章)을 도입했다. 이것은 사실 세세한 법조항이 아니다. 살인한 자는 사형에 처하고, 남의 것을 훔친 자는 그 대가를 받으며, 다른 사람을 다치게 한 사람은 그에 상당한 벌을 받는다는 식의 매우 넓고 느슨한 것이었다. 그러다 보니 자유방임 쪽으로 흘렀다.

한 무제는 자신의 나라를 진나라처럼 엄격한 규율 국가로 만들 생각은 없었다. 하지만 왕조 지배권을 공고히 하기 위해서는 어떤 이념이 필요하다고 생각했다. 이 문제를 동중서에게 알렸고, 그는 유학을 관학으로 받아들이도록 했다. 이로 인해 유학이 자리를 잡고 크게 발전하게 되었다.

공자의 사상을 이어받은 맹자는 "마음을 다하면 본성을 알게 되고, 본성을 알면 하늘을 알게 된다."고 했다. 이것은 하늘과 인간의 관계를 인정하는 말이라는 점에서 매우 중요하다. 또한 하늘이 덕 있는 사람을 왕으로 삼는다. 이 때 그가 왕 될 자격이 있을 만큼 덕이 있는가를 어떻게 알 수 있을까. 그것은 백성들이 그 사람을 따르는지 따르지 않는지의 여부로 알 수 있다고 했다. 덕 있는 사람만이 왕이 된다는 것이다. 천명(天命)이 백성을 통해 나타난다는 이 같은 사고는 민심이 곧 천심이라는 논리로 발전되었다. 동중서도 맹자의 사상을 이어받아 천인관계를 수용했다.

맹자의 사상이 동중서로 이어지면서 하늘과 인간의 관계는 보다 더 구체화되었다. 동중서는 군권신수설(君權神受說)을 주장했다. 왕권은 하늘로부터 받았다는 것이다. 이것은 하늘의 절대성과 왕권의 절대성을 결부시켰고, 자연 왕권을 강화하는 논리가 되었다. 한 무제는 좋아했을 것이다. 이로 인해 왕권이 굳게 서게 되었으니 그 이상 무엇을 바라랴.

하지만 동중서는 재이설(災異說)로 군주의 전횡을 막고자 했다. 재이설은 자연재앙이나 천재이변이 발생하는 것은 군주의 통치행위에 대해 상벌을 내리는 것이라고 주장했다. 그는 공자가 기술한 지진, 일식, 월식, 가뭄과 같은 자연현상을 천자나 제후와 같은 당시 통치자들의 통치행위와 연결시켰다. 군주의 통치에 문제가 있으면 그런 일이 일어난다는 것이다. 하늘은 자연의 이변을 통해 지배자의 행위를 판단한다고 했다. 인간의 행동에 대해 하늘이 응답하는 것이다. 그는 말한다.

"하늘과 같아지면 크게 잘 다스려지고, 하늘과 달라지면 크게 혼란스러워진다."

그러니 아무리 절대권력을 가졌다 해도 함부로 행사할 수 없다. 통치자는 나라를 잘 다스려야 한다. 절대왕권에 대한 그의 견제논리가 돋보인다. 역사를 봐도 흉년이 들면 임금 스스로 자신을 탓했다. 그 배경에는 바로 재이설이 있었다. 재이설은 군주를 겸손하게 만든다.

그는 이 두 이론에 근거해 하늘과 사람이 서로 느끼고 반응한다는 천인상감설(天人相感說)을 내놓았다. 나아가 그는 오래 전부터 자연을 설명하는 데 쓰인 기(氣)이론도 받아들였다. 그리고 마침내 음양과 오행(五行)개념으로 만물의 변화를 설명했다.

동중서에 따르면 하늘과 인간 사이에는 이런 관계만 있는 것이 아니다. 외모와 구조에 있어서도 자연과 인간은 공통점이 있다. 무엇이 공통될까? 그의 설명을 들어보자. 우리 몸엔 작은 골절이 366개가 있는데, 이것은 1년의 날수와 같다. 큰 골절 12개는 1년의 12달수와 같다. 몸의 오장은 오행의 수와 사지는 사계절 수와 같다. 눈을 감았다 떴다 하는 것은 밤낮이 있는 것과 같다고 했다. 제법 그럴듯하다. 그는 벼슬의 등급을 공(公)·경(卿)·대부(大夫)·사(士) 등 4등급으로 나누는 것은 사계절이 있는 것과 같고, 삼공·삼경·삼대부·삼사를 모두 합해 12신하가 있는 것은 1년이 12개월로 이루어진 것과 같다고 했다. 얼마든지 변수가 있는 관료제까지 하늘을 본받았다는 것은 다소 억지가 있어 보인다.

그뿐 아니다. 그는 인간의 감정을 사계절과 연결시켰다. 이것은 인간의 감정마저 하늘에 뿌리를 두었다고 본 것이다. 이런 정도라면 인간은 하늘의 축소판이다. 그에 따르면 인간과 하늘은 하나, 곧 천인합

일이다. 그의 이런 사고가 전통의학에 영향을 주기도 했다.

동중서는 자연과 인간을 유기적으로 이해했다. 자연현상과 인간행동을 함께 묶어 인식한 것이다. 그는 자연을 통해 인간의 신체구조와 공통되는 것을 찾기도 하고, 인간의 감정과 인식, 도덕실천, 통치행위까지 모두 하늘과 연관된 것으로 보았다. 군권신수설을 통해 왕권을 강화하기도 했지만 재이설을 통해 왕권을 견제하기도 했다. 동중서의 생각을 보면 지금 우리 생각 속에도 동중서가 있구나 하는 생각이 든다.

하지만 자연과 인간이 이처럼 밀접하다는 생각에 반기를 드는 사람도 있다. 이것은 관념일 뿐 과학적이지 못한 것이라며 받아들이지 않는다. 생각이 다르니 어쩔 수 없다. 하지만 세계관의 차이는 삶의 태도와 삶의 모습마저 다르게 한다. 정치나 사회에 대한 생각마저 다르다. 이제 난 어떻게 하랴. 삶의 중심축을 인간에 둘지 자연에 둘지 고민이다. 하늘도 나의 이 고민을 알까? 동중서도 이런 고민을 했을까?

6

왕충
인간은 인간이고 자연은 자연이다

후한 시대의 왕충(王充)은 실증적이고 과학적이며 독창적인 사고를 가진 인물이었다. 하지만 그는 중국에서 주목을 받지 못했다. 그가 주목을 받기 시작한 것은 20세기에 들어와서다. 과학적 방법이나 비판정신이 강해지면서 그에 대한 관심이 높아진 것이다. 왕충이 85년경에 쓴 「논형(論衡)」은 그의 대표적인 비판서적이다. 이것이 1911년 앨프레드 포크에 의해 두 권의 책으로 번역 출간되면서 서구에도 알려지게 되었다.

얼마나 비판적일까? 그것은 「논형(論衡)」에 잘 나타나 있다. 무엇보다 이 책의 문공(問孔)편, 자맹(刺孟)편, 비한(非韓)편, 구허(九虛)편이라는 제목이 심상치 않다. 이것은 각각 '공자에게 묻는다.', '맹자를 찌른다.', '한비자를 비판한다.', '귀신을 비롯해 검증되지 않는 것들에 대한 권위를 부정한다.'는 뜻을 가지고 있다. 공자에게 묻는다는 것은 따진다는 말이다. 그는 공자든 맹자든 한비자든 가리지 않고 논리적으로 문제가 있으면 여지없이 따지고 비판했다. 가히 비판정신에 있어서 중국의 선구자할 수 있다.

그는 고문경학파답게 참위설(讖緯說)로 얼룩진 금문경학을 고증학적으로 비판했다. 조작된 것을 바로 잡고자 한 것이다. 이로 인해 소왕(素王)이라 불리던 공자마저 선사(先師)로 불리게 했다. 왕의 위치에서 선생으로 내려 앉힌 것이다. 그가 공자를 존경하지 않은 것은 아니다. 그러나 존경도 정확해야 한다는 것이다. 이것은 그가 어떤 인물인가를 보여준다.

왕충은 합리주의자였다. 그는 이 시각에서 당시 유교사상이 왜곡되었음을 비판했다. 공자를 따른다면 그럴 수 없다는 것이다. 그는 동중서의 철학에 정면으로 반대했다. 그는 한나라 때 나온 「황제내경(黃帝內經)」을 비판했다. 이 책은 동중서의 영향을 받은 것으로 사람과 만물 모두를 천지자연의 산물로 보았다. 자연계의 변화가 인체와 인간사회에 직접 영향을 미친다고 생각했다. 자연계에 일어나는 오행의 운동변화가 인간의 오행구조와 연관이 있다고 보고 계절의 변화를 생리의 변화와 연결시켰고, 자연환경의 변화에 따른 강의 변화를 인체경맥에 발생하는 병리현상에 연결시켜 설명했다. 동중서의 천인관계의 이해가 관념적 유추에 바탕을 둔 것이라면 황제내경은 풍부한 임상경험을 바탕으로 한다. 이런 동중서의 철학에 반대한 사람은 바로 왕충이다. 임상이 있었다 할지라도 처음부터 과학적이지 못했다는 것이다.

왕충의 과학적 사고는 천인감응설 비판에서 두드러진다. 사람들은 이해하기 힘든 자연현상이 나타나면 두려워하며 하늘의 뜻이 나타난 것이라 생각했다. 예를 들어 별이 떨어지거나 나무가 소리 내어 울면 하늘이 노한 것이라 지레짐작하고 두려워했다. 하지만 왕충은 생각이 달랐다. 이것은 특별한 일도 아니고 그저 자연현상일 뿐이라는 것이다. 그에 따르면 자연현상을 하늘의 뜻이라 믿는 것은 미신적 사고다. 그가 천인감응설과 같은 종교적 신비주의를 비판한 것도 이것과 맥을 같이 한다.

왕충은 합리주의적 자연주의자였다. 그는 미신이 널리 퍼진 시기에 유교 교의에 스며든 하늘의 징조에 대한 믿음체계를 공격했다. 자연적인 것은 저절로 발생하며 거기에는 어떠한 목적론도 존재하지 않는다는 것이 그의 생각이었다. 따라서 인간의 행위가 우주자연의 움직임에 영향을 준다는 관념을 인정하지 않았다. 임금에게 덕이 없다고 해서 날씨까지 나빠질까. 그는 이런 식의 관념을 받아들이지 않았다. 인간이 아무리 고결하고 지식이 있다 하더라도 우주에서 예외적인 위치에 있을 수 없다는 것이다. 인간은 인간이고, 자연은 자연일 뿐이라는 것이다.

그는 순자의 영향을 많이 받았다. 일찍이 순자는 하늘은 하늘이 지닌 자연의 법칙에 따라 운행되며, 어떤 변화가 있다면 그것은 자연의 변화 자체로 봐야 한다고 주장했다. 왕충은 순자의 이 점을 매우 좋아했다. 그것이 합리적이라 믿었기 때문이다.

그는 기우제에 관한 순자의 평가를 좋아했다. 순자는 말했다.

“기우제를 지냈더니 비가 온다. 그러면 사람들은 어찌 된 일인가 생각한다. 기우제를 했기 때문에 비가 온 것으로 보는 것이다. 하지만 그것은 별 것이 아니다. 그것은 기우제를 지내지 않았는데 비가 오는 것과 하등 다를 것이 없다."

비가 오고 아니 오는 것은 기우제와 전혀 상관이 없다는 것이다. 왕충은 순자의 생각에 맞장구를 쳤다.

순자에 따르면 자연의 현상과 인간의 행위는 무관하다. 자연의 현상은 자연의 현상이고, 인간의 행위는 인간의 행위라는 것이다. 별개의 것을 억지로 묶는 것은 잘못이다. 나아가 그는 사회가 안정되거나 혼란스러운 것, 개인의 행복과 불행은 모두 인간의 의지에 달려있다고 보았다. 인간이 자연에 종속되어 기계처럼 살아가는 존재가 아니라는 말이다. 오히려 그것을 뛰어넘을 수 있을 만큼 당당한 존재라는 것이다. 왕충은 순자의 이런 점을 높이 평가했다.

왕충은 가난한 가정에서 태어났고 어려서부터 고아가 되었다. 하지만 그는 책방에서 많은 책을 읽으며 삶의 이치를 터득했다. 잠시 정부의 하급관리로 있기도 했지만 대부분의 시간을 고향에서 보내며 후진을 양성했다. 합리주의자였던 그는 모든 이론은 구체적인 확증과 실험을 통한 증거에 의해 뒷받침되어야 한다고 여겼다. 과학적 사고를 선호하는 현대인들이 좋아할 이유가 충분하다. 그의 사상은 후대 학자들에게 비판정신의 길을 터주었고, 중국에서 새로운 도가사상의 출현을 도왔다. 독창성은 언젠가 인정을 받는다.

7

왕부지
기를 과소평가하지 말라

문자적으로 도(道)는 길을 뜻하고, 기(器)는 그릇을 뜻한다. 그러나 춘추전국시대나 송명시대를 거치면서 도는 방법 · 원칙 · 사물의 이치 · 도리 · 법칙 · 본체로서 초감각적인 것을 가리키고, 기는 사물 자체로서 형질을 가진 구체적인 현상을 가리키게 되었다. 주자학에서는 기를 존재를 규명하기 위한 개념으로 사용했다. 하지만 외세의 침입에 나라가 흔들리면서 사회의 구체적 문제에 대응하기 위한 개념으로 바뀌었다.

왕부지(王夫之)는 '형이상의 것을 도라 하고, 형이하의 것을 기'라 함으로써 도와 기를 짝 개념으로 발전시켰다. 도와 기는 점차 추상과 구체, 일반과 개별, 본체와 기능이라는 의미로 정착되었다.

왕부지는 구체적이며 표현 가능한 기 위에서 도를 설명하고, 정신적인 것보다 구체적인 사물이 우선한다고 주장했다. 철저히 기에 입각한 그의 생각은 도를 중시해온 주자학의 그것과는 아주 다르다. 그는 기를 중시함으로써 도를 중시하는 주희의 입장과 맞서게 되었다.

왜 그런 생각을 하게 되었을까? 그것은 기(氣)에 대한 그의 사고가 담겨 있다. 그는 이(理)와 기의 관계에서 이의 독자성을 인정하지 않았다. 그는 "이(理)는 기(氣)가운데 있고, 기는 이 아님이 없다."고 함으로써 이를 기에 종속시켰다. 이른바 기일원론이다. 그가 기를 강조하게 된 것은 청나라 말기 강한 민족주의 사상이 담겨 있는 것으로 평가받고 있으며, 기일원론을 유물론적 시각으로 보기도 한다.

왕부지에 이어 안원(顔元), 대진(戴震) 등이 기편에 섰다. 안원은 강학에 치우친 주자학을 비판하며 실용후생의 실천을 강조했다. 실용, 곧 기가 중심이어야 한다는 것이다. 대진은 주자학의 이를 거부하고 기만을 본질적인 것으로 간주했다. 도는 원래 행함을 뜻하는데 성리학자들이 형이상학적인 이에 머물게 함으로써 실천으로 나가지 못하게 했다는 것이다. 그는 살아 움직이는 기를 우주만물의 본체로 보았다.

대진은 자신의 기 철학을 바탕으로 기가 드러난 욕(欲)·정(情)·지(知)를 긍정적으로 보았다. 그는 성리학자들이 불교와 도가의 영향을 받아 정욕을 부정하게 보게 되었다고 주장하고, 기질의 성을 극복하여 본연의 성으로 돌아가야 한다는 주자학자들의 생각과 달리 기질의 성을 중시했다. 물론 기질의 성이 완전한 것은 아니다. 중요한 것은 욕구가 어떻게 바른 방향으로 이루어지도록 하는가 하는 데 있다. 이 문제에 관해서는 정치의 역할이 중요하다. 백성들의 순수한 정이 올바르게 펴지도록 정치를 할 필요가 있다. 대진은 당시의 정치를 보면 이(理)를 통해 낮은 자나 천한 자를 억누르는 구조로 되었다 판단하고, 이런 구조로부터 벗어나야 한다고 주장했다. 이의 명분을 내세워 백성을 규제하고 벌주는 기성질서에 문제가 있다는 것이다. 이것은 현실정치에 대한 도전이다.

기 철학자들은 주자학에서 내세웠던 이(理)의 절대성을 부정하고, 그것에 의해 부정되었던 인간의 욕구를 오히려 고유하고 변하지 않는 본질로 끌어올렸다. 또한 관념적이고 주관적인 철학의 틀을 벗어나 실제적이고 객관적인 틀을 마련하고자 했다. 나아가 인간 이해에 대해서도 초자연성보다 자연성에, 이성적인 인간보다 감성적인 인간에 주목했다. 이것은 기존의 이(理) 철학과는 현저히 다른 모습이다.

기 중심의 사고는 중국이 서구 제국주의에 대응하면서 더욱 구체화되었다. 먼저 양무파(洋務派)는 봉건군주제를 그대로 유지하면서(中體) 서양의 과학기술을 받아들이는(西用) 논리로 체용론(體用論)을 사용했다. 도는 변할 수 없어도 기는 변할 수 있다는 것이다. 체용은 체의 우월성을 그대로 유지되는, 논리로 중국의 정신문명과 봉건적 신분질서를 고수하면서 서양의 기술과 물질문명을 필요한 대로 받아들이는 것이다. 중체서용은 반쪽의 혁신이다. 하지만 양무파의 체용론은 청일전쟁에서 패함으로써 그 힘을 잃었다.

변법파(變法派)는 양무파의 실패를 거울삼아 서양의 과학기술뿐 아니라 정치제도의 장점까지 받아들여 제도의 변화를 꾀하고자 했다. 이른바 변법운동이다. 담사동(譚嗣同)은 시대의 변화에 따라 기 중심의 의식을 새롭게 갖도록 했다. 한 마디로 도의 불변성을 깨뜨리자는 것이었다. 이것은 청나라 말기 역동적인 세계관이 지식층 사이에 일어났음을 말해준다. 무엇보다 산업을 발전시켜 나라를 구하고자 한 뜻이 담겨 있다. 그럼에도 불구하고 변법운동은 대중의 지지를 얻지 못했다.

기 중심의 사상은 기존 질서에 대한 부정이라는 점에서 의미가 크다. 역사적으로 오랜 동안 중국의 주류를 형성해왔던 도는 중국의 근대화 과정에서 힘을 발휘하지 못했다. 서구의 문물이 들어오고, 과학과 물질이 중시되면서 기에 대한 욕구도 커갔다. 흔들릴 것 같지 않던 주자학도 실용 앞에선 자신을 점검해야 했다. 세상이 변했기 때문이다.

지금 우리가 사는 현대도 실용주의, 물질주의가 대세다. 기가 세다. 하지만 아무리 물질이 중요하다 해도 정신마저 쉽게 버릴 수 있는 것은 아니지 않겠는가. 현대화도 중요하지만 지켜야 할 것도 있으리라. 빗나간 욕심도 다스려야 한다. 그래서 도와 기의 균형이 필요하다.

8

죽림칠현
자연으로 명교를 보호하라

죽림칠현(竹林七賢)이 있다. 위나라와 진나라 교체기에 노장의 무위 사상을 숭상하며 죽림에 모여 청담으로 세월을 보낸 일곱 명의 선비를 말한다. 그들은 정치에 염증을 느끼고 노장의 철학이나 고상한 말을 나누며 술과 자연을 벗 삼아 지냈다. 칠현은 완적(阮籍)을 비롯해 그의 조카 완함(阮咸), 혜강(嵇康), 산도(山濤), 상수(尙秀), 왕융(王戎), 유령(劉伶) 등 일곱 사람이다. 죽림칠현 중 변절자가 생기기도 했지만 원칙적으로는 제도권과 거리가 먼 재야학자들이었다.

칠현 앞에 죽림이 붙은 것은 정치권력에 등을 돌리고 하내(河內) 지방의 죽림에 즐겨 모였기 때문이다. 특히 혜강의 집 주변에 대나무가 많아 자주 만남을 가졌다 한다. 대나무는 겸허, 절개, 고아한 기품을 가졌고, 군자를 상징하여 칠현에 맞는 단어로 사용된 것이다. 하지만 죽림은 정치적 은신처에 불과하고, 칠현은 은자가 아닌 고도의 지식속물들이라는 비판도 있다. 보기에 따라 천지 차다.

그들은 청담을 즐겼다. 청담(淸談)은 글자 그대로 맑은 논쟁을 가리킨다. 그저 한담한 것이 아니라 자신의 논지를 폈다는 말이다. 논쟁에는 일정한 내용과 주제가 있다. 내용은 주로 '노자', '장자', '주역' 등 세 고전을 중심으로 다루었다. 이 세 고전을 삼현(三玄)이라 했다. 그들의 학문을 신도가 또는 현학이라 불렀다. 그들은 이 책을 바탕으로 자연을 중시하는 도가사상과 명교(名分敎化)를 중시하는 유가사상의 조화를 꾀했다. 이것은 노장사상을 바탕으로 한 것으로 한나라 때 융성했던 경학에서 벗어나 있다. 그들은 학문적인 어구를 사용하기보다 완곡한 풍자로 핵심을 찌르는 방식을 택했다. 그렇기 때문에 어느 것에 구애되지 않고 활달하게 하고 싶은 말을 했다. 모두 노자와 장자를 좋아했지만 좋아하는 바가 다 같지는 않았다. 그 과정에서 본말과 유무를 따지는 본체론이 대두했다.

죽림칠현은 술을 즐겨 마셨다. 당시는 기존 질서가 해체되고 인간의 자유와 개성이 비교적 높이 평가되던 시대였다. 애교(禮敎)를 번다하게 생각했고 술과 시, 음악 그리고 자연에 묻혀 자유를 누리고자 했다. 이런 배경에는 노장사상이 있었다. 흔히 노장철학하면 술을 떠올리게 되는 것은 죽림칠현의 이 같은 삶과 연관이 있다.

유령은 애주가로 유명하다. 그는 집에서 실오라기 하나 걸치지 않은 채 지내기도 했다. 누드파가 따로 없다. 사람들이 그를 비난하면 말했다.

"나는 천지를 집으로 삼고, 내 방을 나의 잠방이 옷으로 삼고 있다. 당신은 어째서 나를 잠방이 옷 속으로 들어가라 하는가?"

그들이 술과 함께 청담을 즐긴 이유가 있다. 돌아가는 정치상황에 염증을 느꼈기 때문이다. 완적과 혜강은 하루 종일 술을 마시면서 현묘한 도리를 논하기 좋아했다. 완적은 한때 세상을 구하려는 뜻을 품었지만 위진 교체기에 조씨와 사마씨(司馬氏)의 정치투쟁으로 세상이 혼란스러웠다. 선비들은 힘든 정치에 참여하기보다 술을 마시는 것으로 세월을 보냈다.

완적과 혜강은 유교의 예법을 증오했다. 그만한 이유가 있다. 사마씨 집단이 유가의 명교를 이용하여 조나라의 정권을 찬탈하려 했기 때문이다.

완적은 사마씨가 표방한 명교를 다음과 같이 비판하고 조소했다.

"군주가 일어서면 해악이 일어나고 대신이 자리하면 도적이 발생한다. 군주가 앉아서는 예법을 만들어 백성을 속박한다. 짐짓 청렴결백한 듯이 꾸미며 탐욕스런 본성을 만족시키고, 속으로는 험악하면서도 겉으로는 인애를 말한다. 군자의 예법이란 실제로는 천하를 해치고 어지럽히며 죽음으로 몰고 가는 술책이다."

강직한 혜강은 예법을 경멸했을 뿐 아니라 유가에서 성인이라 일컫는 탕왕과 무왕을 비난하고 주공과 공자를 얕보았다. "육경(六經)은 잡초이며 인의는 썩은 두부다."라 했다. 그는 사람의 마음을 속박하고 육체를 박해하는 예법을 질타했다. 혜강이 주공과 공자를 공개적으로 비방한 것은 사마씨가 유가의 예교를 이용해 권력을 찬탈하려 했기 때문이다.

사마씨는 완적과 혜강을 끌어들이기 위하여 갖가지 회유책을 썼다. 완적은 술과 익살스런 말로 그때그때 위기를 모면했다. 완함과 유영은 본심을 감추고 폭음과 기행으로 아무 쓸모도 없는 사람임을 보여줌으로써 목숨을 부지했다. 결국 사마씨에 동조한 셈이다. 하지만 혜강은 끝까지 사마씨 일파와 대결하다 죽임을 당했다. 혜강은 조위정권의 사위라 사마씨 편을 들 수 없었을 것이다. 죽림칠현이라 하지만 한결 같지는 않았다.

완적과 혜강은 유가의 예법을 비판했다. 그렇다면 그들은 유가의 예법제도를 근본적으로 폐기하고자 한 것일까? 그렇지 않다. 그들이 사마씨 정권이 표방한 유가교설에 비판적인 태도를 취한 것은 정치의 도구화가 되어버린 유가 예교를 받아들일 수 없었던 것이다. 그들 역시 지주출신의 지식인이었고, 어떻게든 당시 봉건사회가 잘 유지되기를 바랐다. 그들이 바란 것은 진실하고 소박한 예의의 세계다. 정치에 구속된 예의가 아니라 자연스럽고 진실되게 풍속을 변화시키는 예의다. 완적과 혜강이 자연을 따라야한다고 주장한 것은 이 때문이다.

위진시대 현학자들은 자연과 명교의 관계에 관심을 두었다. 자연은 현학에서 말하는 최고 법칙인 도로서 자연관과 인간관을 포괄한다. 명교는 봉건사회의 정치제도와 윤리도덕 등 봉건문화를 총칭한 것이다. 현학자들은 이 둘을 보완적 관계로 보았다. 자연으로써 명교를 파괴하지 않고, 자연으로써 명교를 보충하거나 보호하려 한 것이다. 개조된 노장사상으로 유가 경전을 해석하여 유가와 도가를 절충시키고 자연과 명교를 조화시켰다. 유가와 도가가 서로 분리된 것이 아니라 본래 하나이며, 자연과 명교는 통일될 수 있다고 보았다. 이분법을 초월한 것이다. 그래서 신도가다. 죽림칠현은 단지 술꾼들이 아니다. 현학자들이었다.

9

북송오자
성인의 도를 밝혀 드러내라

북송시대에 북송오자(北宋五子)가 있었다. 주돈이(周敦頤), 소옹(邵雍), 장재(張載), 정호(程顥), 정이(程頤)다. 정호와 정이는 형제여서 이정(二程)이라 부른다. 이 두 사람은 장재의 조카이기도 하다. 북송오자는 성인의 도를 밝히는 데 온 힘을 쏟았다. 그들의 학문을 성리학이라 하는데 이는 사람과 사물의 본성(性)뿐 아니라 우주만물의 이치(理)에 대해 깊은 관심을 가지고 연구해왔기 때문이다. 또 남송의 주희는 북송의 성리학을 집대성하고 체계화하여 나름대로 자신의 이론을 내놓았고, 이것이 바로 그의 이름을 딴 주자학(朱子學)이다. 그리고 주희가 정이의 학설을 집중적으로 이어받았기에 이 두 사람의 성을 따 정주학(程朱學)이라 하기도 한다. 성리학, 주자학, 정주학. 이름만 들어도 혼란스럽다. 하지만 그 모두 성리학을 바탕으로 한다는 점에서 공통된다.

주돈이는 공자와 맹자 이후 오랫동안 끊긴 성인의 도를 이은 인물로 평가받고 있다. 맹자의 도를 송에 펼쳤기 때문이다. 그의 벼슬은 그리 높지 않았다. 하지만 그것에 개의치 않고 오직 성인의 도를 찾고, 그 경지에 이르기에 힘썼다. 인품도 높고, 그 무엇에도 구애되지 않는 마음을 가졌다.

주돈이의 사상은 한 마디로 성(誠)의 사상이다. 그에게 있어서 성은 하늘의 도다. 성을 생각하고 성을 다 하는 것이 사람의 도리다. 사람은 성을 통해 하늘과 연결되고, 하늘과 같아진다. 성은 성인의 근본이며 성인의 경지는 성을 통해 달성된다. 이 정도면 그에게 있어서 성이 얼마나 중요한 위치를 차지하는가를 알 수 있다. 그렇다면 어떻게 성에 이를 수 있을까? 그는 배움으로서도 성인의 경지에 이를 수 있다고 했다. 특히 욕심 없이 밝고 두루 통하며 공평하고 넓은 마음을 가지면 가능하다고 보았다. 마음이 중요하다는 말이다. 배움을 통해 마음을 닦으라는 것이다.

주돈이는 「태극도설」을 내놓았다. 이 책은 무극(無極)과 태극(太極)으로부터 음양, 오행을 거쳐 만물이 생성되기까지의 과정을 그림으로 그린 다음 그 속에 해설을 담았다. 우주발생에 관한 생각을 나름대로 정리해 놓은 책이다. 그는 태극을 아직 음과 양으로 나누어지지 않는 원기(元氣)의 상태로 보았고, 이것이 무극으로부터 생겨났다고 주장했다. 이러한 생각은 그가 도가의 영향을 받았음을 보여준다. 그러나 주희는 무극으로부터 태극이 생겨난 것이 아니라 무극이면서 태극이라 해석해

도가의 색깔을 지웠다. 태극이 우주만물의 시원이라는 말이다. 주희는 결국 자기의 입맛에 따라 주돈이의 사상을 바꾸었다. 이는 존경하는 선사를 배려한 것일 수 있다.

소옹은 역(易) 철학을 발전시켰다. 그는 음양강유(陰陽剛柔) 네 가지를 근본으로 하고, 4배수로 모든 것을 설명했다. 역경에 바탕을 두고 우주의 이치와 그 운행을 수(數)를 통해 해석하려 했다. 수를 통해 우주를 본 수리철학자라 하겠다.

장재도 비록 높은 관직에 이르지는 못했다. 하지만 곧은 성리학자로 살았다. 그는 천지를 위해 마음을 먹고, 백성을 위해 도를 세우며, 옛 성현을 위해 끊어진 학통을 잇고, 만세를 위해 태평성대를 연다는 모토로 살았다. 그는 무엇보다 성심으로 일할 것을 강조했다.

장재는 기일원론(氣一元論)에 입각한 우주론을 폈다. 그는 자신의 기 철학에 바탕을 두어 '만인은 나의 동포요 만물은 모두 나의 짝'이라 했다. 그는 온 우주가 기로 차 있다고 했다. 온갖 사물이 생겨났다 사라지는 것은 다만 기가 잠시 모였다가 흩어지는 것일 뿐 죽어 없어지는 것이 아니다. 우주에는 모이고 흩어짐만 있지 생겨나고 죽는 것은 없다. 기가 모였다 흩어짐을 되풀이 하는 것은 그칠 수 있는 것도 아니고 무엇이 시켜서 하거나 어떤 하나의 목적을 향하고 있는 것도 아니다. 스스로 하는 것이다. 그것이 자연의 이치라는 말이다. 하나의 기 속에는 상반되는 양면이 있어 그것이 끝없이 변화를 일으킨다. 우주는 이처럼 영원토록 생명으로 가득 차 있으며 춤추는 기로 출렁이고 있다. 이것이 바로 기로 본 그의 우주관이다.

장재는 인간의 본성을 천지지성(天地之性)과 기질지성(氣質之性)으로 나누었다. 인간은 누구나 맑게 한데 어울리고 맑게 텅 비어 있는(湛一淸虛), 시공간의 제약을 벗어나 있는(太虛) 기로부터 생겨나기 때문에 천지의 성을 갖고 있다. 또한 구체적인 사물의 형체를 갖고 있는(客形) 기를 받아 인간의 형체를 갖게 되므로 기질의 성을 가진다. 이 기질의 성에 따라 인간은 서로 다른 모습과 내용을 가지며, 이로 인해 자칫 우주의 본성인 천지의 성을 가리거나 잃게 된다. 그는 기질의 성을 일시적이고 위태로우며 천지의 성을 가리는 것으로 보았다. 따라서 그는 이 기질의 성을 어떻게 잘 조절하고 변화시킬 것인가에 관심을 가졌다.

형 정호는 만물에 갖춰있는 이(理)를 천리(天理)로 보았다. 천리는 완전무결한 것으로, 이것을 따르는 것이 사람의 참된 길이라 주장했다. 천리를 담고 있는 것이 기(氣)이며 기는 음과 양 두 형태로 존재한다. 음양 두 기가 만나 만물이 생겨나며, 그것의 교감정도에 따라 만물에 차이가 생긴다. 이에 비해 동생 정이는 우주와 만물이 이와 기의 결합으로 생겨난다고 주장했다. 정호가 이기일원론이라면 정이는 이기이원론이다.

정호는 인성론에서 생 이후 성인 기질지성만을 인정했다. 하늘이 부여한 이는 선하지만 기를 받아 태어난 인간의 성에는 선악이 존재할 수밖에 없다는 것이다. 기질에 의한 장애를 변화시키기 위해서는 규범적 훈련보다 만물과 일체를 이루는 원천으로써 자신에게 주어진 본성을 자각해야 한다고 했다. 나아가 성(性)과 그 성이 발동한 상태인 정(情)을 통합하는 것이 심(心)이므로 마음 가운데 이(理)가 있다는 심즉리(心

卽理)를 주장했다. 이에 반해 정이는 사람의 본성이 하늘의 이(理)와 같다는 성즉리(性卽理)를 주장했다. 또한 천명지성(天命之性)과 기질지성을 나누어 보는 심성론을 폈다.

정호가 자신의 마음을 밝혀 천리를 구하고자 했다면 정이는 개개 사물의 이치를 연구해 총체적인 이(理)를 구하고자 했다. 심즉리 입장을 취한 정호는 왕양명의 심학(心學)에 영향을 주었고, 성즉리 입장을 취한 정이는 주자의 이학(理學)에 영향을 주었다. 정호가 관념론적이라면 정이는 이성적이다. 이렇듯 차이가 있지만 두 형제에 이르러 이기(理氣)의 개념이 유학의 중심 철학으로 자리 잡게 되었다는 점에서 공로는 크다.

북송오자는 우주만물의 이치와 인간의 본성을 따지며 성인의 도를 걷고자 했다. 그들은 출세보다 우주는 어떻게 태어났으며 인간의 본성은 무엇인가를 연구하며 궁극적으로 인간은 어떻게 살아야 하는가를 생각하며 살았던 인물들이다. 학문적으로나 인격적으로 그 시대를 이끈 인물들이다. 우리 시대에도 이런 인물이 필요하다.

10

주희
앎과 실천으로 성인의 경지에 들어가라

주희(朱熹)는 주자(朱子)라 부른다. 학덕이 높기 때문이다. 그는 남송시대 대표적 성리학자로, 주자학의 중심에 선 인물이다. 그는 북송의 성리학을 비롯해 경학과 유학, 노자와 불교, 문학과 자연과학에 이르기까지 두루 섭렵하며 이 모든 사상을 자기의 사상 체계 속에 끌어들여 나름대로 집대성한 인물이다.

그는 「대학」,「중용」, 「논어」, 그리고 「맹자」 등 사서를 확정했고 정이 · 주돈이 · 장재 등 북송학자들의 사상을 자신의 사상에 맞추어 재해석하는 등 성리학자로서의 면모를 유감없이 보여주었다. 우리에겐 「소학」으로 널리 알려진 인물이다.

그의 사상은 천(天), 인(人), 그리고 합일(合一)로 나누어 생각할 수 있다. 천은 단순히 하늘을 말하는 것이 아니다. 인간을 포함해 이 세상에 존재하는 모든 사물을 대상으로 그 본질을 파악하는 것을 말한다. 인은 그 우주만물의 가운데 인간을 대상으로 그 위치와 본성을 따진다. 천이든 인이든 도덕적 색채가 짙은 것이 특징이다. 합일(合一)은 공부론이 중심이다. 이것은 사람이 어떤 과정을 거쳐 완성된 경지에 이르는가를 보여준다. 공부론은 진리란 무엇인가 하는 것보다 인간은 어떻게 완성되는가에 초점이 맞춰져 있다.

천에 관한 그의 이론은 주로 이기론(理氣論)을 통해 설명되고 있다. 그는 "무형의 이(理)가 유형의 기를 낳고 존재하게 되며 운동하게 된다."고 했다. 기는 생멸하며 유한하지만 이는 생멸하지 않은 채 영원히 존재한다. 기는 만물의 차별적 모습을 낳게 하며, 이는 만물 간의 동일성을 확보해준다. 한 사물 속에는 이렇듯 이와 기라는 서로 확연히 다른 두 가지가 존재한다.

그는 각 사물의 이는 서로 다른 듯 보이지만 본질적으로는 같다고 했다. 각 사물이 다르게 보이는 것은 각 사물이 가지고 있는 기의 움직임 때문이다. 기는 일시적이요 참 존재의 세계가 아니다. 참 존재의 세계는 이의 세계로 짜여 있다. 모든 존재는 이미 짜인 그물망 속에 있으면서 자기의 위치를 지켜 나간다. 인간도 예외일 수 없다. 인간으로서 그렇게 된 까닭(所以然)의 이와 함께 인간다워야 할 당연함(所當然)의 이도 가지고 있다. 소이연과 소당연의 이를 일치시켰을 때 인간은 자기 본성을 완전히 실현할 수 있다. 이것은 인간에게만 해당되는 것이 아니다. 만물도 각자 나름대로의 이를 부여받았고, 그것을 실현시켜야 할 위치에 있다.

인은 심성론을 통해 전개된다. 그의 심성론은 인간이 도덕적이어야 한다는 것을 전제하고 있다. 그는 인간을 도덕행위의 주체로 보았다. 그는 어떻게 하면 선을 실현하고 악을 누를 것인가에 관심을 가졌다. 그는 인간의 마음을 인심(人心)과 도심(道心)으로 나누었다. 인심은 귀와 눈의 욕망을 좇아 지각한다. 따라서 그것을 따르면 매우 위험해진다. 이에 반해 도심은 이(理)에 뿌리를 두고 도덕원칙에 부합하도록 한다. 그는 도심으로 자기를 제어할 뿐 아니라 인심도 도심의 명령을 받도록 해야 한다고 주장했다. 마음을 도심과 인심으로 나눈 것처럼 성, 곧 인간의 본성도 본연지성과 기질지성으로 나누고 기질지성을 악하게 보았다.

주희는 우주만물이 어떤 모습으로 존재하며 인간은 그 속에서 어떤 모습을 하고 있는가에 주목했다. 그는 성즉리(性卽理)를 통해 천과 인간 사이의 보편적 연관성을 확보하고 인간이 천과 합일할 수 있는 길을 터놓고자 했다. 인간이 천과 합일한다는 것은 보편적 도덕률에 완전히 합치하여 성인의 경지에 들어간다는 것을 뜻한다. 인간에 대한 그의 기대가 무엇인가를 보여준다.

그렇다면 인간이 어떻게 천일합일에 이를 수 있을까? 주희는 「중용」의 존덕성(尊德性)과 도문학(道問學), 정이가 말한 경공부와 치지공부에 주목했다. 이 개념을 바탕으로 천인합일에 이르는 두 길, 곧 두 가지 공부 방법을 제시했다. 두 가지 공부는 존덕성 공부와 도문학 공부로, 쉽게 말해 마음(心)공부와 사물(理)공부라 할 수 있다. 마음공부는 늘

깨어 있고 도덕적 긴장감을 늦추지 않는 것을 말한다. 그리고 사물공부는 일과 사물 속에 있는 이를 끊임없이 연구해 그 이치를 깨닫는 것을 말한다. 마음을 닦고, 이치를 갈구하라는 말이다.

주희가 제시한 존덕성 공부와 도문학 공부는 천일합일에 이르는 두 갈래 길일까? 아니다. 두 길이 아니라 한 길의 두 내용일 뿐이다. 왜 그럴까? 그는 어느 한 길만으로는 천일합일에 이를 수 없다고 했기 때문이다. 두 공부는 서로 영향을 주고받으면서 함께 나아간다. 이른바 지행호발병진설(知行互發竝說)이다. 지와 행, 앎과 실천을 병행하는 것이다. 그리하여 성인의 경지로 나가는 것 아니겠는가.

11

짐 데이토

삼강오륜, 더 나은 사회를 설계하는 수단으로 사용하라

미래학자로 하와이대학 교수인 짐 데이토(J. Dator)가 안동에서 가진 '21세기 인문가치 포럼'에 참가해 '동아시아 가치와 미래학의 새 지평'이라는 주제를 발표했다. 그는 이 포럼에서 미래 사회에 인류가 갖춰야 할 윤리로 유학의 삼강오륜(三綱五倫)을 꼽았다. 앨빈 토플러와 함께 미래협회를 만들만큼 미래학의 선구자로 인정받고 있는 그가 어울리지 않게 왜 하필 삼강오륜을 미래사회, 인류의 나침판으로 삼았을까.

그는 말한다.

"18-19세기까지 서양에선 개인주의가 극심했다. 개인에게 자유와 권리를 보장해줬지만 공동체 일원으로서 지켜야할 책임과 의무는 사라져버렸다. 단체를 하나로 결속할 능력을 잃었다. 하지만 유학은 사람을 하나로 모으는 아주 좋은 사상이라 생각한다. 그런 점에서 삼강오륜을 바라본다."

공동체 사회에서 서로가 서로에게 가져야 할 책임과 의무를 생각한다면 삼강오륜은 도움이 될 수 있다. 그러나 삼강오륜을 강조한 유학은 지배계층이 그 아래 계층을 지배하고 억압해온 역사를 가지고 있다. 그러므로 삼강오륜을 새로운 시대에 맞게 적용하려면 새로운 틀의 사고가 필요하다.

삼강오륜은 어떻게 태어났을까? 고대 중국에서 가정은 대가족의 대표인 가부장을 중심으로 하고, 그 가족의 질서를 효로 체계화시켰다. 국가도 군주를 중심으로 중앙의 신하들과 지방조직에 이르기까지 충의 체계로 연결시켰다. 특히 주나라는 봉건제를 취하면서 천자가 중앙의 사방 천리되는 땅을 직접 다스리고 나머지는 친인척들에게 나누어주었다. 천자로부터 땅을 나누어 받은 제후들은 그 땅의 중심을 직접 다스리면서 다시 친인척들에게 땅을 나누어주었다. 제후로부터 땅을 나누어 받은 사람들이 대부(大夫)다. 천자가 다스리는 땅은 천하(天下)이고, 제후가 다스리는 땅은 국(國)이며, 대부가 다스리는 땅은 가(家)이다. 따라서 천자부터 대부까지 모두 친인척 관계가 되는 셈이다. 그들 사이의 질서가 사적으로는 효(孝)와 친(親)이고, 공적으로는 충(忠)이 된다. 효와 충은 각기 윤리범주와 정치 범주를 대표한다. 이 둘은 상관이 없어 보이지만 실제로는 뗄 수 없는 관계를 유지하고 있다. 이 두 개념을 이어주는 것이 바로 전통윤리인 삼강오륜이다.

삼강오륜은 유교의 도덕에서 기본이 되는 세 가지 강령과 지켜야 할 다섯 가지 도리를 말한다. 한 나라 때 동중서가 공맹사상을 바탕으로 체계화한 것이다. 삼강은 군위신강(君爲臣綱) · 부위자강(父爲子綱) · 부위부강(夫爲婦綱)으로 사회를 움직이는 세 가지 핵심윤리다. 오륜은 인(仁) · 의(義) · 예(禮) · 지(智)의 4가지 덕에 신(信)의 덕목을 추가하여 이를 오행에 맞추어 정리한 것으로, 오상(五常)이라고도 한다. 오륜은 부자유친(父子有親) · 군신유의(君臣有義) · 부부유별(夫婦有別) · 장유유서(長幼有序) · 붕우유신(朋友有信)으로, 삼강과 더불어 유교의 기본적인 실천윤리다.

삼강은 임금과 신하, 어버이와 자식, 남편과 아내 사이에 마땅히 지켜야 할 도리를 말하며 철저한 상하관계에 따른 일방적 윤리로 절대적 복종을 강조한다. 유가에서는 전통적으로 충과 효, 그리고 남편에 대한 아내의 순종을 강조했다. 삼강은 가족윤리부터 정치윤리까지 하나의 틀을 유지하고 있다. 당시 한 나라는 유교로 사상을 통일하고, 군현제에 입각해 중앙집권을 추진하던 때였다. 삼강은 당시의 전제군주권, 가부장적 부권, 남존여비에 입각한 남편의 절대적 권위 등을 반영하고 있다.

오륜은 인간이 가족과 사회에서 지켜야 할 기본적인 규범을 보다 세부적으로 규정하고 있다. 오륜은 삼강의 틀에서 벗어나지 못한다. 부자 · 군신 · 부부 · 장유의 상하관계는 절대적이다. 붕우도 신분에 있어서 엄격한 차별을 내포하고 있다. 그러므로 오륜도 삼강과 마찬가지로 봉건적 신분질서를 강화시키는 지배층의 통치이념을 반영하고 있다.

이러한 생각은 「대학」의 '수신제가치국평천하'. 곧 자신을 수양하고 집안을 가지런히 하고, 그런 다음에 나라를 다스려야 하고 마지막은 천하를 태평하게 하는 관념으로 발전했다. 삼강오륜이나 대학은 종법혈연(宗法血緣)의 연대 속에 가(家)와 국(國)을 연결하는 가국동구(家國同構) 관념에 입각해 있다. 이것은 윤리와 정치의 일치, 가족과 국가의 일치를 의미한다. 이 속에는 국가의 가족화와 가족의 국가화라는 두 가지 측면이 담겨 있다.

전제군주는 지주경제와 소농경제의 상호관계를 이용하여 전통적인 윤리규범인 삼강오륜을 적용함으로써 강력한 군권을 유지할 수 있었다. 유교는 이런 실천윤리들을 생활 속에 구현시킴으로써 봉건적 신분제를 유지하는 데 큰 도움을 주었다. 그 영향은 오늘날까지도 남아 있다.

그렇다면 이러한 배경을 가진 삼강오륜을 그대로 수용해야 하는가? 그렇지 않다. 데이토 교수는 말한다.

"유학이 공동체를 너무 강조해 개개인, 특히 힘이 약한 여성과 아이들이 고통을 겪었다. 내가 삼강오륜을 미래사회의 나침판으로 본 것은 예전의 사고방식과 방법을 그대로 적용하자는 것이 아니다. 기술적으로나 환경적으로 현대에 맞는 부분을 발전시켜 그것을 미래에 맞게 변형시켜야 한다."

새롭게 변형된 삼강오륜, 그것이 어떤 모습으로 나타날지 궁금하다. 지배와 억압을 위한 수단으로서의 삼강오륜이 아니라 소통과 더 나은 사회를 설계하는 수단으로 작용한다면, 이것을 통해 미래사회의 구성원이 보다 더 책임을 지고 성실을 더할 수 있다면 변화된 삼강오륜을 기대해도 좋겠다. 하지만 질문이 있다. "삼강오륜이 어떻게 억압구조를 벗어나 사회에 긍정적으로 기여할 수 있을까?"

제4장

정의와 평화, 사랑이 가득한 세계를 회복하라

플라톤

키케로, 세네카

토마스 아퀴나스

마키아벨리

보댕

토마스 홉스

벤담

밀턴

토마스 힐 그린

율곡

김학철

1

플라톤

정의가 실현되는 국가를 소망한다

플라톤은 '국가론(Politeia, Republic)', '정치가론(Politikos, Statesman)', 그리고 '법률론(Nomoi, Law)' 등 흔히 3부작이라 불리는 책의 저자다. 그런데 '국가론'과 '법률론'을 보면 상당한 차이가 있다. 이상과 현실 사이에서 고민한 흔적도 보인다. 그러나 생각이 변했다는 것은 그의 삶에 변화가 생겼음을 미루어 짐작할 수 있다.

'국가론'은 그의 대표적 저작이다. 이 책의 키워드는 정의(Dike)다. 그는 이데아에서 우러나는 정의실현에 초점을 맞춰 정의가 실현되는 이상적 국가를 논했다. 정의실현은 이데아에서 우러나온다. 국가는 개인에서 독립한 것이 아니라 개인의 연장이며 국가는 개인의 이념에서 창조된다. 그에게 있어 국가는 확대된 개인이다. 정의도 개인의 이데아에서부터 설명된다. 하지만 국가는 개인보다 크고 개인보다 고차원적이다. 더 높은 차원에서 정의를 실현할 수 있기 때문이다. 이런 점에서 그는 개인보다 국가에 더 관심을 두었다.

플라톤은 이상적인 국가실현에 앞서 국가의 기원에 대해 논했다. 그는 국가의 기원을 인간의 욕망 분열, 곧 노동 분화에서 온 것이라 했다. 그는 인간의 본성을 이성, 욕망, 용기 등 셋으로 나누었다. 국가도 이성을 반영하는 통치자, 용기를 가진 군인, 그리고 욕망을 반영하는 생산자와 노동자 등 세 계급으로 나눴다. 이 세 계급에 각자의 몫을 조화롭게 배분한 것이 정의이다. 정의는 재산의 분배에 있다고 한 키케로와 맥을 같이 한다.

플라톤은 국가의 기원을 세 계급의 분화로 설명했지만 그의 관심은 이상적 국가 실현에 있었다. 이를 위해 그는 지배계급의 선출문제에 관심을 두었다. 그는 국가론에서 간섭에 의한 국가교육이 국가의 최대 임무이며, 정의는 적당한 분배를 통해, 그리고 사회부패를 막기 위해 공산주의 체제를 그렸다.

그는 귀족정치(Aristocracy)를 가장 좋은 정부형태로 보았다. 귀족정치를 이상적 국가로 본 것은 선인이 정의에 입각해 통치를 한다고 생각했기 때문이다. 최악의 형태는 독재정치(Tyranny)다. 플라톤이나 소크라테스는 사회의 대중정치를 반민주적으로 간주하고 이에 대해 증오감을 가졌다. 플라톤은 좋은 정부도 악한 정부로 타락할 수 있다고 보았다.

'정치가론'은 그의 2부작이다. 플라톤은 '국가론'에서 자기가 주장하는 이상적 국가는 이상적 지배자에 의해 실현되어야 한다고 주장했다.

그런데 '정치가론'에서는 이상과 실제 사이에 괴리가 있다고 보았는지 이상적 지배자가 나타나기 어려우므로 예지를 가진 훌륭한 철학가에 의해 다스려져야 한다고 주장했다. 그리고 덕과 정의를 실현하기 위해 교육에 힘을 써야 한다. 만약 교육에 의해서 이상적 존재가 생기면 법률도 필요 없다. 하지만 이런 이상적 존재가 없기 때문에 성문법과 관습에 따를 수밖에 없다.

성문법과 관습은 지식과 경험을 반영한 것으로 불완전하기는 하지만 사회생활에 기본이 될 수 있다. 그는 이 이론을 뒷받침하기 위해 정부형태론을 다시 끄집어냈다. 그는 기준에 따라 바람직한 정부형태를 달리 했다. 첫째, 정부가 법률을 따르는 경우이다. 이 경우 군주정치(Monarchy)가 좋고, 대중정치(Democracy)는 나쁘며 그 중간이 귀족정치이다. 둘째, 만일 정부가 법률에 구속을 받지 않는 경우이다. 이 경우 대중정치가 좋고 독재정치는 나쁘며 그 중간이 과두정치이다. 여기서 1인이 지배하는 군주정치나 독재정치가 가장 나쁜 형태나 좋은 형태로 될 수 있다. 또한 법에 따르든 따르지 않든 귀족정치가 중간에 해당한다. 플라톤은 가장 훌륭한 정치가가 존재하지 않으면 최악으로 빠지지 않을까 우려한다.

플라톤의 사상이 이처럼 변화된 것은 이상국가의 실현이 불가능하다는 것을 현실적으로 시인한 것이다. 그는 대중정치가 잘만 되면 괜찮지만 가능성이 없으므로 귀족정치가 좋다는 생각을 굽히지 않았다.

'법률론'은 그의 3부작이다. 현실정치에 파고든 그는 불완전한 인간세계에서 이상적인 국가 실현은 불가능하므로 법률은 불가피하고, 국가는 법률제도에 의존해 통치해야 한다고 주장했다.

플라톤은 초기에 가졌던 공산주의 관점을 수정해 사유재산제도를 옹호했다. 인간 내부 생활에 국가의 간섭을 배격하고 교육에 대해서도 왕의 간섭을 배제하는 것이 좋다고 했다. 정치권력체는 지식에만 의존할 것이 아니라 계급 분화에 따라 여러 계급의 세력이 반영되어야 한다. 그는 투키디데스의 혼합정부론을 빌어 국가는 시민의 능력에 따라 정치에 참여하도록 하며 정치는 귀족적, 민주적 요소가 상호 견제를 이루는 혼합법을 사용해야 한다고 했다.

그의 이러한 사상 변화는 당시 희랍의 정치 및 역사에 큰 영향을 받았음을 보여준다. 플라톤이 '국가론'을 쓸 때 스파르타가 펠로폰네소스 전쟁에서 아테네를 이긴 것은 어떤 장점을 가졌기 때문으로 보았다. 스파르타의 국가 기본원리는 리쿠르구스(Lycurgus)법에 바탕을 두었다. 그는 이것을 본 따 기본적으로 스파르타식에 그의 국가론을 적용했다. 하지만 스파르타는 지적인 점을 너무 무시했다. 플라톤은 무덕과 규율에 병행하는 철학과 윤리로 이론을 확대시켜 지식계급에 의한 통치를 주장했다. 그는 훗날 아테네가 옛 영광을 회복하자 아테네의 자유체제 우월성이 다시 재개되리라 보고 '법률론'을 썼다. '법률론'에서는 솔론 헌법을 그대로 묘사하고 있다.

플라톤은 3부작을 통해 극단적으로 대중정치, 곧 민주주의에 대해 증오심을 나타냈다. 대중정치는 대중이 등장하여 이해관계가 대립하는 정치다. 그런데 이해관계가 첨예하게 대립하는 정치체계에서 희망을 찾기는 어렵다. 그에 따르면 법을 존중하는 국가에서 민주주의는 최악의 정부형태이지만 법을 존중하지 않는 나라에서 민주주의는 최상의 정부형태이다.

플라톤은 소크라테스의 이념을 계승하며 나름대로 하나의 포괄적 윤리 체계를 형성한 인물이다. 소크라테스와 플라톤은 사제지간이지만 다소 차이가 있다. 소크라테스는 진리는 개인이 자기 이성을 답습하는 데서 이뤄지며 누구나 자기 이념만 답습하면 근원적 진리에 도달할 수 있다고 주장했다. 이것은 논리적으로 자유원칙과 만인평등의 기회를 주장한 것이다. 이에 반해 플라톤은 진리란 고도로 예지가 발달한 예외의 사람만 도달할 수 있는 경지로 보았다. 진리는 추상적 이데아에 속하기 때문에 누구나 도달할 수 있는 곳이 아니라고 보았다. 일반 대중은 바로 소수의 현자에 의한 지배를 받아야 한다고 생각했다. 이것은 그가 왜 그토록 귀족정치에 몰두했는가를 보여준다.

플라톤이 이상주의자임에는 틀림없다. 하지만 그는 현실을 무시한 이상주의자는 아니었다. 현실을 보되 고전적 이데아에 입각해서 현실을 내다보았다. 희랍의 고전이념에서 벗어나지 않은 보수적 입장에서 현실적 방안을 찾고자 한 것이다. 이것이 그의 한계다. 만약 그가 보다 다양한 시각에서 현실 문제를 해결하고자 했다면 지금과는 차원이 다른 대안을 내놓았을 것이다. 그 점이 아쉽다. 하지만 현실적 절망 앞에서도 이상적 국가실현의 꿈을 버리지 않았다는 점, 그리고 무작정 현실에서 도피하지 않고 문제를 해결하고자 했다는 점에서 그의 공도 무시할 수 없다.

플라톤의 사상은 희랍의 지적 성향을 모두 포함하고 있다. 그의 이데아 이론은 피타고라스의 기하학적 정의와 그의 영혼설을 반영하고 있고, 이념적으로는 소크라테스의 이념을 계승하였다. 소크라테스의 철학은 인간문제에서 시작한다. 희랍철학은 인간학을 확립하는 데 관심을 두었다. 그 속에 플라톤의 철학이 있다.

플라톤은 철학이 인간문제를 취급하는 것이 근본적인 문제라면 인간문제를 포괄적으로 파악할 필요가 있다고 보았다. 인간문제를 알고자 하면서 그것을 인간생활에만 국한한다면 파악하기 어렵다. 보다 더 고차적인 각도에서 볼 필요가 있다는 것이다. 모든 개인의 인간은 범위를 적게 가지는 인간 영혼의 소 성격에 지나지 않는다. 소 성격을 파악하는 데도 더 큰 틀, 곧 보다 큰 정치, 보다 큰 사회 분야에 착안하여 인간의 본성을 파악해야 한다. 더 큰 시야는 이데아이다. 이데아에 입각해서 내다봐야 가능하다.

플라톤은 국가의 경영에 관해서도 마찬가지의 원리를 적용했다. 그는 인간의 모든 문제를 국가생활로 그 모습을 바꿨다. 이데아 측면에서 볼 때 국가는 윤리적 생활, 합리적 기준, 합리적 규범에 따라 경영되어야 한다. 그는 현실을 보되 더 높은 국가 생활에서 봐야 하며, 그것은 바로 인간의 이데아, 합리적 규범이다. 이 차원에서 국가를 봐야 한다는 것이다. 이것을 조직경영 차원으로 넓힐 수 있다.

플라톤은 소크라테스가 일찍이 아레테(Arete, 덕)에 관한 보편적 원리를 제시할 때 그 원리를 이데아 사상으로 이끌었다. 플라톤의 이데아 이론은 당시 아테네에서 발달한 수학, 기하학에 직접적인 영향을 받았다. 원이나 삼각형에 정의를 내린다면 완전한 원이나 삼각형을 전제로 정의하듯이 이런 기하학적 정의를 그는 그의 국가 철학에 반영한 것이다. 그에 따라 그는 어떤 변화하는 상황이나 감각적 사물을 상대적이 아니라 완전히 영원불변한 본질로 추구해야 한다고 했다. 영원불변한 본질은 이데아의 눈을 통해서만 볼 수 있다. 이데아란 희랍어로 '볼 수 있는 것'이다. 완전히 영구적인 사물을 파악하기 위해서는 이데아를 통해야 하며, 이데아가 완전한 현미경, 망원경이어야 한다.

플라톤은 완전을 전제하는 이데아를 주장하였다. 일찍이 파르마네니데스(Parmenides)는 주장했다.

"진리의 길은 이성적 사고이며 기만적인 억견(臆見)은 감각적 지각이다." "감각적 지각을 취하면 억견에 빠지기 쉽고 이성적 사고를 취하면 진리의 길에 빠진다."

이 이원론은 진리와 억견, 감각적 세계와 예지적 세계로 나눈다. 플라톤은 이 두 가지를 완전히 분리하지 않았다. 그는 초월적 이데아로 감각적 세계를 대립시켰을 때 단순히 외부의 광선(이성)과 그림자(억견)라는 비유에 규정될 것이 아니라 시행착오가 있다고 해도 이데아의 힘에 의해 기만적 억견을 극복할 수 있다고 주장했다.

플라톤은 '대화(Theaetetus)'에서 소크라테스의 가르침을 그대로 기술하였다. 그는 "소크라테스는 지각은 외계와 자기운동이 서로 부딪혔을 때 발생하며 외계와 자기 운동이 서로 맞부딪혀 자극이 발생할 때 우리의 감관을 통한 추리에서 지각을 갖게 된다."고 하였다. 감각을 통한 추리(Syllogism)에서 지각이 발생한다는 것이다. 소크라테스는 경험론적 인식론을 주장했다. 그는 지각과 이데아를 교량적으로 보았다. 그러나 플라톤은 이보다 한 걸음 더 나아가 감각적 사물과 초월적 이데아를 서로 연결시키는 것보다 선의 이데아에 의해 이것을 목적론적으로 인식해야 한다는 주장을 폈다. 플라톤의 인식론은 변증법적, 주관적 입장에서 출발한다. 플라톤은 출발점부터 선의 이데아라는 도덕설을 주장했다. 마치 피타고라스가 삼각형과 원을 정의할 때 완전한 도형을 전제한 것과 같이 완전한 이데아에 의해 만물을 파악해야 한다고 했다. 왜 이것이 가능할까? 모든 이데올로기는 선악을 분류하는 이데아를 가진다. 선의 이데아는 이데아중의 이데아이다. 이것은 태양과 같다. 태양과 같은 이데아로 사물을 목적론적으로 인식해야 한다는 것이다.

플라톤은 선의 이데아가 궁극적 세계이며 이것이 실현되어야 함을 전제한다. 세계는 선과 미를 위해 존재한다. 여기서 선의 이데아를 명관한 사람은 다시 동굴로 돌아간다. 동굴의 수인이 곧 선의 이데아를 명관한 사람인 것이다. 모든 사람은 선의 이데아에 의해 관찰되고 이끌어가야 한다. 이데아에서 출발해 내다보는 것이다.

플라톤은 선의 이데아에 의해 국가도 정의해야 한다고 보았다. 국가는 선의 이데아를 가진 철학가에 의해 통치되어야 한다. 선의 이데아를 가진 철인 경영자를 가진 이상 국가는 능력에 의해 자기 분을 담당한다. 여기서 국가가 생기고, 각자는 자기 능력 분에 따라 국가에 기여한다. 그는 국가의 기원, 국가론에서 각기 능력 분에 따라 임무 양을 정할 것을 말한다. 이것이 조화를 이루지 않으면 정의가 파괴된다. 여기서 정의는 분배를 의미한다. 이른바 분배론이다.

그의 분배론에 따르면 자기 분을 담당하기 위해 세 계급이 존재하고, 분배 직을 담당하기 위해 공산국가를 내세웠다. 그의 이상 국가에서는 생산자, 노동자만이 재산을 사유한다. 그 임무는 오로지 국가에 선 이데아를 실행하는 데 있다. 위정자나 군인이 재산을 가지면 악용하고, 국가를 파괴하고 정의를 파괴한다. 그는 소수의 철학가의 정신에는 금이 섞여 있고, 군인의 머리에는 은, 노동자의 머리에는 동과 철이 섞여 있다고 했다. 이 비유를 그는 고귀한 거짓말이라 자처했다. 그러나 플라톤의 이 말은 정의를 위한 세 기본 계급의 조화, 정의를 실현하기 위한 공산주의는, 보다 현인 귀족주의를 고려해야 한다는 점, 이상도 현실을 고찰해야 한다는 점, 그리고 선의 이데아에서 사물을 고찰한 데서 나온 주장으로 간주되고 있다.

플라톤의 말과 같이 선의 이데아를 찾기 어려우면 그가 주장하는 이상 국가는 존재하기 어렵다. 플라톤은 여기서 비난을 받을 가능성이 있다. 그는 당시 화폐경제의 모순이 있었음에도 불구하고 현실은 복고적인 귀족주의에 의해 구제되며 높은 자리에 앉은 선의 이데아에 의해 구제된다고 해서 공상적 이론이라는 비난을 받았다. 하지만 그가 보는 관점은 다르다. 높은 데서 보는 것일 뿐 현실과 유리되지는 않았다.

플라톤은 당시 기하학의 발달에 영향을 받아 디케, 곧 정의를 기하학적 방법으로 정의했다. 그는 정의를 인간의 덕, 용기와 절제, 인간 재능, 사유재산보다 더 높은 차원에 올려놓았다. 국가는 이 정의를 반드시 실현해야 한다. 그는 정의실현의 수단과 방법에 대해 논했다. 그는 정의를 질서유지, 사회조화에 적법한 일반 원리로 규정했다. 인간은 개인적으로 각각 서로 다른 '혼의 힘'을 가진다. 이 혼의 힘을 조화하는 통일원리가 바로 정의이다. 국가가 정의를 실현할 때 각 계급 간의 기하학적 균형이 이루어진다. 이것은 모든 개인에 분을 급여하고 정의를 실현한다. 정의로운 분배의 실현이다. 그는 일반 질서 유지에도 국가는 정의에 입각해야 정당하다고 보았다. 플라톤의 법치국가 이념은 정의에 입각한 것으로 실증법적 법치국가는 아니다.

정의를 통일하는 조건이 유지되고, 사회를 조화시키는 기틀이 공사(公私)도덕을 일치시킨다. 플라톤은 사회적 상호교환에 있어서 자기 분을 실현시키기 위한 일체의 계획을 정의로 보았다. 이 정의는 어떻게 가능할까? 플라톤에 따르면 이 정의는 선의 이데아를 가진 인물에 의해서만 실현될 수 있다. 아리스토텔레스는 정의 보편화는 언어를 통해 이루어진다고 했다. 인간은 행복을 추구하며 이것을 위해 언어로 표현한다는 것이다. 이에 비해 플라톤은 상호수요에서 국가는 각자 자기가 맡을 분을 담당하는 데서 이뤄진다고 보았다. 분업 국가다.

플라톤은 국가가 3단계로 발전한다고 보았다. 첫 번째 단계는 선의 이데아를 추구하는 단계다. 두 번째 단계는 사회협동 조건으로 분업 단계다. 이성 · 용기 · 절제는 정의를 실현하기 위해 필요하다. 세 번째 단계는 정의를 실현시키기 위한 수단과 방법을 찾는 단계이다. 좋은 시민을 만드는 데 여러 장애를 제거하는 방법을 찾는다. 그는 이 방법으로 공산주의를 제안했다. 나아가 좋은 시민을 만드는 조건을 북돋아 주어야 한다고 보았다. 여기서 교육의 중요성이 강조된다.

플라톤은 재산과 가족, 이 두 가지 면에서 공산주의적 방안을 구체적으로 구상했다. 그에 따르면 통치자는 일체의 사유재산을 금지한다. 지배계급은 공영식당에서 식사를 같이 하므로 사유재산이 필요하지 않다. 그는 지배계급이 사적 재산을 가지는 것이 정치부패의 직접적인 원인이 된다고 보았다. 가족관계에 있어서도 항구적 일부일처제의 폐지를 주장했다. 그는 가족주의의 초래를 불공평한 것으로 간주하였고, 좋은 인물을 배출하기 위해 지배자가 성관계를 조절할 필요가 있다고 보았다. 이러한 구상은 현대의 가족제도를 폐지하는 것과 같다. 그러나 그의 이러한 주장은 국가계급에 한정된 것으로, 일반시민에까지 가족 폐지를 주장한 것은 아니었다. 서민에게는 가족이나 사유재산을 허용한다. 하지만 그는 서민이 지배계급으로 등장할 경우를 언급하지 않았고, 사유재산에 있어서 노예제도도 언급하지 않았다.

플라톤은 여기서 정치적, 경제적 악순환을 제거하는 방안을 구상했다. 플라톤은 가족생활, 엘리트의 선출방법, 사유재산의 소유를 어떤 범위에 두는 것이 사회 안정에 필요한가에 초점을 맞췄다. 이것은 희랍의 시인, 철학가에 중요한 대상이 된다. 시인 유리피데스(Euripides)는 부자는 무용지물이고, 빈자는 쓸데없이 남의 것만 탐내는 탐욕인이므로 국가가 구제해야 할 대상은 중산계급이라며 중산계급을 옹호했다. 여기서 플라톤은 부자란 무용지물이라는 유리피데스의 첫 문제에 대해 선택적인 것임을 밝혔다. 그는 지배계급의 부에 대해 비판하고, 중산계급의 사유재산을 허용했다. 그는 또 민주주의에 입각한 다수지배와 현자들의 소수지배의 문제점을 놓고서도 소수지배를 택했다. 그는 정부에 의해 해를 끼치는 조건을 제거하기 위해 공산주의라는 방안을 제안했고, 이것을 보다 확실하게 하기 위해 가족제도의 폐기를 주장했다. 플라톤은 소수인이 사회 전반에 걸쳐 지배를 하는 이상 국가를 그렸다. 이에 비해 아리스토텔레스는 국가와 가족을 별개의 문제로 보았다. 국가는 사회 모든 면에 통제를 가하므로 국가의 동일적 성격을 강조하면 국가는 존재할 수 없다고 본 것이다. 이런 점에서 아리스토텔레스는 플라톤과 차이가 있다.

플라톤은 희랍의 지적 전통을 모두 포함하고 있다고 할 만큼 높은 평가를 받고 있다. 그는 피타고라스의 영혼설에서 그의 이데아 이론을 끄집어냈다. 그는 여기에 각각 다른 영혼을 가진 개인들이 기하학적으로 조화해 나감으로써 정의가 실현되는 국가를 그렸다. 그의 이론은 소크라테스가 말한 '인간은 정신의 동물'이라는 사상을 통일시키고 조화시킨 것이다. 플라톤은 소크라테스의 철학을 이어 인간문제는 인간이 해결해야 한다고 함으로써 희랍의 정통사상을 이었다. 인간이 인간의 문제를 해결할 때에 해결하는 자신이 시야를 인간에 국한하면 정의실현은 불가능하다. 선한 이데아를 가진 인물이 있어야 정의실현이 가능하다. 그는 영혼 속의 조그마한 성격까지도 조화시켜야 한다. 선인, 곧 선의 이데아를 가진 인물에 의해 정의가 실현되는 원리를 제시한 것이다.

그는 인간의 모든 문제를 차원이 높은 선의 이데아의 윤리원칙, 합리적 규범에 의해 인간의 모든 문제를 규정했다. 그는 자신의 이론을 통해 선 이데아라는 추상적 이론, 그리고 보다 차원을 높여 그 선의 이데아를 구체적으로 실현할 수 있는 정치 및 교육의 문제에 집중했다. 후세 사상가들은 플라톤이 형이상학, 변증론, 선의 이데아를 중시했음을 보았다. 이것은 국가경영뿐 아니라 교육이론도 중시했음을 보여준다. 루소나 예거(Jaeger)는 플라톤의 이론 중 교육(Paidea)을 더 중시했다고 해석했다.

소크라테스가 말한 바와 같이 인간은 자기 성격(개인)과 인간 장래에 대한 전망을 통찰하지 못하면 개인은 진리를 답습하지 못하며, 인간의 사생활은 공생활에 비춰 규정이 가능하게 된다. 인간은 차원을 높인 정치생활에 비춰야 공사생활의 상호유전성(?)이 가능하다. 일반 대중은 어리석어 선 이데아에 의해 통치되어야 한다. 일반은 선으로 통치되어야 할 대상이다. 그의 형이상학, 변증법, 정치 및 교육문제 등은 국가를 통해 윤리와 철학을 확립하고자 했음을 보여준다.

현실적 국가는 플라톤 이론에서 지상 국가를 의미하는 것일까? 예거나 표현하는 철학자의 진실한 가정을 의미하는가 아니면 지상 국가인가? 여기서 인간 이론은 변천한다. 지상국가보다 인간에 의해 실현되지 못하는 신의 국가라면 그것은 형이상학에 지나지 않을 것이다. 플라톤이 선의 이데아를 견지하면서 현실타개를 꾀하고, 높은 차원에서 하위를 전망하며 윤리를 개조하기 위해 교육을 강조한 것을 볼 때 그의 이상은 언제나 높았음이 확실하다.

2

키케로, 세네카
정의, 이성이 답이다

로마의 대표적 사상가는 누구일까? 학자들은 폴리비우스, 키케로, 세네카를 꼽는다.

폴리비우스(Polybius)는 희랍귀족으로 역사가였다. 그리스에서 정치에 관여했다. 그러다 기원전 167년에 로마 군대에 잡혀 포로로 로마에 왔다. 로마에서 정치 연구를 했다. 학식이 풍부하여 로마의 스키피오서클(Scipionic Circle)에서 지식을 교류했다. 그는 「로마사」를 썼다. 이 책은 로마의 정신과 로마의 제도적 특징을 학자적인 입장에서, 그리고 실제 정치적 측면에서 담은 것이다. 그는 이 책을 통해 로마가 단기간에 확장 성공한 이유를 설명하고 로마의 강진성은 정치제도에 있다고 보았다.

그는 국가를 논함에 있어서 인간은 혈연관계에서 출발하며, 무정부주의를 벗어나기 위해 권력체를 받아들인다고 했다. 아리스토텔레스도 무정부주의를 벗어나기 위해 권력체를 수락한다고 했다. 이것은 훗날 홉스에게서 명확히 나타난다. 무정부주의 정부는 부패하여 혁명과 반동이 반복되며 이 변천하는 국가 발전에서 순수 정부형태는 실패하고 복잡한 사회세력이 반영된 헌법적 권력체가 등장하게 된다. 그는 아리스토텔레스의 혼합헌법에 의한 정치체를 주장했다. 폴리비우스는 귀족적 요소와 민주적 요소가 혼합되어야 정부가 안정된다고 했다. 로마 요소도 군주 요소로서 집정관, 귀족 요소로서의 원로원, 평민 요소로서의 평민원이 서로 견제하고 있기 때문에 로마는 혁명을 제거하고 강력해진다고 보았다. 혼합정부 형태를 따를 때 혁명과 같은 혼란을 피할 수 있다고 주장했다.

키케로(Marcus Tulius Cicero)는 로마의 정치가이자 학자요, 시인이었다. 기원전 101-43년 사이의 인물로 집정관을 지냈다. 그는 기회주의자였다. 카티리네를 지지하다 원로원에서 적으로 몰렸다. 폼페이, 케자가 싸울 때는 양다리를 걸쳐 인심을 잃었다. 케자가 죽자 안토니우스의 공격을 받았다. 삼두정치의 일인으로 있다가 실각했으며 43세에 죽었다.

키케로는 공화제도를 지지했다. 희랍철학을 좋아해 희랍 사상을 그의 화려한 라틴어 필치로 후세 유럽에 전했다. 그는 플라톤과 스토아 이론을 당시 정치와 연결시켜 자연법사상과 스토아의 이성원리를 소개했다. 그의 대표적 저작은 '국가론(De Republica)'으로 이것은 플라톤의 국가론을 본 따 정의 원리를 설명했다.

키케로는 국가 본질에 관해서는 플라톤과 달랐다. 즉 국가는 노동자나 군인, 관리를 통치하기 위해 성립했다기보다 전 인민이 참여하여 성립했다고 보았고, 전 인민의 복리 추구에 국가의 목적이 있다고 보았다. 전 인민은 개인의 총합은 아니다. 그것은 자연법 밑에서 통일된 집단이다. 자연법은 정의에 입각해야 하며, 정의에 입각하지 않는다면 자연법은 있을 수 없고, 자연법으로 총합된 인민이 없으면 국가는 있을 수 없다.

그가 말하는 정의는 무엇일까? 키케로는 계급사회를 가상한 플라톤과 달리 평등사회를 가상했다. 법률이 정의를 구현하며, 정의는 인간의 의사나 동의에서 나온다는 점은 플라톤이나 키케로나 반대했다. 정의는 자연법, 자연원리를 의미하며 우주 전체의 질서요 우주 구조를 정하는 부동의 원리라 보았다. 자연법은 인간사회에서 정의의 이성, 영원한 이성이며, 이 이성은 인간에 대해 의무를 명령한다. 정의를 자연법과 관련해서 해석한 것은 그가 스토아 사상을 받아들였음을 보여준다. 키케로는 로마제국의 복잡한 인간생활에 모두 적용될 수 있는 지상명령의 자연법을 구상했다.

키케로는 '법률론(De Legibus)'에서 정의가 결핍된 형식법은 참다운 법이 아니라 했다. 정의법과 단순한 입법을 구별한 것이다. 그는 스토아학파가 주장하는 인간평등원칙을 법이 승인해야 한다고 했다. 그는 플라톤이나 아리스토텔레스의 인간 불평등 이론을 반대했다. 플라톤의 소수 현인 정치에 의한 소수계급 통치도 반대했다. 모든 인간은 이성에 의해 훈련이 가능하다. 하지만 실제 사회는 왜 불평등할까? 그 원인은 인간에 있지 않고 제도에 있다고 주장했다.

키케로는 인위적 사회와 자연적 사회를 구별했다. 완전한 자연, 이성이 지배하는 사회와 제도적인 인위적 사회다. 도시국가에선 노예가 필요하다는 아리스토텔레스의 주장과는 달리 그는 노예제도를 반대했다. 하지만 현존하는 노예제도의 폐지를 주장하지는 않았다. 노예도 인간이니 인간으로 대우하라는 정도였다. 그는 사회개혁의 기반인 평등원리를 주장했지만 기존의 권력체제를 넘어서진 못했다. 한계가 있었다는 말이다.

키케로는 국가에도 자연법칙과 이성법칙이 존재한다고 보았다. 국가도 환경에 따라 발전하므로 자연적으로 발전하는 국가는 이성의 법에 따라 개선할 필요가 있다. 국가는 이성에 따라 불합리를 제거한다. 국가는 정의의 실현이라는 목적이 있기 때문에 정부형태는 중요하지 않다. 물론 정부형태에 따라 정의실현 정도는 다르다. 정의를 실현하기 위해서는 모든 사람이 권력에 참여하여 정부를 견제하는 참정권이 필요하다고 주장했다. 그러나 그는 민주주의 형태를 찬양하지는 않았다. 국가 정치에 있어서는 모든 사람이 국가 정치에 참여하는 것을 반대하고 소수의 참여를 주장했다. 정의실현 목적과 실제 정치참여는 다른 것일까? 그는 안정을 촉진하고 폭정을 저지하기 위해 혼합정부를 주장한 폴리비우스의 이론을 따랐다. 보수, 귀족적 성격을 '정부론(De Officiis)'에 명시하고 다수 의사, 절대 정의 정당 원리의 병존을 주장했다. 절대 정의 정당 원리는 균형 상태에서 견제를 받을 때 실현가능하다.

키케로는 평등을 내세우는 자연법 쪽에 선 인물이었다. 그는 인도주의적 입장에서 인간평등을 로마에 심어주었다. 스토아 이론이다. 하지만 고정된 로마의 제도와 법질서를 그대로 둔 채 평등이념을 내세워 효과는 거두지 못했다.

키케로 시대에 로마 공화국은 명맥을 다해가고 있었다. 로마 최초 황제 아우구스투스는 인민적 요소, 곧 평민권을 존속시켰다. 그러나 후엔 원로원만 남겨두어 평민의 권리는 상실되었다. 추후 2세기까지 로마제국은 군사독재 정치를 했고, 황제는 절대권을 행사했다. 그들은 절대권을 합리화하기 위해 자기의 권리가 인민의 동의에서 나왔다는 이념을 형식적으로나마 취했다. 이른바 위임법(Lex regia)이다. 법은 인민의 위임에 의해 황제가 명령을 발한다고 한 것이다. 그러나 실제는 황제의 명령이 법이 되었다.

로마제국 관리들은 정당 정의(正當 正義) 원리를 정당화하는 법 개념에서 법률을 형식화했다. 초기엔 순회재판관을 대신해 로마황제 관리는 모든 인간에 공통된 이성, 도덕원리를 반영했다. 황제 명령은 이성과 도덕에 기반을 두고 있으므로 복종해야 한다고 했고, 이를 법전에 명시했다. 신민은 이에 따를 수밖에 없었다. 카라칼라(Caracalla)는 이성이 반영된 법을 전 영토에 실현시키기 위해 통치를 받는 인민에게 동의(同意) 자격을 부여하고, 법 앞의 평등을 제도화했다. 카라칼라는 조세를 통해 돈을 모으려면 신민에게 자존심을 부여할 필요가 있다고 판단하고 그리스의 시민권 차별대우나 초기 신분적 차별대우를 제거했다. 스토아의 사해동포주의 이념이 제국의 이념으로 제도화된 것이다. 모든 인격은 법 앞에 평등하며 황제에게 충성하는 법의 규칙과 일군만민

(一君萬民)의 중앙집권제도를 확립했다. 이 기반에서 팍스 로마나(Pax Romana)가 이룩되었다.

세네카(Seneca)는 네로 황제 시대의 재상이었다. 그는 도덕철학자로 윤리, 도덕의 입장에서 스토아 사상에 관여했다. 그는 비록 부패한 정치에 몸담고 있었지만 자기의 이성과 현실에 대해 이원론적 이론을 구상했다. 현실은 그렇지만 생각은 달랐다는 말이다. 그는 사회개혁을 위한 사회철학을 제시하진 않았지만 이성을 가진 인간이 부패에 대해 어떤 태도를 취해야 하는가를 보여주었다.

그리스 후기의 스토아 사상이 어떻게 로마에 크게 영향을 주었을까? 자연법 원리, 사해동포주의를 내건 스토아 사상의 파급은 제논(Jenon)의 영향이 크다. 그의 영향력은 희랍의 도시국가가 망하는 시기에 나타났고, 결국 로마제국에서 제도화되었다. 특히 세네카를 통해 1세기와 2세기 사이에 로마에 계승되었다. 스토아는 비정치적인 이념이었고, 기독교인들이 주장하는 인간 내면성과 통한다. 국가와 관계없이 공통된 이성이나 신에 복종함으로써 공통의 이성에 참여하고 이로써 인간은 하나가 된다. 스토아는 현실의 불안정한 제도를 이성적 보편원리로 대치시켰다. 즉, 인간세계를 자연법과 이성법으로 대치시켜 이성원리에 의해 지배되도록 하는 것이다. 인간은 이성을 통해 평등을 말한다. 그러나 사회는 차별적이어서 불평등하다. 이것은 제도 때문이다. 그러므로 제도를 정의와 이성에 맞도록 고쳐야 한다.

스토아 사상의 이러한 해석은 에피쿠로스의 쾌락주의 이론과는 차이가 있다. 이런 스토아의 해석에서 세네카는 스토아의 개혁주의자로 등장한다. 이 개혁은 인간의 투쟁을 바탕으로 한 개혁이 아니라 이원적 특징을 가진 개혁이다. 이원론으로 볼 때 현실과 자연적 이성은 서로 충돌한다. 재산을 공유하는 원시시대에는 순결한 상태에서 잘 살 수 있었다. 그에 따르면 이 시대가 가장 좋은 시대다. 세네카는 이 원시시대를 인간이 선악을 알지 못하는 무지의 상태라고 했다. 훗날 루소는 이 상태를 좋아해 자연으로 돌아가라 했다. 정말 그럴까. 만일 그것이 비도덕적이라면 도덕적으로 만들어야 한다는 것이 세네카의 생각이다.

세네카는 이성의 측면에서 자연개념을 바라본다. 인간은 그 지위 여하를 막론하고 자연에 따라 도덕의 장소가 된다. 이 도덕은 이성적, 보편적 기반을 형성한다. 국가는 악의 요소를 가지고 있다. 또 제도는 인간의 충돌에서 나온 불가피한 결과다. 그러므로 이를 합리적으로 선하게 만들거나 적극적으로 개선할 필요가 있다.

세네카의 이론은 스토아 사상에 기반을 둔 개혁주의이다. 그의 이원론이 비난 받을 때도 있지만 그의 사상은 사회가 악으로 굴러가는 데 있어서 방파제 역할을 했다. 그의 도덕철학은 부패한 사회를 합리화하면서 이성에 의해 그 상태를 극복하도록 했다. 인간은 사회적이고 이성을 가졌기 때문에 좋은 방향으로만 나가면 누구나 그 길로 갈 수 있다고 본 것이다. 하지만 그의 도덕철학은 이성과 현실 사이를 방황하고 있어 이원론의 한계에 갇혀 있다고 말할 수밖에 없다.

3

<u>토마스 아퀴나스</u>

통치자여 시민의 수준을 향상시켜라

중세는 아우구스티누스의 주장처럼 교권과 속권의 대립이었다. 그러나 9세기에 이르러 '정신계는 교회가, 세속계는 시저가'라는 결론을 얻었다.

아우구스티누스는 교권과 속권의 대립을 해결하지 못했다. 9세기에 이르러 그의 이론은 권력의 한계문제로 전환되었다. 이 문제는 1150년 그라티아누스 교령집(Decretum gratiani)에 의해 일단 해결을 보았다. 이 교령집은 교회법을 신학에서 분리시켜 해석한다는 특징이 있다. 교권이 속권을 위협하지만 교회법을 신학에서 분리하여 해석한다는 것이다. 교령집은 로마법과 기독교 교리에 따라 유스티니아누스 법전을 만든 법률가의 이론을 참고하고, 세빌(Seville)의 이시도르(Isidore)의 어원학(Ethymology) 이론을 계승하여 "자연법은 하나님에 근원을 둔다."는 신원설을 담았다. 이렇게 설명함으로써 인간의 의식적인 면을 활발하게 했다. '자연법은 신법이다.'는 것을 최고의 전제로 하고 여기서 교회법, 세속법이 나온다고 본 것이다. 세속법인 만민법(Jus gentium)은 자연법에 비해 열등하며, 자연법 즉 신법은 최고에 해당한다. 여기에 인간이 지키는 인류법이 파생했다. 정신사항에 관한 영적인 법은 세속법 위에 있으며 교회가 그 해석권을 가진다. 군주는 오류를 범할 수 있지만 교회는 오류를 범하지 않는다고 보았기 때문이다. 정신법, 교회법은 신의 법과 일치하지 않으나 어그러지지 않는 한에서 유효한 것이다. 또한 세속법에서 만민법과 시민법(Jus civile)은 자연법에 어그러지지 않는 한에서 유효하다.

이런 그라티아누스의 이론과 함께 로마법은 중세의 세속적 법률 발전에 크게 영향을 주었다. 제국과 로마교황이 충돌할 경우 속권은 제국의 권리로 자기 입장을 옹호하기 위해 로마법을 소생시켰다. 중세 말 상업도시가 중요 역할을 함에 따라 시민경제활동을 위해 로마시민법이 적용되었다. 로마법, 시민법은 11세기에 세워져 세계에서 가장 오래된 볼로냐 대학에서 각국 대학생에게 교수되어 구라파 각지에 보급되었다. 영국까지 로마법이 소생되어 근대에 계승되었다. 종교적 해석뿐 아니라 세속적 해석 성향도 나타났다.

중세 철학에서 아퀴나스(T. Aquinas)는 사회철학, 정치철학에서 대표적인 고전을 이룬다. 그가 쓴 것으로는 「통치원리」(De Regimine Principum)가 있다. 그에 따르면 인간은 목적을 가지고 있다. 이 자기목적에 따라 생활하고 활동한다. 목적 실현을 위해 활동할 때 지성을 활용한다. 하나님이 자연적으로 인간에게 하나의 소질을 주어 인간으로 하여금 자기목적을 이루도록 한다. 만일 인간이 고립되어 생활하는 존재라면 다른 동물과 마찬가지로 어떤 지도원리 없이 살 수 있다. 그러나 각 개인이 하나님에 의해 부여된 지적 광명에 의해 행동한다면 모든 인간은 하나님의 지시에 따라야 한다. 인간은 국가 안에 사는 사회적 창조물이다. 인간은 지각을 가지고 사회 안에서 산다. 또 다수의 인간은 자기의 이익을 위해 사회원칙에 따라 투쟁한다. 여기에 일반 복리의 증진을 위임받은 자, 곧 통치자가 필요하다. 그러나 통치자라 할지라도 일반의 복리를 위한다는 신의 지도원칙을 거역할 수 없다. 더 깊은 지각을 부여받은 자도 신에 복종하지 않으면 안 된다.

개인(Individual), 에고(Ego), 일반(General)은 동일한 것이 아니다. 인간이 생활하는 데 있어서 에고는 차별적, 구별적 요소를 가짐에 비해 일반은 통일적, 구속적 방향을 지향한다. 여기서 인간은 에고를 떠나 일반적 선을 지향하는 것이 필요하다. 다수가 조직하여 통일을 이루려면 지도원리가 필요하다.

아퀴나스는 이렇듯 이중지배의 전제하에 국가론을 전개했다. 세속권력은 정신적 권력과 같이 신에 그 기원을 둔다. 따라서 이 두 가지는 완전히 병립한다. 하나님은 인성을 창조했고, 인성은 지각을 부여했으며, 국가와 사회를 필요한 것으로 창조했다. 여기서 정치권력이 신에 근원한다면 교회와 병존관계에 있어야 한다. 그는 이 두 개의 권력이 최종적으로 하나님의 지도원칙에 귀일한다고 주장했다. 아우구스티누스는 인간이 타락했기 때문에 지배자에게 복종해야 하며 타락하지 않았다 해도 일반복지, 자유를 위해 정치적 통치가 필요하다고 했다.

아퀴나스는 군주제를 가장 좋은 정부형태로 보았다. 다양성(Multiplicity)은 단일 지도 체제에서만 해결된다. 즉, 사회의 다양성을 조절하려면 지도자가 단일 권위로 등장해야 평화적으로 해결할 수 있다. 벌 사회에서 여왕벌이 하나만 존재하듯 우주에는 신, 세속권에서는 군주가 있다. 하나의 군주는 인간의 불완전성으로 폭정을 행할 수 있다. 이 폭정을 막기 위해서는 귀족과 평민이 참여하는 혼합정부가 바람직하다. 이것은 폴리비우스의 영향을 많이 받았기 때문인 것으로 보인다.

혼합된 군주정치는 힘으로 평화를 달성하고, 인간의 행복과 도덕, 그리고 물질생활 수준을 확보하며, 신의 뜻을 이 세상에 달성시켜야 한다. 이 최종적 목적을 위한 임무는 신적 능력을 가진 예수 그리스도에 의해 이뤄진다. 예수 그리스도는 승려뿐 아니라 그 임무를 담당하는 군주에게도 복음을 주었다. 군주 측근의 궁정 소속 승려도 신에 의해 마련되었다. 로마의 승려든 영국의 승려든 승려직은 하나님에 의해 마련된다. 하지만 로마의 승려는 그리스도의 대리자다. 그러므로 모든 기독교신자들은 교황에 복종함으로써 그리스도에 순복하는 것이다. 나아가 그는 세속권력과 교황과의 병존관계를 설명하면서 군주의 권력은 하나님에 의해 부여되므로 하나님의 간접적 권한(Potestas indirecta)이며, 이게 복종해야 한다고 했다.

국가는 시민을 지도하되 그들의 행복과 도덕생활을 높여야 한다. 통치자는 그 임무를 가지며 신의 뜻을 따라 시민의 수준을 향상시킨다.

군주도 하나님에 순복해야 한다. 두 권한 모두 신의 뜻이므로 상관관계가 있다.

아퀴나스는 교황이 보편적 최고권을 소유한다거나 교회가 보편적 권력을 요구하는 것을 배척했다. 군주도 신에 의해 권한이 부여되어 있으므로 군주, 교황 모두에 복종함으로써 평화를 실현하고, 이것이 곧 신에 접근하는 것이다. 이것이 스콜라 철학의 기본 내용이다. 로마교황에 대한 보편 권력 거부는 중세기의 종료를 의미한다.

4

마키아벨리

정치와 종교, 정치와 도덕을 분리시켜라

마키아벨리(Niccolo Machiavelli)는 속권과 교권이 분리되는 과도기의 인물이었다. 당시 유럽의 문명은 획기적으로 발전하고 있었다. 인쇄술의 발전으로 학문에 변화가 일어났고, 아메리카 대륙이 발견되었으며 아시아 항로도 개척되었다. 상업은 지중해에서 대서양으로 뻗어나갔고 이탈리아는 자치상업도시가 융성하여 문화의 선진 역할을 했다.

당시 동기가 다른 두 학자가 있었다. 한 사람은 현실적 측면에 선 마키아벨리였고, 다른 한 사람은 현실에 대한 피해를 느끼고 공상적 유토피아를 그린 토마스 모어(Thomas More)였다. 여기서 공산주의를 주장하는 철저한 이상주의가 나타났다.

당시 이탈리아는 신흥 상공계급의 발전으로 구제도를 타파하는 과정에 있었다. 상인들은 정치에는 중립적이었지만 정치와 경제 세력 사이엔 간격이 있었다.

마키아벨리 시대 이탈리아는 나폴리 왕국, 밀라노 공국, 베네치아 공국, 플로렌스 공국, 교황 국가로 나뉘어 있었다. 종교분쟁 후에도 교황은 중앙집권 정책을 사용해 이탈리아에서 강력한 국가로 남아 있었다. 교황은 외부세력을 이용해 중앙집권체제로 이탈리아의 최고 지배체제로서의 희망을 가지고 있었다. 그러나 교황에 의한 통일은 이루어지지 못했다. 통일 세력이 없는 사이에 당시의 강국인 프랑스, 스페인, 독일의 침략을 받았다. 일반 사람들은 교황 중심의 통일을 원했지만 마키아벨리는 교황에 의한 통일을 반대하고 속권에 의한 통일을 폈다.

당시 이탈리아의 제도는 붕괴되어 있었다. 사회는 구라파 제일의 지식과 예술을 소유했고, 권력과 관계없이 이지적인 생활을 누렸다. 학문, 예술, 문화가 발달했지만 정치적으로, 도덕적으로 부패해 시민을 위한 기관들은 역할을 제대로 할 수 없었다. 중세교회 이념과 제국 이념은 사라지고 새로운 목적 없이 잔인함과 살육이 처처에서 자행되었다. 이런 사회에서 도덕을 실현하자는 주장은 헛소리에 불과했다. 아리스토텔레스가 일찍이 "인간이 법과 정의에서 떠나면 인간은 동물 가운데 가장 나쁜 동물이다."라고 했는데, 이탈리아가 바로 이런 사회였다. 이런 상황에서 마키아벨리는 오직 실력과 기술, 곧 통일된 리더십만 이를 규제하는 데 성공할 수 있다고 보았다. 불합리한 현실을 타개하기 위해 인간의 힘에 의존했다는 점에서 마키아벨리는 르네상스의 대표자이고 최초로 시민의 소리를 남긴 인물이 될 것이다.

마키아벨리는 '플로렌스사'를 쓴 사가이자 시인이다. 또한 「티투스 리비우스 논고(The Discourses on the First Ten Books of Titus Livius)」와 「군주론(The Prince)」을 썼다. '리비우스 논고'에서는 리비우스가 쓴 '로마사'를 점검한 뒤 공화정을 주장했고, '군주론'에서는 군주 절대정치를 변호했다. 루소는 그 내용과 지향하는 이념이 상반되었다고 지적했다. 하지만 이 두 책은 국가의 흥망과 함께 정치가가 국가를 영구히 보존하는 방법을 다루었다는 점에서 공통된다.

메디치 집권 후 그는 한때 정치범으로 몰려 투옥되었다. 하지만 친구의 도움으로 나올 수 있었고, 감옥에서 나온 뒤에는 자신의 농장에 들어가 낮엔 일하고 밤엔 궁정 옷을 입고 '군주론' 집필에 몰두했다. 그는 자신이 입은 옛 궁정 옷에서 암시를 받아 르네상스 시대에 옛 이념을 소생시키고자 했다. 당시 옛 로마시대 소녀 시신에서 옛날 옷에 관한 이야기가 있었다. 소설화는 문예부흥의 단적인 표현이다. 메디치가가 비록 자신을 감옥에 넣었지만 이탈리아 통일을 위해서는 메디치도 좋다는 헌사를 붙였다. 그는 '리비우스 논고'에서 로마 공화국이 어떻게 커져왔는가 하는 역사를 기록하고 로마 교황 중심을 확대해 세계 통일 문제를 다루었다. 그는 이 두 저서를 통해 정치와 도덕(종교 윤리)을 분리시키고, 정치는 실력과 기술에 입각해야 한다고 주장했다.

그는 '리비우스 논고'에서 공화국정치론은 부패한 이탈리아에서는 불합리하다고 보았다. 공화제와 군주론 모두 장점과 단점을 가지고 있다. 그러나 정치는 그 자체가 목적이므로 이 정치의 목적을 위해 국가는 강력한 수단과 방법으로 세력을 확장하여 정치행위를 해야 하며,

성공을 위해서는 도덕을 결부시켜서는 안 된다고 보았다. 실패하면 죄악이다. 모든 정치적 방법과 수단, 외교와 전략을 동원해야 한다. 정치는 권력 확대와 유지를 궁극의 목적으로 하며 그 성공 여부에 따라 평가된다. 정치와 종교는 분리된다.

그렇다면 마키아벨리는 비도덕, 무도덕일까? 그렇지는 않다. 그는 도덕을 제외한 정치 이론을 주장했다. 하지만 비도덕, 무도덕은 아니며 정치의 목적을 지나치게 강조한 것뿐이다. 정치행위를 주장함에 불과한 것이지 무도덕 이론은 아니란 말이다. 그는 정치권력이 지향해야 할 점들을 강조했지 도덕을 무시한 것은 결코 아니었다. 권력에 입각해 기본문제를 다룬 것이다. 토마스 홉스는 '레비아탄'에서 "인간은 사회계약으로 지배권을 이양해야 하며 국가권력의 정당성은 개인의 생명을 보장하는 데 있다."고 했다. 하지만 홉스 자신은 사회계약설을 믿지 않았다. 이와 마찬가지로 마키아벨리도 힘으로 부패를 눌러야 한다는 권력 이론을 주장한 것이다.

마키아벨리는 최초로 정치와 도덕의 분리를 주장했다. 르네상스 조류를 타온 그의 이론은 희랍이념에서 체계화된 것이었다.

마키아벨리는 아리스토텔레스에 대해서도 깊은 이해가 있었다. 아리스토텔레스는 '정치학'에서 "국가는 인간의 결사 중 최고의 형태다. 따라서 개인의 선악관에 좌우되어서는 안 된다. 국가가 있어야 인간은 행복해지기 때문이다."라고 주장했다. 국가가 최고의 형태라면 도덕을 중시해야 하며 국가 이성은 모든 개인의 의무와 도덕, 사회와 별개로 구분해 생각해야 한다. 국가는 인간 전체의 행복에 불가결한 형태이다.

마키아벨리는 그리스 소피스트 이념에 대해서도 연구했다. 소피스트 이념에 따르면 인간은 자기의 이익을 추구하는 동물이다. 따라서 정치체는 개인의 물질에 대한 욕망을 조절하는 방법을 연구해야 한다. 국가는 자기 이익의 집결체인 인간을 타개하는 방법을 사용하되 이해관계 충돌 시 인간 지식을 최대로 활용해야 한다.

마키아벨리는 아리스토텔레스와 소피스트 이념에 입각하여 그의 사상을 새롭게 체계화했다. 그는 지배자는 도덕을 떠나 목적 수행이 가능하다고 보았다. 그러나 도덕적으로 부패하면 선한 정부는 불가능하다는 것을 '리비우스 논고'에서 확실히 했다. 스위스 같이 도덕적으로 부패하지 않은 나라에서는 공화국이 가능하지만 이탈리아에서는 불가능하다. 이탈리아의 경우 정치는 종교와 도덕을 실현하지 못하고 있어 실력을 존중하는 기술적 정치가 필요하다고 보았다. 군인이 사기와 총으로 전쟁을 하는 것 같이 지배자는 모든 역량을 발휘하여 목적을 달성해야 한다. 힘을 다해 권력 활동을 하면 그것이 선한 활동이 된다. 개인은 사회그룹에서 공평 여하에 따라 도덕을 판단한다. 하지만 지배자는 개인과 다르며 현실적 입장에서 목적달성을 위해 권력을 행사해야 한다고 주장했다.

이런 마키아벨리 이론을 '최초의 과학적 방법의 정치 이론'이라 평가하기도 하지만 마키아벨리는 단지 목적의 달성에만 관심을 두고 있어 정확한 의미에서 과학적이라 할 수 없다. 인간은 자기 이익을 추구하므로 목적을 위해서는 수단을 가릴 필요가 없다고 말하는 것도 일반성을 띠기 어렵다. 자기가 주장하는 원리를 상식론에서 규정했을 뿐이다. 그의 이론은 홉스에 의해 보다 체계화된다.

마키아벨리는 인성을 이기적으로 보았다. 개인은 약하고 이기적이어서 상호 간의 침범을 막지 못하므로 이를 보호하기 위해 국가가 필요하다. 국가는 인성의 공격적, 획득적 약점을 막기 위해 강해야 한다. 인간은 대개 약해서 현명한 지배자의 정책과 기술이 강하면 복종한다. 인성은 보편적으로 이기심(Universal egoism)을 가지고 있으므로 정부가 그들의 재산과 생명을 보장하면 성공한 것으로 간주된다.

그는 인간이 보편적 이기주의를 가졌다는 것을 설명하기 위해 극단적인 예를 들었다. 재산을 상속 받으려면 아버지를 죽여야 한다는 것이다. 이 일은 개인의 도덕으로는 상상할 수 없는 일이지만 정치가는 비도덕적이라도 목적이 달성되면 인정된다는 말이다. 당시 이탈리아에서는 보편적 이기주의는 절대군주여야 임무를 다한다고 믿었다.

마키아벨리는 로마 공화국을 찬양하고 절대군주제를 찬성했다. 이탈리아는 부패하고 개인의 도덕성이 상실되어 공화정은 불가능하고 국민이 조잡하여 평화를 파괴한다. 공화정은 독일 일부와 스위스에서 가능하다. 공화정을 하려면 덕(Virtu), 운명(Fortuna), 필요(Necessita)가 있어야 한다. 필요로는 위의 극단적 예와 같은 정치수단이다. 이것은 당시 이탈리아 사정을 피력한 것으로, 이때는 절대권력, 절대군주만이 통일을 빨리 이룰 수 있다고 생각했다. 그가 로마 공화국을 찬양했음에도 군주제를 중시한 점에는 비판이 있다. 마키아벨리까지 인간은 도덕과 이성을 중시하나 현실 정치에서는 찾기 어렵다고 보았다. 이것으로 국가의 당위성 주장은 합당치 않다. 그러나 어떤 면에서는 기동력(도덕)이 목적이 된다.

자연법론에서 국가의 과업을 따로 설정하는 바와 같이 마키아벨리는 국가 이성의 이념 정립에 큰 기여를 했다. 창조적 능력과 기동적 능력에 의해 국가를 이끌어간다는 점에서 자연주의 사상을 계승하고 보편주의를 탈피하는 과정이었다. 군주, 즉 국가는 도덕이 아닌 이기적 술책을 주장한 그의 극단적 이론은 도덕과 종교를 아예 무시한 것은 아니며 필요에 따라 인정했다. 단지 당시 사회의 부패상으로 인해 극단론을 주장한 것이다.

그에 따르면 자연적 공격, 획득 본성으로 투쟁사회가 출현한다. 이 사회에서 정부에 수반하는 결점을 설명했다. 인간은 언제나 그들의 희망이 달성되지 못한 때에는 무지에서 나오는 오류를 범한다. 서로 상반된 이해가 균형을 가지면 사회는 안정을 유지한다.

그는, 로마가 강국이 된 것은 귀족과 평민의 대립이 불균형을 초래했고, 지배자는 강력한 권력을 가지고 이 난폭한 세력 대립을 외국 정복으로 전환시켜 이용하였기 때문이라고 생각했다. 마키아벨리뿐 아니라 현대 정치에서도 이런 현상을 볼 수 있다. 즉, 국가가 평민이나 귀족 어느 쪽에 치우치지 않고 이 대립을 이용하여 균형을 유지함으로써 권력을 강화한다. 이 점은 마키아벨리가 투키디데스의 혼합정부론, 혼합헌법론을 그대로 답습한 것이다.

전제군주제 이론은 왜 나왔을까? 낙후성 탈퇴를 위해 군주술책과 권모술수론이 필요했을까? 이탈리아가 부패해서 이 이론을 세웠다고 하는 것은 너무 피상적이다. 인간은 남의 이해관계를 용인할 때 덕을 시행한다. 군주론 과정에서 덕은 제2급 지위를 가진다. 덕 탐구성 유지는 지배자의 통치로 달라진다. 그의 이론은 부패상에서 출발하지 않고 보편적 이기주의에서 출발한다. 군주론과 공화론이 존재하는 혼합정부의 형태를 시인하고, 정치조직에서 리더십을 중시했다.

이기적 인간이 공공복지를 위해 노력하는 현상이 있을 때 언제 다시 악으로 변할지 모른다고 단정하고, 이를 덕화하기 위해 르네상스의 항구적인 인간, 곧 자연주의적 입장에 선 운명적 인간을 분석했다. 마키아벨리는 기독교의 종교사상을 인정했지만 종교는 인간을 비남성적으로 만들고 유약하게 만들었다고 공박했다. 또한 리더가 종교, 법률 기타 정책에서 취하는 덕을 개인과 비교해서는 안 된다고 했다.

마키아벨리는 국가가 성공하려면 1인 지배자(만능 입법자, Omnipotent legislator)가 법률을 제정하여 인민을 규제해야 한다고 보았다. 특히 부패한 사회의 이기적 인간을 격파하기 위해선 1인 통치가 필요하다고 했다. 그는 입법자 이론에서 입법자는 사회, 도덕, 기타 전체 구조를 지배할 행위 담당자, 곧 지배자에게 무제한의 권력행위를 허용했다. 이 지배자는 구체적 신체제로의 원리에 따라야 한다. 즉 인성은 이기적이므로 법률만으로는 무슨 일을 할지 모르니 지배자에게 강력한 권력을 허용한다. 여기서 그는 공적인 인간과 사적인 인간의 행위를 구별했다. 1인 지배자는 새로운 덕을 제공한다.

마키아벨리의 이런 사상은 16세기 이탈리아의 폭군 정치, 부패사회를 반영해 지배자에게는 절대권력이 필요하다고 본 것이다. 보편적 이기주의자인 인간에게 절대권력자는 역사적으로도 불가피하다는 것이다. 그는 공적 인간행동과 사적 인간행동을 구별했다. 지배자는 법률권 밖에 산다. 따라서 법률에 도덕을 반영할 수 있고 안할 수도 있으나 지배자는 법률권 밖에서 법을 제정한다. 지배자 자신은 법과 도덕의 권밖에 서서 절대 권위를 소유하는 것이다. 그러나 정치가의 공사행동은 구별해야 한다. 군주는 국가의 안정 여부에 따라 정치적 성공 여부가 판명난다. 정치적 목적을 달성할 필요성에 따라 그 수단으로서 살인, 독살, 음모 등 비도덕적 행위도 인정된다. 이로써 필요는 법을 무시한다는 이론에 도달한 것이다.

그는 "군주는 어떻게 하면 악을 할 수 있는가를 알아야 한다. 악을 이용하면서도 때에 따라 이것을 이용하지 않을 줄도 알아야 한다. 군주는 여론에 예민하고, 경제에 대해 인색하고, 방편에 따라선 잔인하다. 그로 인해 좋은 결과로 나타날 때에 한해 그는 옳다. 모든 방법을 다해 명예와 실리를 취해야 한다."고 주장했다. 이것은 마키아벨리를 간단히 표현한 것이다. 힘은 정의요, 목적을 위해 수단을 사용하고, 필요한 경우 법도 무시하는 이론을 단적으로 표현한 것이다. 1인 지배자에 대한 이론은 홉스에 의해 일반화되고 체계화되었다.

그러나 마키아벨리의 군주론에서 군주의 성격을 명백히 하는 그의 이론에 두 가지 혼동이 있다. 책략적 전제에 의해 법을 초월하는 모든 도덕사회가 되는 것과 민중의 정부에서 필연적으로 달성해야 하는 자유다. 그는 국가체제의 필요성에 따른 기술에 관해 언급했다. 군주가 국가를 만들고 평화를 유지하기 위해서는 살인, 독살, 음모의 방법을 취해야 한다는 것이다. 여기서 그는 혁명론과 정부론을 혼동하고 모순을 대립시켰다. 그는 전제군주에 의한 제도를 주장했다. 그러나 이 임무가 달성되면 이 이론은 의미가 없어지게 된다. 그러나 전제독재는 인간이 보편적 이기주의자인 이상 항구적으로 필요한 정치도구이다. 이에 대해 홉스는 사회계약에 의한 질서 확립의 근본목적이 정부확립 후에도 통치자의 이성에 의해 질서 유지가 가능하다고 주장해 마키아벨리 이론을 집대성했다.

마키아벨리는 '리비우스 논고'에서 로마 공화국의 자유와 자치를 높이 평가했다. 그는 이 책에서 절대주의 군주를 언급하지는 않았다. 그러나 국가의 덕은 법률의 우월성을 인정하여 법의 전제하에 시민적 덕(Civic virtue)이라 칭한다. 군주는 기본적인 원칙하에 법률을 제정하며, 군주도, 지배자도 모두 이 법에 규제되어야 한다. 법아래 다수의 인간이 참여하는 공화국 체제는 정치가 안정되어 있고, 선거로서 지배자를 선출하며 자유로운 동의와 지배자의 선출로 공공복지 달성이 가능하다. 이것은 부패하지 않은 민족도덕과 군주도덕을 시대판단으로 비교해볼 때 부패하지 않은 민족도덕에 의한 공화체제가 군주체제보다 좋다. '리비우스 논고'에서 그는 자유와 법률에 의한 정부 이론을 주장했다. 이 점에서 루소나 해링턴은 민주성격을 군주론보다 높이 평가한 마키아벨리의 '리비우스 논고'를 기회주의만이 그의 이론이 아니라 절찬했다.

그러나 '리비우스 논고'에서 공화국 정부를 찬양하고 '군주론'에서 군주 정부를 주장하는 원인은 그가 귀족정치와 귀족의 부패에 반발하여 귀족은 중산계급의 이익에 배치되며 군주정치활동에 장애가 된다고 보았기 때문이다. 그는 귀족을 시민정부의 적이라 했다. 귀족에 대한 반감에서 군주정치론을 강조한 것이다.

그는 "보르기아(Cesare Borgia)는 도둑질하는 귀족보다는 낫다. 보르기아는 무엇을 달성하기 위해 노력하기 때문이다."라고 했다. 보르기아에서 보통 군주가 갖지 않은 식견과 적극성을 찾고 있다. 그는 귀족에게 반감을 갖는 동시에 용병제를 배척했다. 고용된 귀족은 주인과도 싸운다며 시민병 제도를 구상했다. 마키아벨리는 국가권력의 대립은 국가를 부패하게 만든다고 보았다. 이 부패를 제거하기 위해 이탈리아는 통일되어야 한다. 통일을 위해 외국의 간섭을 배제하고 상인, 귀족, 용병 등 집권자의 권력대립으로 인한 불안한 사태를 일소할 리더십이 필요하다. 용병제 대신 강력히 훈련된 충성스런 군대조직이 필요하다. 그는 시민병 제도를 건의했다. 프랑스에 충성하는 군대를 시민병이라 했다. 이 제안을 헨즈(Henze)가 실시코자 했지만 재정난으로 중단되었다.

그는 시민병제도도 구체적으로 제시했다. 17세에서 40세까지를 군사로 동원하고, 이를 바탕으로 국가권력을 확대한다. 공화주의와 민족주의로 이탈리아 통일이 지상임무임을 강조했다. 그는 국가의 세 가지 근본적 지주로 종교, 법률, 병제(兵制)를 들었다. 지배자는 종교를 좌우할 수 있고, 법률은 만능적 권한이 부여되어야 한다. 그리고 이를 수행하기 위한 무기가 필요하다. 그것이 바로 병제다. 이 세 가지 지주는 이탈리아 통일을 위한 과정에서 마련되었다. 그러나 민족통일을 위한 모험적, 능동적 세력을 이상화한 것으로 끝났다.

그는 '군주론' 결론 장에서 메디치 집안을 가상해 이탈리아 통일군주로 출현되기를 희망했다. 이 같은 그의 민주, 민족, 군주주의는 그의 이론체계 중 정확히 계획된 것이 아니라 당시 역사에 대한 자기의 감상을 표시한 것에 불과하다. 국가행복, 국가번영을 위한 추상이지 민족적 규모에 따른 정책이라 할 수 없다. 그는 프랑스나 스페인 같은 민족 통일국가를 바라고 있었지만 이탈리아 통일에 대한 구체적 방안은 제시하지 않았다. 국가의 번영과 행복을 바라기는 했지만 민족국가의 전망에 대한 구체적인 대안은 제시하지 않았다. 다만 그의 민족주의는 고대 로마처럼 제국화되는 장면을 회상한 것이다. 그는 '군주론'에서 민족국가의 시민, 민족국가로의 방안에 대해 언급하지 않았다. 메디치 군주에 대한 피상적인 권고만 있을 뿐이다. 시대적 의의, 국가 이성과 중세 보편주의에서 탈피했다는 점에서 가치를 찾을 수 있다.

마키아벨리의 이론은 근대사에서 이해하기 어려운 부분이다. 그는 체계 없이 자신의 소망을 피력했다. 그는 냉정한 애국심, 열렬한 민족주의, 민족적인 신념을 표현하고 전제정치를 꾀했다. 그의 이론은 당시 사태로 보아 납득할 수 있지만 민주 민족의 신념을 완전히 묘사하거나 체계화하지는 못했다. 그의 사상은 경험과 광범위한 관찰에서 나왔지만 일반화, 체계화하지는 못했다. 그는 정치, 정치기술을 지나치게 강조한 나머지 경제, 사회, 종교 등 기초적인 문제를 등한시했다. 정치는 이런 기초적인 문제와 관련시켜야지 단순한 정치적 기술만으로는 이룩할 수 없다.

마키아벨리는 국가 이성에 대해 처음으로 고찰했고, 정치현실도 경험적, 현실적으로 고찰했다. 그는 '군주론'에서 주권(Sovereignty)이란 용어를 최초로 사용했고, 훗날 셰익스피어가 이를 작품에 언급해 보급했다. 주권적 정치체 개념 규정이다. 국가는 유기적 세력을 가지고 있어 그 영토에서 최고라는 주권개념을 명시한 것이다. 이것은 정치권력과는 구별된다. 근대정치제도에 있어서 개인권리 의무는 국가 이익에서 규정해야 하며 이 임무를 국가가 맡는 한 국가는 강력하게 통일되고 안정되어야 한다는 원리를 제공했다. 그는 모든 도덕, 경제, 종교의 여러 요소도 지배자가 국가이익으로 전환시킬 수 있다 했다. 정치는 경제, 사회, 종교 등 여러 요소를 기반으로 해서 문제를 해결해야 함을 강조한 것이다.

마키아벨리는 국가 이성을 미리 강조했다. 정치는 경제, 사회, 종교 각 요소를 국가로 전환가능하다고 했다. 16세기 구라파에서 국가 본질에서 국가 이성을 강조한 것이다. 만일 그가 종교개혁 이후 군주론을 썼다면 국가권력과 종교개혁문제로 복잡하게 되어 정치와 종교, 정치와 도덕을 분리시켰을지 아니했을지 의문이 남는다.

5

보댕

국가는 인민의 복지를 위해 존재한다

보댕(Jean Bodin, 1530-1596)은 아리스토텔레스의 형식(Form)과 방법(Method)을 학문에 결부시킨 사상가이자 르네상스와 연결시켜 현실을 본 인물이다. 그는 아리스토텔레스의 방법을 계승해서 현실적 관찰에 치중했다. 그는 민족의 문제를 사회학적으로 고찰했다. 그는 회의주의에서 민족이라는 도그마를 내세우지 않고 사회학적으로 어떻게 보느냐에 관심을 두었다. 그는 선험적 관념은 가치가 없고 경험만이 가치가 있다고 보았다. 사회도 관찰 수집해 이론을 전개해야 한다. 현실 요소와 형식을 구비했기에 방법으로서 모든 것을 관찰하지 않아도 그중에 유효한 패턴을 수집 분석함으로써 학문의 뜻의 살릴 수 있다고 했다.

그는 역사학에서 어떤 원칙에 따라 자료를 검토해야 하고 귀납적, 연역적 방법으로 연구해야 한다고 했다. 그는 아리스토텔레스의 방법과 형식을 결부시켜 사회학, 역사학을 보았다. 과거의 역사적 사실도 국가정책에 얼마나 의미가 있는가를 가려내는 것이 역사학의 궁극적인 목적이라 했다. 역사연구는 국가의 장래를 위해 어떤 원칙을 끄집어내야 한다. 즉 역사학은 역사자료를 통해 어떤 정책을 어떻게 실현할 것인가 그 방편을 마련하는 것이다. 그는 역사학의 목적과 기능을 이처럼 의식적으로 취급했다. 그는 수집한 역사적 사실이 어떤 의미를 가지는가를 의식적 입장에서 파악한 최초의 학자가 되었다.

그는 역사학의 객관성을 주장했다. 그는 편협한 민족성을 초월한 입장에서 지배자의 행정형태와 중산층의 나아갈 길을 지적했다. 역사학은 지식을 얻고, 국가의 장래를 위해 공헌하며, 정치가 군주에 권고하는 것을 임무로 삼아야 한다. 역사학은 단지 위인전이나 행태기에 치중해서는 안 된다. 그 이상의 무엇을 끄집어내야 한다.

그는 역사를 분석함에 있어서 인간이 사회생활에서 지배자와 어떤 연관성을 갖는가를 파악하도록 했다. 지배와 피지배의 정치문제는 그 나라의 문화, 경제와 밀접한 연관을 갖고 있기 때문에 정치를 잘 하려면 인간의 습성이나 야심을 알아야 한다고 했다. 개인의 행태보다 보편적인 원칙문제를 중시했다. 즉 구체적 사실은 일반원칙에 비춰 해결하고, 개별적 사실도 보편적 원칙을 설명한다는 목적아래 객관적으로 수집하고 관찰해야 한다. 그리고 역사는 귀납적 방법에 따라 추구되어야 한다. 객관적으로 수집한다 해도 오류가 있을 수 있지만 그것이 바른지 그른지를 구별할 수 있어야 한다.

역사가는 이 자료를 통해 변화의 원칙을 발견해야 한다. 통치자가 그것을 통해 어떻게 정치를 잘해 나라를 발전시킬 수 있는가를 교훈할 수 있어야 한다. 역사는 우연이 아니고 인과관계에 적용되기 때문이다.

보댕은 법률은 반드시 기본원칙이 있다고 보았다. 인간의 법은 일반법칙에 따른다. 그러나 이 인간의 법은 자율 자체 내에 있다. 인간의 한정된 조건에서 법률 자체에 국한한 것이지 모든 객관성을 반영한 것은 아니다. 일반원칙도 역사적 경험과 민족성에 따라 달라질 수 있다. 나라마다 법률원칙과 제도가 다른 것은 각 민족의 환경이 다르기 때문이다. 그는 기후에도 주목했다. 법률제도와 국가의 형태가 기후 영향을 받는다는 것이다.

보댕은 경제에 관해서도 논했다. 그는 화폐의 가치변화는 화폐의 유통량에 달렸고, 상품을 교환함으로써 매매 쌍방이 다 같이 이익을 본다고 했다. 군주는 안정된 화폐정책을 써야 한다. 또한 군주는 경제활동을 활발하게 촉진시키기 위해 이윤추구를 장려하고 외국과의 무역을 장려하며 부패를 일소하기 위해 매관매직을 납세청구권으로 억제해야 한다고 했다. 납세청구제도는 로마시대에서 프랑스 시대에 이르기까지 계승된 것이다. 경제가 좀먹으면 인민의 불평은 혁명의 원인이 되기 때문이다. 그는 자유경제론에서 종교적 지배, 길드지배를 벗어나 국가번영을 위해 국가통제를 주장했다. 자유경제를 통한 건전한 경제활동을 위해 금은통화정책(Bullionism)을 주장했다. 보댕의 중상주의는 기본적으로 개인보다는 국가의 이익을 중시하고 관세, 수입금지 품목 등 모든 경제활동을 위정자가 통제하도록 했다.

보댕은 주권론(Sovereignty)을 제시했다. 주권론은 원래 모든 사람은 평등해야 한다는 로마의 만민법(Jus gentium) 원리에서 나왔다. 당시 로마는 정복에 따른 불완전한 사회를 통일로 이끌기 위해 이 보편적인 원칙이 필요했다. 새로 나타나는 민족국가를 통일국가로 만드는 데 필요했다. 나아가 그는 아리스토텔레스가 말한 가족 협동심을 사회정신, 곧 이성이라 말하고, 이를 만민법 원리와 결부시켜 국가의 필연성을 주장했다. 국가는 가족, 로마의 만민법, 이성원리에 따른다는 것이다. 당시 국가는 도시국가에서 민족국가(Nation state)로 전환되는 시기였다. 민족국가에는 권력의 집중이 필요하고, 권위가 있어야 유지가 가능하다. 목적달성을 위해서는 최고 권력에 통일되어야 한다. 그것이 바로 주권이다. 주권은 영구적이고 불가분한 것으로 법률에 구속되어서는 안 된다(Legibus soluta). 주권은 한 국가의 절대권력이고 영속적인 권력이다. 주권은 어떤 권력에도, 어떤 책임에도, 어떤 시대에도 제약되지 않는다. 그는 이러한 가상적인 국가 최고 권력을 주권이라 하고, 이 주권개념으로 국가의 미래를 설명하고 방향을 정당화했다.

이런 점은 마키아벨리에서 더욱 심하게 나타난다. 마키아벨리나 보댕은 국가의 권력을 혼동하고 그것을 군주 개인과 결부시켰다. 그들은 사회의 부패를 고쳐주는 방편으로 군주의 절대주의에 의존했다. 보댕은 "군주는 법의 구속을 받지 않는다."고 했다. 로마법 이념을 새로운 권력개념으로 변장시킨 것이다. 군주는 신민의 참정권, 곧 외부의 규제에 하등 제약을 받지 않는다.

그렇다면 보댕이 생각하는 국가는 무엇인가? 그에 따르면 국가는 인민의 복지를 위해 존재한다. 지상에서의 천국건설을 목적으로 한다. 주권은 법에 구속받지 않는다. 국가가 의무를 가질 때 법을 만든다. 당시 프랑스는 국가의 통일이 필요했고, 최선의 국가를 만들기 위해 국가의 의사가 명백히 요청되는 시대였다. 절대적 최선의 국가란 결코 존재하지 않지만 각 국가가 여러 문제를 현명하게 잘 살피기 위해 만든 것이 법이다. 국가의 주권자는 정부를 수립하고, 각 행정부는 각 정책을 시행한다. 정책과 정책시행은 통일적이고, 하나의 체계에서 운영된다.

그는 정책수립과 집행, 정부기능에 따라 국가형태를 군주정치, 귀족정치, 민주정치로 나눴다. 그에 따르면 군주정은 주권을 충분히 실현하는 국가 형태이다. 귀족정치는 능률적인 행정운영이 불가능하므로 군주정이 우월하다. 민주정치는 인민이 자발적으로 국가의 방향을 수락할 때에 한해서 가능한다. 모든 사람이 같은 방향을 수락할 수는 없기 때문에 비능률적이다. 그는 이처럼 국가형태와 정부형태를 구분했지만 질서만 유지된다면 그 형태가 문제가 아니다. 오히려 주권의 의사를 어떻게 정책에 반영할 것인가가 문제다.

국가는 계속적으로 성장하고 발전하지만 한 가지 길로 가는 것이 아니다. 주권자가 전권을 가지고 정책을 바꿔 변화를 도모하기도 하고, 혁명을 통해 변화를 시도하기도 한다. 혁명은 주권자의 변경을 의미한다. 혁명은 예측 불가능하고, 인민이 좌지우지할 수도 없다. 그 시대의 독특한 조류에 따라 불가피할 수도 있다. 혁명의 성공 여부는 지도자에 의해 결정된다.

보댕은 국가가 과세나 경제적 통제를 통해 부자의 등장을 견제하고,

군주는 법을 통해 정의를 실현하며 관습을 준수하도록 했다. 법률이 관습법에 위배되어서는 안 된다. 종교는 국가질서의 기본이 되고, 위정자는 치안이 확보되도록 해야 한다. 위정자도 관습법에 따라야 한다. 주권자는 사유재산이 침범되지 않도록 해야 한다. 절대군주와 국민 사이에 거리감을 해소하기 위해 인민 복지를 향상하도록 했다. 그는 평화를 내세우고 법치국가를 위한 시민적 욕구, 공공의 이익을 위한 욕구를 반영시키고자 했다. 국가의 법이 이성의 지배를 벗어난다면 모든 법은 퇴화되고 없어질 것이다. 주권자도 위험에 처한다. 이런 점에서 그는 매우 현실적이고 이성적이었다.

국가는 언제나 이성에 입각하여 국민의 복리를 위한 행정을 통해 통일을 이뤄야 한다. 그는 결코 권력남용을 전제한 절대주의를 논하지 않았다. 오히려 절대권력은 절대적으로 망한다고 보았다. 그는 절대군주론을 주장했지만 주권자가 모든 것에 구속받지 않는다는 것으로 해석한 것은 아니다. 인간은 신의 법, 자연법에 구속되므로 최고 권력자라도 자연법과 신의 법에서 벗어날 수 없다. 그는 자연법 테두리 안에서 인간의 이성적 지배를 강조했다. 이런 점에서 그는 마키아벨리와 다르다. 그는 마키아벨리를 가리켜 '가장 경솔하고 악랄한 인간'이라 했다. 이것은 보댕과 마키아벨리가 얼마나 다른가를 극명하게 보여주는 말이다.

6

토마스 홉스

국가는 시민의 이익을 보장해야 한다

홉스(Thomas Hobbes, 1588-1679)의 아버지는 목사였다. 그는 청교도 지배아래 있던 옥스퍼드에서 교리를 연구했다. 그는 데카르트의 영향을 받아 수학적 기하학적 유물론에 입각하여 자연현상에 대한 이론을 수립하고자 했다. 자연현상은 물리 운동을 한다. 그중에서도 인간이 만들어낸 국가는 어떤 물리 운동을 하는가, 그리고 국가의 한 구성요소인 인간은 어떤 물리 운동을 하는가.

이 구상에 따라 국가론을 썼다. 1642년 그는 정치논문인 '시민론(De Cive)'을 라틴어로 썼다. 그 내용을 보편화하고 확대시켜 영국내란과 연관시킨 것이 1651년에 나온 그의 획기적인 책, '레비아탄(Leviathan)'이다. 그는 이 책에서 속권을 너무나 강조하여 성공회 성직자, 프랑스 가톨릭으로부터 혹독한 비판을 받았다. 왕당파도 그를 공격했다. 그 뒤 홉스는 '인간론'을 출간하여 속권주의를 노골적으로 드러냈고, 무신론적 입장을 명확히 했다. 홉스의 저작은 옥스퍼드 뜰에서 불살라졌다.

홉스는 자연적 이념에서 사실의 합리화, 질서화를 전망했다. 그가 현실주의를 취한 것은 대륙여행에서 베이컨의 영향을 받았기 때문이다. 그는 대륙에서 유물론자와 접촉하고 데카르트의 철학에 접근했다. 당시 영국은 종교적 대립으로 대륙에 비해 세속화되었다. 산업시민의 이해관계가 종교문제보다 앞섰다. 데카르트의 기계론적, 인과론적 철학, 곧 기계주의적 유물론을 갈릴레이의 역학과 규합하여 이론체계를 구성하고자 했다.

물체에는 자연적 물체와 국가와 같은 인공적 물체가 있다. 인간은 두 물체의 중간에 존재한다. 따라서 인간도 물체운동에 의해 설명되지 않으면 안 된다. 제일 먼저 인식의 근원은 감각이다. 감각을 통한 감각은 기억이다. 이 기억을 축적하면 감각적 경험이 된다. 여기서 인간은 미래에 대한 예견능력을 가진다. 그 능력에 따라 욕구하고 노력(운동)을 한다. 자기 보존과 자기 확장 욕망도 가진다.

그는 이에 입각하여 사회 이론을 전개했다. 인간이 이런 욕구를 하는 것은 자연법에 따른다. 각자가 생명유지를 위해 원하는 대로 힘을 사용한다. 그것이 자연이다. 이 자연법은 그로티우스나 로크가 말하는 일반적 자연법과는 성격이 다르다. '만인 대 만인의 투쟁(Bellum omnium contra omnes),' '인간은 인간의 늑대(Homo homini lups est)'란 자연법에 해당한다. 자연법이 통용되는 곳에서는 이기심에 따라 서로 대립하고 모순된다. 공통된 힘이 없기 때문에 법이 없다. 따라서 정의도 없고 선악 개념도 없다. 일체의 보장이 없으므로 근로, 경작, 무역, 기술, 문자는 존재하지 않는다. 사람이 평화를 염원하는 것은 죽음에 대한 공포에서 나온다. 그들은 쾌락한 생활수단을 바라고 노동을 통해 획득 가능하다. 인간은 이성을 가지고 있으므로 이성을 작동시켜 평화를 지향하는 적당한 조건을 제시하게 된다. 이 의도에서 협정, 곧 계약을 맺는다. 여기서 자연권을 이성에 의해 합리적으로 실현할 수 있는 조항을 맺게 된다. 이 자연법칙이 인간을 의무화, 규제화 하는 조항이다. 이 자연법칙이 본능적 욕구인 자연권을 제약하는 계약이다. 자연법에서 벗어나기 위한 제약적, 의무적 규정이다. 자연법에서 벗어나서 자연법칙을 지향하기 위해 인간은 권리를 양도하게 된다. 이것이 바로 그의 사회계약설이다.

그러나 계약이 있다고 해서 목적이 달성되는 것은 아니다. 공적인 권력이 보태져 자연법칙, 생의 권리가 보존된다. 인간은 동의에 의해 한 사람 또는 권력체에 권리를 양도하므로 국가가 생긴다. 국가가 개인의 권리나 공적 권리를 보장한다면, 다시 말해 질서를 담당하는 것이 국가라면 군주정이든 공화정이든 불문에 부친다. 질서유지를 위해서는 절대권을 가진 군주정이 최고라고 그는 말한다.

그의 군주정, 주권론은 왕권신수설인 예전 이론이 아니라 평등한 개인의 자연권에서 전개되는 권력론이라는 점에 특징이 있다. 데카르트의 "생각한다, 고로 나는 존재한다."는 개인의 자주성을 의미하고 개인의 주체성을 강조한 것으로 근대적 자아를 확인한 것이다. 이와 같이 국가의 권력을 평등한 개인의 합의라 할 때 이것은 당시 시민계급의 자주성을 확인한 것이다. 또 생명의 존재, 사유재산의 보존을 위해 국가의 질서를 강조한 것은 시민사회의 성격이 개인의 자주성을 강조하고 있음을 보여준다.

그에게 있어서 자연법칙이나 사회계약은 이성의 절대명령이다. 이성의 항구성을 인정했다는 점에서 그로티우스와 홉스는 자연법 학자이다. 그러나 홉스에게 있어서 인간의 이성은 전부가 아니다. 인간의 본성은 격정, 이기심을 가진다. 인간은 이성보다 격정적, 이기적인 면이 강하다. 하지만 이성의 식을 통해 만인 대 만인의 투쟁은 만인 대 만인의 계약을 가능하게 하고, 이렇게 하여 국가가 만들어진다. 인간의 야수성을 막기 위해 국가는 더욱 강력해야 한다. 그래야만 이성의 절대명령에서 나온 자연법칙을 유지하는 것이 가능하다. 국가 권력자는 인민을 상대로 계약을 맺는 것이 아니라 각 인간의 계약에 입각하여 무제한의 권력을 부여받는다. 국가에의 복종은 신이 정해준 자연법칙이다. 이것을 믿느냐 안 믿느냐는 개별의 문제다. 홉스는 권력 남용을 부정하고 국가권력자의 이성적 통치를 강조했다. 권력자는 권력 남용이 아니라 민중의 복지(Salus populi)를 실현할 의무가 있다. 국가 권력자는 최고의 합리성, 목적성을 구비해야 한다. 그는 자연주의자로서 계몽주의적 전제로 이성을 인정하고 이의 실현을 말한 것이지 무제한의 권력남용을 말한 것은 결코 아니다. 이런 점에서 마키아벨리의 절대주의와는 성격이 다르다.

그는 시종일관 국가를 유지하기 위해서는 개인 시민생활의 이익을 보장해야 한다고 말했다. 국가의 목적을 개별적 시민의 이익 촉진에 둔 것은 벤담의 공리주의의 변형으로, 그의 이러한 이론은 야경국가 이론에서도 찾아볼 수 있다. 그의 이론은 절대주의지만 절대 자체를 위해서가 아니라 다수의 이익을 가져오기 위한 목적이 있다. 시민혁명에 지치고, 종교전쟁에 지친 그들에게 시민질서의 확립은 절실한 것이다.

보댕의 이론이 절대주의 성립 초기의 이론이라면 홉스의 이론은 절대주의가 확립된 시기의 대표적 이론이다. 레비아탄은 영국 내란기의 공포와 종교개혁으로 인한 급격한 변화로 민족국가의 근원이 흔들리는 시대에 태어났다. 그는 이 저서를 통해 시대의 문제를 해결하고자 했다. 그는 경제적 개인주의, 기업의 자유가 국가에 의해 저지되지 않기를 바랐다. 또한 왕의 신성권, 개인의 종교자유, 이성, 재산권이 조화를 이루어 사회가 안정되기를 바랐다. 그러나 그에 대한 비판도 만만치 않다. 왕의 신성권 인정은 권력을 정당화시키고, 개인의 생명과 안전을 강조한 나머지 혁명권을 거부한 셈이다. 나아가 레비아탄은 독재를 정당화했다. 그 시대의 문제가 심각하여 오히려 현실과 맞지 않는 이론체계를 세운 것이 아니냐는 비판도 받는다.

당시 사정을 고려한 홉스는 사회 안정을 창조하기 위해 절대주의 이론으로 결론을 내릴 수밖에 없었다. 국가는 무정부상태를 제거하기 위해 생긴 것이라는 것은 이것을 반영한다. 그러나 로크의 이론은 다소 사정이 다르다. 종교전쟁, 종교혼란이 제거되고 신성주권도 해결되어 대의제도가 확립된 순조로운 시대였다. 그러다보니 온건한 개혁, 온건한 정부 이론을 주장했다. 로크에게 있어서 국가는 인간본성에 입각하여 사회질서를 개량할 수 있는 도구였다. 홉스의 꿈은 이보다 절실했다.

7

벤담

최대 다수의 최대 행복을 실현하라

벤담(Jeremy Bentham)은 공리주의자(Utilitarian)다. 공리주의자들은, 개인은 고통을 회피하고 쾌락을 추구한다고 본다. 개인이 어떻게 행동해야만 최대 다수의 최대 행복을 실현할 수 있을까를 추구한다. 벤담의 공리주의는 제임스 밀(J. mill), 존 스튜어트 밀(J. S. Mill), 그로테(George Grote), 베인(Alexander Bain), 오스틴(John Austin), 리카도(Ricardo)에 계승되었다.

공리주의는 인간 개인이 자기 이익을 도모한다는 전제에서 출발한다. 사상적으로는 고대에 속한다. 에피쿠로스가 인간의 쾌락을 주장했기 때문이다. 개인의 행복에 대해서는 소피스트들이, 개인의 향락과 쾌락에 대해서는 에피쿠로스학파의 관심 사항이었다. 철학적으로 보면 너무 세속적이고, 체계적이기보다는 구체적이고 실증적이다. 그들의 사고는 개인적이다. 아담 스미스에 따르면 인간은 집단사회에서 개인의 욕구를 충족시키기 위해 행동한다. 시민사회도 예외는 아니다. 인간은 기본적으로 자기를 보존하고자 하는 욕망을 가지고 있다. 고통을 피하고 쾌락을 취하는 것도 같은 맥락이다.

벤담은 인간이 자기의 쾌락만을 취하려는 이기적인 성격을 가지고 있다며 나름대로 공리적 이론을 체계화했다. 그는 개인을 행복의 단위로 하여 개인 행복의 총화에 따라 최대 다수의 최대 행복을 공리주의 모토로 삼았다. 존 스튜어트 밀은 행복을 양에서 질로 바꾸고 사회복지 면으로 벤담의 이론을 전환했다. 밀이 사회복지 정책을 개인 행복에 둔 것은 다른 공리주의자들과 같다.

벤담은 홉스의 이론을 답습했다. 홉스는 유물론 입장에서 종교를 무시하고 과학을 존중했다. 그리고 인간을 감각에 의해 노동하는 이기적 동물로 보았다. 홉스는 인간의 악을 다스리기 위해 권력, 곧 레비아탄이 필요하다고 보았다. 벤담도 인간을 자기 향락을 위한 이기적 존재로 보았고, 인간이 이기적 존재라면 이기적 동물은 국가입법으로 강력히 다스려야 한다고 주장했다. 그는 철저히 유물론의 입장에서 인간이 악하다 해도 제도로서 그것을 다스려나갈 수 있다고 보았다. 홉스의 물리학 개념을 사회학에 그대로 적용한 것이다.

벤담은 국가 법률에 의한 사회개량을 주장했다. 인간의 이익은 자연적으로 조화될 수 없고 인위적으로 조화되어야 하는데 이럴 땐 강제로 그들을 복종시켜야 하는 권위주의적인 국가가 필요하다. 그는 법이 옳거나 권위주의라 할지라도 위정자가 좋다면 유효하다는 생각을 했다. 이것은 당시 영국의 조건이나 그 자신의 경험을 그대로 반영한 것이다.

국민들이 행복해하지 않을 땐 어떻게 할까? 그것은 권력자가 국민의 이익을 무시하여 다수의 이익에 반하는 행동을 하기 때문이다. 이 문제를 해결하기 위해서 소수 권력을 다수 권력에 복종시켜야 한다. 정부와 입법이 다수에 의해 다스려지면 피치자는 언제나 행복 가능하다. 다수결 민주 이론이다. 이 점에서 최대 다수 최대 행복이론이 민주주의와 결부된다. 하지만 그는 여당위원들을 이기주의자가 아닌 성자나 공리주의자로 간주하고 이들에 복종하면 최대 다수 최대 행복을 얻는다며 다수의 민주 이론을 엉뚱한 것에 응용하기도 했다.

최대 다수의 최대 행복은 1인 1표제를 지향한다. 훌륭한 생각을 하는 사람이나 세금을 많이 내는 사람을 더 계산하지 않고 머리수에 따라 계산해야 한다는 것이다. 이것은 권위국가론에 상치된다. 벤담에게 있어서 사회단위는 개인이다. 개인만이 고통과 쾌락을 판단한다. 하나의 원리로서 머리수에 따라 개인을 취급한다. 인간의 질을 문제시하지 않는다. 입법자라면 국민다수 행복에서가 아니라 과학적 계산방법에 따라야 최대 다수의 최대 행복에 달성한다. 벤담의 행복론은 소크라테스의 인간과 돼지의 행복을 똑같이 취급한다는 비난을 받는다.

그에 따르면 인간은 누구나 쾌락에 의해 움직인다. 그가 이기주의자라면 현명한 입법자는 인위적으로 이해관계를 동일화할 적당한 시스템을 발견해야 하며 이기주의자가 다른 사람과 조화를 이루도록 해야 한다. 현명한 입법자와 국민을 다른 각도에서 해석한 것이다. 국회의원은 신성한 입법자로 개인, 곧 원자적 존재를 초월한다. 국회의원 가운데 이기주의자도 많다. 그럼에도 이기주의적인 다수에 의해 모든 문제가 해결된다는 것은 모순이 있다. 그러나 이 문제에 대해 다수파의 의견을 소수가 존중하여 사회문제를 극복해 나감을 전제한다면 소수는 다수에 양보하므로 이기주의적이라 볼 수 없다. 이 같이 만일 인간이 대립된 이익을 원활하게 극복해 나간다면 강력한 권한을 요구할 입법자는 필요 없다.

벤담은 또 두 개의 대립된 견해를 배합했다. 인간은 인위적으로 조화롭게 된다는 이론과 인간의 이해관계는 자연적으로 조화된다는 대립된 의견을 종합한 것이다. 하나는, 정부를 공평한 존재로, 입법기관은 공평한 법안을 만들므로 강제 복종시켜야 한다. 다른 하나는 무정부적 전망으로 자유방임의 근원을 이룬다. 하나는 권위주의 국가를, 다른 하나는 자유방임적 국가체제를 옹호한다. 인간의 자연적 조화를 시인하면 우민적 민주정치로 결론이 난다. 또 그들의 이해관계는 언제나 다수와 소수가 대립한다고만 볼 수 없다. 대립 양상이 그대로 존재하면 해결이 안 되는 문제를 정부에 전가시킴에 불과하다.

벤담의 이론은 영국 역사에 있어서 중앙정부나 지방정부로 하여금 국가를 이롭게 하는 방향으로 해결방안을 제시했다. 당시 영국은 상업, 자유무역이 발전했다. 이 흐름과 보조를 같이하여 정부의 불간섭에 의한 경제 산업 발전을 옹호했다. 산업발전에 따라 모순이 대립되면 공리주의자들의 영향은 종말을 보게 되므로 다른 각도에서 추구해야 한다. 영국의 공리주의는 영국 자본주의 경제활동에 큰 원리를 제공했다. 양자 대립된 모순에도 현실 타개의 유리한 전망을 보여주었다.

벤담은 자기주장에 반대론이 있음을 인정했다. 인간이 어떻게 행복을 누릴 수 있는가? 사회제도는 관행적이다. 이 사회제도가 현재에도 사용되고 있는 한 반문은 필요하지 않다. 사회제도는 방임하는 것이 사회생활에 좋다. 관행적 배열은 어느 정도에서 다른 방도로 대치할 필요가 있다.

두 개의 원칙, 곧 자연적 원칙과 인위적 조화 원칙은 기본적으로 서로 모순되어 그들을 철학적 과격주의(Philosophical radicals)라고 했다. 이것은 공리주의자들이 인간을 이기주의자로 가정하고, 자신들은 어디까지나 입법자, 계획자라는 자부심을 가지고, 그 위치에서 구제도에 대해 과감한 시행을 주장했기 때문이다. 사회는 서로 대립되어 있고, 인간은 제한된 지식, 편협한 이해심과 동정에서 행동하므로 극단적 부조화 상태에 있다. 이에 대해 강제적 방편으로 인간을 조화시켜야 한다고 주장했다는 점에서 철학적 과격주의라 한 것이다.

부조화를 해결하기 위해 인간을 양으로 취급했다. 일인 몫이다. 그리고 최대 다수의 최대 행복을 내세웠다. 사람은 사람이 아니라 1개의 단위 사례에 불과하다고 본 냉정하고 과학적인 방법이다. 벤담은 명확한 이해관계 대립에서 인간행위를 규정하고, 여기에 계획을 강조했다. 만일 입법자나 계획자가 옳다면 그들 권한이 더 강할수록 목적을 유효하게 성취할 수 있다. 이 이론을 발전시키면 히틀러의 독재정치도 옹호된다. 반대로 계획자, 곧 벤담 자신이 겸손한 자이거나 협동심을 가진 인물이라면 반대의 결론이 내려진다. 플랜의 계획자와 발동자가 같다면 각자는 자기 일을 잘 맡아 할 것이므로 협동적인 성격이 나타난다.

역사적으로 계획자 문제는 마르크스에 의해 과학화, 독점화되었다. 벤담의 이론에서는 자연적 조화만 남는다. 마르크스 이론에서 사회주의가 성립되면 국가는 소멸된다. 국가 소멸은 그의 전망일 뿐이다. 마르크스의 소멸론에 자연적 사회, 국가권력 강화란 모순이 포함된 것과 같이 벤담의 이론에도 두 개의 모순이 포함되어 있다. 벤담은 인간과 사회를 너무 단순화했다. 그럼에도 불구하고 사회발전에 있어서 구체적 문제해결 원리를 제공했다는 평가를 받고 있다.

8

밀턴
정의와 평화, 사랑이 가득한 영원의 세계를 회복하라

밀턴의「실낙원」, 제1부는 이렇게 시작된다.

"인간의 최초의 거역 그리고 금단의 열매 그 치명적인 맛으로 말미암아 죽음과 숱한 재앙이 세상에 들어와 에덴을 상실하고 말더니 다시 없이 위대한 한 분이 우리를 구원하여 다시 낙원을 찾게 되었나니 노래하라, 천상의 뮤즈여."

한마디로 밀턴의 신앙고백이다. 아니 구약과 신약을 관통하는 중요한 내용을 이렇듯 한 마디로 표현하였다. 뮤즈는 시의 여신이다. 뮤즈에게 시의 영감을 바라는 것은 대서사 시인들의 수법 중 하나이다. 밀턴의 뮤즈는 이방의 시신이 아니라 성령을 통해 영감을 받는 것이리라.

아담과 이브가 금단의 열매를 맺기 전 그들은 에덴에서 사랑을 노래하며 살았다.

"동방에서 아침이 그 장미 빛 발자국을 옮기며 빛나는 진주를 대지에 수놓을 때 아담은 부스스 눈을 뜬다. 이브가 머리는 흐트러진 채 뺨을 붉게 물들이고 아직 잠에 취해 있는 것을 보았을 때 그는 더욱 놀라워한다. 항상 강렬한 매력을 지닌 이브의 아름다움을 서풍이 화신에게 속삭일 때처럼 그녀의 손을 살며시 만지며 부드러운 목소리로 속삭인다.

'아름다운 나의 아내여, 잠에서 깨어나 눈을 뜨라. 갓 얻은 하늘의 최후의 최선의 선물, 나의 만년 새로운 기쁨이여, 일어날지어다. 아침은 빛나고 청신한 들은 우리를 부른다. 이 깨끗한 새벽의 환희를 놓치지 말고 맛보자.'

아담이 속삭이며 이브를 깨우니 그녀는 눈을 뜨고, 그를 껴안고 말한다.

'아, 내 마음의 안식처인 단 한 사람이여, 내 영광이며 나의 전부이신 남편이시여. 임의 얼굴을 보고, 아침 돌아옴을 보니 이 기쁨 감출 수 없나이다.'"

사랑의 찬가는 계속된다. 아름다운 시와 기쁨이 있는 에덴이다. 황홀함이 넘친다. 그뿐 아니다.

“만물은 그대를 보고서 기뻐하고 그대의 아름다움에 매혹되어 그대를 찬미한다.”

에덴에선 자연도 인간을 보고 기뻐했다. 인간이 그토록 아름다웠던가.

그런데 금단의 열매를 먹음으로 에덴을 잃다니. 참으로 애석하다. 다음은 에덴에서 쫓겨나는 모습이다.

“천사가 머뭇거리는 우리의 양친을 두 팔로 잡아 동쪽 문으로 곧장 인도하여 낭떠러지로 내려 아래 들판에 다다른다. 그리고 사라진다. 그들은 돌아본다. 지금까지 행복했던 낙원의 동쪽 터전을, 허나 지금은 그 위에 화염검이 기승을 부리고, 문에는 무서운 얼굴과 불 무기가 가득하다. 눈물이 저절로 솟구쳤으나 그들은 즉시 손으로 훔친다.”

이것은 「실낙원」의 끝부분이다. 눈물을 훔치는 아담과 이브, 그에 대해 자연은 더 이상 인간의 아름다움을 말하지 않는다. 하늘의 뜻을 배반한 자들에게 찬미는 사치다.

우리는 지금 그 에덴을 볼 수 없다. 더 이상 하나님의 이름을 부를 자격은 없지만 거룩한 자의 공로로 하나님 앞에 나아갈 수 있게 되었다. 감사한 일이다. 그러나 이 세상에서 신앙을 갖는 것도 쉽지 않다. 박해가 따르기 때문이다.

밀턴은 말한다.

“끊임없이 영과 진리를 숭상하는 이들에게 혹독한 박해는 그치지 않으리. 대저 형식적인 의식과 겉치레로 신앙이 세워지리라 생각하는가. 진리는 지탄의 화살에 쓰러지고, 신앙의 대업은 사라지리라. 이렇듯 세상은 의인에게는 불행을, 악인에게는 행복이 겹쳐 억압받고 신음으로 이어나가다 마침내 의에 문이 열리고 악에 복수의 때는 닥친다.

앞서 그대의 구원을 약속한 자, 그 여자의 씨 되돌아오는 그때—희미한 예언이었으나 그분은 이제 그대의 구주로, 주님으로 나타나시며 마지막 하늘의 구름을 헤치고 천부의 영광으로 나타나시어, 사탄과 그 거짓투성이의 세계에 파멸의 응징을 주면 불길 속에서 단련되고 순화되어 새 하늘과 새 땅이 떠오르고 정의와 평화, 사랑으로 가득 찬 영원의 세계에 임하며 구원의 환호, 축복의 열매를 얻으리라.”

새 하늘과 새 땅. 그것은 잃어버린 에덴의 회복이다. 그는 그곳을 ‘정의와 평화, 사랑으로 가득 찬 영원의 세계’라 했다. 아니 구원의 환호가 넘치고, 축복의 열매가 주렁주렁 달린 곳이다. 그래서 우리는 늘 영원을 사모하며 산다. 그곳이 우리가 살 고향이기 때문이다.

그곳에서 우린 그동안 잃어버린 시적 감각을 회복해 나의 아담과 나의 이브를 향해 노래할 수 있으리라. 나의 입술에서 진정 찬미가 넘치고, 하늘은 기뻐하리라. 산 자여, 더 이상 실낙원에 머물지 말고 복락원으로 가라. 정의와 평화, 사랑이 가득한 영원의 세계를 회복하라.

9

토마스 힐 그린
도덕과 인격의 완성을 위해 국가가 중요하다

그린은 국가의 윤리적 성격을 강조한 도덕철학자였다. 모든 정치제도는 시민이 자기의 인격을 발전시킬 가능성의 여부에 따라 판단되어야 한다. 도덕적 측면에서 볼 때 인간은 자기 목적을 달성하기 위해 행동할 자유를 가진다. 그러나 그 행동은 공동선을 위한다는 전제에서 가능하다.

공동선의 승인은 대개 법으로 표시되어 있다. 인간은 법률제도나 평등원리에 종속될 때 자기 행동이 허용되며 법률 자체는 정당성을 가져야 한다. 개인이 자기완성을 실현하도록 법이 기능하는 경우 개인은 이에 적극적으로 순응한다. 국가도 국민의 행복을 위해 기능하면 그 존재를 인정받는다. 국가나 법은 단순한 물리적 힘에 의지하지 않는다. 법이 공동선을 유지하고 자기완성을 가능하게 할 때 법률은 준수된다. 법이 공동선보다 부분적 이해관계에 더 준한다면 이 법에 복종할 필요는 없다. 거부할 수 있다는 말이다.

국가는 공동선을 보장하고 이것이 추구되도록 통제할 필요가 있다. 개인이 자발적으로 실행할 수 있도록 장애물을 제거하는 것이다. 국가는 적을 막고 범죄를 방지하는 것 이상의 최고 목적을 가지고 있다. 도덕을 실현하는 것이다. 개인의 공동선을 균등히 하기 위해 계약의 자유도 제약되어야 한다. 제멋대로 계약을 하면 공동선에 장애가 될 수 있기 때문이다. 국가는 도덕적, 지적 최고선을 다할 수는 없다. 그러므로 국가는 교육, 공장관리, 소작제도에 중점을 두어 사회를 개량해 나가야 한다.

그린은 국가가 경제문제에 간섭해야 한다고 보았다. 토지소유의 기본원리를 분석하고 소유자만이 가지는 자유를 비판했다. 개인의 토지소유는 노동의 산물이 아니라 세력에 기인하기 때문이다. 지주는 정복에 의해 토지를 소유하고 이 토지소유는 소작제를 탄생시킨다. 지주가 소작제로 소작인을 착취하는 방법은 마치 산업이 발달할수록 노동자에 대한 수법과 같다. 그는 지주와 소작인 간의 자유로운 계약이 아니라 국가가 개재하여 분배함으로써 농민생활 수준을 향상시켜야 한다고 했다. 경제문제에 있어서 국가간섭을 정당화했지만 사회주의는 아니다. 오히려 사유재산제도를 존중했다. 그러나 그가 말하는 사유재산제도는 다르다. 개인의 도덕이나 지식에 필요할 때만 인정되며 그렇지 않으면 정부는 이를 제한해야 한다는 것이다. 이런 점에서 그의 사유재산제도는 인간의 능력에서 우러난 자연적 제도로 공동선에 이바지한다.

그린은 인간의 도덕과 인격의 완성을 위해 국가가 중요하다고 했다. 그렇다고 국가 절대주의는 아니다. 개인의 권리는 국가 구성체의 1인이므로 생기는 것이다. 만일 국가가 개인의 권리를 부정한다면 이 국가는 불완전한 권력이므로 이에 반항할 권리가 있다. 로크의 혁명론처럼 자연권 철학자들은 인간은 나면서부터 평등한 기본권을 가지므로 반항할 권리를 가진다고 보았다. 하지만 그린은 반항이란 국가가 도덕에 위배되고 본래 기능을 망각할 때 인간이 자기완성을 위해 반항하는 것이지 처음부터 기본권을 가졌으므로 반항하는 것이 아니라는 점을 확실히 했다. 바람직한 반항은 그 반항으로 인해 공동의 선을 가져올 경우다. 공동의 선을 저해할 경우 그 반항에 대한 탄압이 가능하다.

그린은 기존 질서를 시인했다. 그 기반에서 국가의 도덕적 성격을 강조한 것이다. 그린은 당시 영국이 도덕을 훌륭히 반영한 것으로 간주했다. 그린의 사회개량주의 이론은 영국뿐 아니라 이탈리아에 계승되었다.

인간은 국가사회의 1인이 되었을 때 인간이 될 수 있다. 인간은 저급한 동물의 충돌이 아니라 이성적, 도덕적 목적을 추구해야 한다. 인간은 태어나면서 불평등하여 경제적 불평등도 불가피하다. 하지만 도덕적 생활을 위해 경제적 수준을 향상시켜야 한다.

10

율곡
나라가 잘 되려면 기강이 서야 한다

율곡(栗谷) 이이가 살았던 당시 조선은 200년이 지나 노쇠한 상태에 있었다. 거듭된 정변, 각종 조세와 노동력의 착취, 부패 등으로 사회의 기강이 해이해졌고 정치가 문란하기 그지없었다. 대외적으로도 여진족과 일본으로부터 심각한 위협을 받고 있었다. 그는 자기 시대를 원기가 다 빠져버린 노인, 겉은 고대광실 기와집으로 보이지만 서까래와 기둥이 안으로 썩고 문드러져 금방이라도 무너질 낡은 집으로 비유했다. 학자나 관료들이 나름대로 대안을 내놓기는 하지만 미봉책에 그칠 뿐 혁신적인 것은 없었다. 희망이 없어 보이는 조선, 이 조선사회를 새롭게 일으켜 세울 방도는 없을까?

율곡은 조선의 대표적 성리학자로 나라에 대한 깊은 우환의식(憂患意

識)을 갖고 있었다. 이 의식은 하루아침의 걱정거리가 아니라 오래 지속적으로 생각하는 장기적 의식이다. 일상생활의 잡다한 현실적인 욕구에서 나온 것이 아니라 나라와 백성들의 평안을 기리는 차원 높은 의식이다. 하늘의 도리, 왕의 도리, 성현의 도리가 실행되지 못하는 것에 대한 뼈저린 아픔이다.

조선이 직면한 문제는 심각하고, 이에 대비하지 않을 경우 닥쳐올 어려움은 불을 보듯 뻔하다. 그는 당시 백성들이 당하고 있는 고통을 깊이 체감하고 세상을 구해야 한다는 책임을 절감했다. 세상의 도리를 바로 잡고자 하는 당위가 그의 마음을 사로잡았다. 그의 우환의식은 사사로운 것이 아니라 대의며 시대의 변혁을 위한 것이었다. 험난한 시대, 국난에 처한 조선에 대한 그의 우환은 깊을 수밖에 없었다.

"아, 나라의 참혹한 화가 오늘날보다 더한 때가 어디 있었을까. 백성의 쇠약함도 마찬가지다. 시경에 '저 물에 뜬 배가 어디에 닿을지 모르겠네.'라고 했는데 참으로 내 마음이 저와 같구나."

이것은 당시 조선에 대한 그의 우환의식을 단적으로 드러낸 글이다. 이제 근본적으로 새로워지지 않는 한 조선은 다시 일어나기 어렵다고 보았다. 그래서 그가 제시한 방법이 바로 기강(紀綱) 확립이었다. 썩고 부패가 만연한 조선을 다시 일으키기 위해 그가 내린 처방이다. 기강이 바로 세워진 사회, 또 그런 나라가 그가 바라는 사회요 국가였다. 국가 기강이 무너진 이 나라를 회복하기 위해서는 많은 개혁이 필요하다고 생각했다.

그는 기강확립을 위해 '성학집요(聖學輯要)', '격몽요결(擊蒙要訣)', '학교모범(學校模範)'을 내놓았다. 그는 사헌부 대사헌이 되었을 때 '대사헌이란 기강을 세우고 풍속을 바로 잡는 책임이 있다.'고 했다. 그 직을 물러나면서도 선조에게 조정의 기강을 바로 잡아줄 것을 소망했다. 그는 선조에게 올린 만언소를 통해서도 기강의 문제를 중심 과제로 삼도록 했다. 그는 과로로 병이 악화되어 49세에 죽는 순간까지 나라의 기강을 바로 세워야 한다고 했다. 기강확립은 그의 일관된 주장이었다.

율곡은 기강의 기본을 유교의 예에서 찾았다. 그는 '대학'에서 예론과 예학의 체계를 배울 수 있고, 여러 유학자들의 글을 통해서 현실에 대한 시각을 높이고 변혁의 기운을 얻을 수 있다고 주장했다. 그는 기강 정립을 예의 정립으로 보았고, 잘못을 했을 때 반드시 벌을 주면 기강은 스스로 서게 된다고 보았다.

그는 기강이 서지 않으면 치도(治道)가 성립될 수 없다고 했다. 제도적 규범이 확립되기 위해서는 무엇보다 기강이 바로 서야 할 것을 강조했다.

"기강은 법령과 형벌로 억지로 확립시킬 수 없다. 조정이 선을 좋아하고 악을 미워하는 것이 공정하고 사사로운 정이 행해지지 않아야 기강이 바로 선다. 그런데 지금은 공이 사를 이기지 못하고 바름이 사악함을 이기지 못하니 어찌 기강이 바로 서겠는가?"

그는 유학의 가르침을 통해 백성의 정신을 바로잡고, 기강을 세워 정치와 경제, 그리고 국방을 강화하면 나라가 튼튼해지고 백성도 편안할 것이라 했다. 그에 따르면 국가의 기강은 공도(公道)이다. 기강을 모든 질서의 기초로 삼고 이를 실천해 나가면 분명히 나라가 달라진다.

그는 지배층의 기강이 해이하고 백성이 경제적으로 어려움을 겪는 것은 잘못된 제도 때문이라 보았다. 그는 기회가 있을 때마다 제도의 개혁을 주장했다. 백성의 고통을 덜어주기 위해 공안(貢案)과 군정(軍政) 등 조세제도를 고치도록 했고, 병역의무를 공평하게 부과함으로써 군의 부조리를 척결함은 물론 기강을 확립할 수 있도록 했다.

율곡은 기강을 국가의 원기(元氣)라 했다. 원기가 튼튼하지 않으면 온몸이 망가지듯 기강이 서지 않으면 만사가 퇴폐된다. 또한 기강을 맹자의 호연지기(浩然之氣)에 비유했다. 국가에 기강이 있다는 것은 마치 몸에 호연지기가 있는 것과 같다는 것이다. 나아가 기강은 하루아침에 갑자기 세워지는 것이 아니다. 공평 정대한 마음을 가지고 정직과 윤리를 착실히 실행해나갈 때 조금씩 쌓여진다. 꾸준한 실행이 중요하다는 말이다.

집안에 기강이 있으면 그 집안이 바로 선다. 국가도 마찬가지다. 국가가 유지되는 것은 기강이 있기 때문이다. 그는 공직에도 기강이 있어야 함을 강조했다. 관청은 관료들의 기강을 세우는 곳이 되어야 한다. 공직 기강과 공직윤리를 확실히 함은 물론 기강의 퇴폐 여부를 늘 살펴야 한다. 그는 국가의 기강이 바로 세워졌다면 지금과 같은 파탄 지경까지 오지 않았을 것으로 보았다.

율곡은 하늘의 뜻에 따르고, 백성을 구제하며, 인심이 선을 지향하도록 했다. 또한 형세를 살필 줄 아는 명철한 판단력으로 먼 장래를 앞서 생각하고, 인을 충분히 쌓고 의를 굳건히 하여 풍속을 바로잡고 기강을 떨쳐 천하를 이롭게 한다면 더 바랄 것이 무엇이겠는가.

율곡의 기강은 제도적인 면에서만 찾아볼 수 있는 것이 아니다. 그는 인간적으로 접근하여 인정(仁政)을 베풀고 백성이 편안(安民)하도록 했다. 기강은 바로 나라와 백성을 위해 있지 않는가. 나라 걱정만 하고 있을 것이 아니라 차근차근 기강을 세울 일이다.

11

김학철

가혹한 정치는 호랑이보다 무섭다

"편안하게 살려거든 불의에 외면을 하라. 그러나 사람답게 살려거든 그에 도전을 하라."

연길 외곽 룡가미원의 문학비에 새겨진 김학철의 말이다. 연길에 있으면서 그에 관한 얘기를 여러 차례 들었다. 연변 조선족 문학가지만 평범한 인물이 아니라는 것이다. 새겨진 그의 말에서 그가 어떤 사람이라는 것을 금방 느낄 수 있었다.

내가 그의 장편소설 「20세기의 신화」만나게 된 것은 최근의 일이다. 그는 원고 때문에 10년 동안 징역을 살았다. 말 한 마디 잘못해도 끌려가는 판인데 소설을 통해 1인 독재의 해악을 낱낱이 고발했으니 어쨌겠는가.

그도 고민을 했다. 언감생심 모택동을 반대했으니 죽으려고 환장을 한 것 아닌가. 총살당하는 광경이 자꾸 눈에 밟혔다. 하지만 죽기로 각오하고 독재의 해악을 만방에 폭로해 경종을 울려야 한다는 양심이 공포심을 이겨냈다. 소설은 이렇게 해서 탄생했다.

모택동이 단숨에 공산주의 천국으로 뛰어 올라 세계를 놀라게 하겠다며 '대약진'을 고안해 내고 '인민공사'를 만들어낸 때 중국 대륙에는 대기근이 들어 아사자가 속출했다. 반우파의 투쟁으로 55만여 명의 지성인들이 숙청을 당해 전국 각지의 강제노동수용소가 호황을 누렸다. 극단적인 궁핍에 정치적 압박은 날로 가중되었다.

소설 속 인물들도 그 수용소에서 힘겨운 나날을 보냈다. 소설에서는 공산주의 농장이라 불렀다. 소설의 주인공 일평은 중앙소학교에서 들려오는 아이들의 창가가 듣기 싫다. "동녘이 붉어서 해가 솟으니 중국에 모택동 나타나시다." 모 주석을 우상화한 '동방홍'이기 때문이다. 귀를 막고 싶다. 일평은 심의 편지의 한 구절을 생각하며 옳은 말이라 한다. "개인숭배인 우상의 그늘 밑에서 탐스러운 울금향은 피지를 못합니다. 거기서는 오직 핏빛의 독버섯만이 기를 펴고 번식할 따름입니다." 김학철이 우상화와 독재를 얼마나 싫어했는가를 보여준다.

헐벗고 굶주리는 게 고통스러운 것이 아니라 헐벗고 굶주리면서도 쉴 새 없이 "우리는 행복합니다."를 외쳐야 하고 "위대한 수령님 고맙습니다."를 외쳐야 하는 것이 고통스럽다.

전국 인민이 다 고자쟁이가 되었다. 전민개탐이다. 염탕질과 고자질이 미풍양속으로 바뀌었다. 학생이 담임선생의 일기장을 훔쳐보고 고자질을 해서 선생이 체포된다. 그래서 바이올리니스트는 집에서 연주하지 못하고 산 사람의 귀가 없는 공동묘지를 찾아가 그토록 사랑하는 '찌고이너바이젠' 선율을 울린다. 백관은 입을 봉해버리고 거리에서는 마주볼 따름이다. 일평의 입에서 불온한 시구들이 흘러나온다. "하늘을 우러러 울기는 하여도 하늘이 그리워 욺이 아니다. 두 발을 못 뻗는 이 땅이 애달파 하늘을 흘기니 울음이 터진다." 자유가 없으니 사람 사는 곳이 아니다. 가혹한 정치가 호랑이보다 무섭다더니 독재가 이렇듯 사람을 아프게 하는구나 싶다. 소설을 읽으면서 마음이 시렸다.

김학철은 이 원고 때문에 반혁명 현행범으로 몰렸다. 출간된 것도 아니다. 가택수색을 당한 결과였다. 인도주의적 대우는 기대할 수 없었다. 10년 만기 출소했다. 문제된 그의 소설은 중국이 아니라 서울 '창작과비평사'에서 출간되었다.

김학철의 본명은 원래 홍성걸이다. 원산에서 태어나 보성고보 재학 중 상해로 건너가 의열단 후신인 조선민족혁명당에 입당해 항일활동을 했다. 조선의용대 분대장으로 만주지역에서 항일활동을 하기도 했다. 그의 가족이 화를 입을 것을 우려해 이름을 김학철로 바꿨다.

중국 중앙육군군관학교(황포군관학교)를 졸업한 뒤 팽덕회가 이끈 팔로군에 합류해 태항산 전투에서 일본군과 맞서다 포로가 되었고, 나가사키 형무소에서 복역하던 중 해방을 맞았다. 서울로 온 그는 단편소설을 발표하면서 조선독립동맹에 참여해 공산당 활동을 했다. 그러다 이승만 정권에 반발해 월북했다. 북한에서 로동신문 기자가 되었다.

하지만 '사회주의 건설을 누가 파괴 하는가'라는 기사를 통해 소련의 약탈을 비판하다 신문사에서 쫓겨났다. 연변에 정착해 창작생활을 하다 중국의 반우파 투쟁 소용돌이 속에서 우파분자, 곧 반동분자로 몰려 20여 년 간 강제노동과 함께 작품 활동이 금지되었다. 그러던 중 미발표 소설 '20세기의 신화'로 10년간 징역을 산 것이다.

80년에 복권되어 창작활동을 재개했다. 1994년 KBS는 그에게 해외동포상을 주었다. 2001년 그는 조선의용대 총대장 김원봉의 고향 밀양을 방문했고, 그 때 열린 학술회의에서 "독립운동사는 남북 모두에서 왜곡됐다."고 주장하기도 했다. 같은 해 연길에서 숨을 거두었다. 죽어서 고향에 묻히기 원했던 그의 유언에 따라 유해는 두만강 강가에 뿌려졌다. 참으로 파란만장한 삶을 산 김학철이다. 지금은 그의 작품들이 남아 자유와 인권을 부르짖고 있다.

제5장

투쟁보다는 인간이 기능하는 사회를 만들라

토마스 모어

마르크스

모택동

네오마르크시즘

토마스 제퍼슨

헨리 조지

페이비언 사회주의

토마 피케티

록펠러

왕수인

맹자

아리스토텔레스

굴원

1

토마스 모어

사회의 구조적 모순을 직시하고 개선하라

'유토피아'하면 먼저 토마스 모어(Thomas More)가 떠오른다. 그렇다고 그만이 유토피아를 말한 것은 아니다. 천년왕국을 유토피아로 보는 사람도 있고, 르네상스 시기엔 휴머니즘을 통해 유토피아를 이루려는 사람도 있었다. 마르크스도 계급 없는 사회를 이상사회로 보았다. 심리학자 중 스키너는 월던 투(Walden II)를, 매슬로우는 유사이키언 소사이어티(Eupsychian society)를 자신의 이상사회로 삼았다. 어디 그들뿐이겠는가. 인간은 누구에게나 꿈의 사회가 있다.

모어는 정치가일 뿐 아니라 인문주의자요 소설가다. 그는「유토피아」라는 소설을 통해 영국사회의 모순을 해결하고자 했다. 이 소설의 원제목은 '사회생활의 최선 상태에 대해서, 그리고 유토피아라 불리는 새로운 섬에 대한 유익하고 즐거운 저작'이다. 꽤 길다. 이것을 '유토피아'로 줄인 것이다.

이 소설은 안트베르펜에서 라파엘 히슬로다에우스(R. Hythlodaeus)라는 선원을 만나 나눈 이야기를 소개하는 형식을 취하고 있다. 라파엘은 그냥 선원이 아니다. 철학을 좋아하고, 항해를 즐기는 인물이다. 제1부는 모어, 그의 친구 페터 힐레스, 그리고 라파엘이 대화하는 장면이 주를 이룬다. 대화의 주제는 영국사회의 문제와 병폐로 모어의 사회개혁의 철학과 사회개혁의 원리가 담겨 있다. 제2부는 라파엘이 다녀온 유토피아라는 섬나라의 모습이 소개되어 있다. 이 이상사회의 제도를 영국에 도입해 사회를 바꿔보겠다는 의지가 담겨 있다. 모어가 꿈꾸던 유토피아는 그저 미지의 세계가 아니라 개혁된 영국이다.

모어가 이 소설을 쓰게 된 것은 당시 사회배경이 한몫을 했다. 당시 영국의 산업은 장원 중심의 농업에서 양모를 이용한 모직공업으로 바뀌고 있었다. 모직물 산업이 급격하게 발달하자 양모 값이 하늘 높이 치솟았다. 땅을 가진 지주들은 토지에 울타리를 치며 양을 기르기 시작했다. 이것이 바로 인클로저 운동(Enclosure Movement), 곧 울타리치기 운동이다. 장원에 의지해 농사를 짓던 농부와 농노들은 졸지에 삶의 터전을 잃게 되었다. 그들은 농촌을 떠나 도시로 몰려들었다.

하지만 그들을 받아줄 곳은 없었다. 특별한 생계수단도 없는 터라 가난과 굶주림에 시달린 나머지 생계형 도둑이 늘어났다. 당시 절도범은 사형이었다. 모어가 보기에 절도범에 대한 사형은 지나치게 무겁고, 형량 또한 공평하지 못한 것이었다. 절도범이 늘어나게 된 원인은 울타리치기 운동이라는 사회구조의 변화에 있는데, 이 구조적 문제를 직시하지 못하고 절도행위를 막기 위해 극형에 처하는 것은 문제가 있고, 그렇게 한다고 해서 절도가 줄어드는 것은 아니라 주장했다. 먹기 살기 힘들면 윤리와 도덕도 무너진다.

모어는 영국 사회의 구조적 모순을 적나라하게 드러내면서 이러한 현실을 거꾸로 뒤집어 놓은 사회를 유토피아로 그렸다. 그러므로 그의 이상사회는 당시 영국이 처한 현실에 대한 강한 부정에서 출발했음을 알 수 있다. 그는 영국사회의 모순을 해결하기 위해 이 소설을 쓴 것이다. 사회구조의 문제라면 지금도 결코 낯설지 않다. 예나 지금이나 사회는 문제를 안고 아파하고 있다.

소설 속 유토피아 나라에선 모든 재산이 국민 공동 소유로 가난이 없다. 사람들은 똑같이 생긴 54개 도시에서 산다. 집도 같고, 옷의 색깔도 같다. 사유재산은 허락되지 않는다. 사유재산이 폐지되면 모두가 공평할 것이고, 모두가 만족하는 사회가 되리라는 가난한 자들의 꿈이 반영되어 있다. 경제적으로 균등한 유토피아, 얼마나 달콤한 말인가. 그래서 이 소설은 초기 자본주의에 대한 비판서로 주목을 받기도 했다. 하지만 이것이 모어의 생각 모두는 아니다. 그는 말했다.

"사유재산이 인정되지 않는다면 누가 애써 일하려 하겠는가. 일하려는 사람이 없어 모두가 결핍에 시달리게 될 것이다."

물론 사유재산, 곧 돈만으로 평가되는 사회에서는 정의와 번영이 공존하기 어렵기에 이 문제를 더 깊이 생각할 필요는 있다.

유토피아에서 사치품은 아무 가치도 없다. 따라서 그에 대한 탐욕이 일지 않는다. 그것에 대해 탐욕을 가진다면 멸시의 대상이 된다. 유토피아에서 사람들은 그곳을 방문한 사절단 가운데 금목걸이나 보석을 치렁치렁 단 외교관들을 볼 때마다 필경 광대나 노예일 것이라 생각하며 조롱한다. 하지만 수수한 모습을 한 수행원들에게는 존경을 표했다. 유토피아에서는 금은의 희소가치보다 쇠의 사용가치를 높이 평가한다. 그는 이 풍자를 통해 희소가치에 눈 먼 인간들을 조롱하고, 물이나 불, 쇠처럼 삶에 유용한 것을 오히려 더 중시하라는 메시지를 보냈다.

유토피아의 사람들은 6시간 열심히 일할 정도로 부지런하다. 게으른 사람은 천대를 받는다. 6시간의 일과가 끝나면 책을 읽거나 음악을 듣고 고상한 대화를 나눈다. 유토피아 사람들은 도덕적으로 엄격하다. 혼전성교를 하다 적발되면 평생 독신으로 살아야 한다. 간통하다 한 번 적발되면 노예가 되고, 두 번 적발되면 사형에 처해진다. 이것은 모어의 윤리관을 반영하고 있다. 왜 그렇게 살아야 할까? 그 답은 단순하다. 인간은 영혼을 가진 존재로 영원불멸하다. 나아가 이 땅에서의 행위의 결과에 따라 내세에 상벌을 받는다. 그렇다면 지금 이 땅에서의 작은 쾌락을 누리기 위해 앞으로 누릴 영원한 쾌락을 포기할 이유가 없지 않은가. 현재의 작은 쾌락을 위해 영원한 고통을 택하는 것은 바보다.

모어의 유토피아는 플라톤의 「공화국」과 아우구스티누스의 「신국」에서 영향을 받았다. 현대인들이 모어의 유토피아를 그대로 받아들이긴 어렵다. 도시는 너무 단조롭고, 지나치게 윤리 중심이어서 숨이 막힌다고 할 것이다. 하지만 모어가 살던 당시 가난한 사람들은 너무나 살기 힘든 시대였다. 사람들은 어떻게든 빈부격차를 줄이고 다 같이 잘 사는 사회를 꿈꿨다. 그러나 빈부격차 문제는 지금도 있다.

유토피아(Utopia)는 그리스어로 '그런 곳은 없다(No place)'는 뜻을 가지고 있다. 그래서 이상향이다. 하지만 모어는 좀 더 나은 사회를 바랐고, 그래서 이 소설을 썼다. 미래에 대한 염원을 담은 것이다. 인류가 바라던 염원, 곧 자유와 평등이 실현된 행복한 사회를 그렸다. 유토피아는 자유와 평등, 최선의 국가, 윤리적으로 건강한 사회를 원하는 사람들에게 하나의 이정표가 될 것이다. 유토피아를 꿈꾸는 자에겐 희망이 있지만 디스토피아(Dystopia)를 말하는 자에게는 꿈조차 없다.

2

마르크스
계급 없는 사회를 꿈꾸다

마르크스에 따르면 인간의 역사는 계급투쟁의 역사다. 자유인과 노예, 귀족과 평민, 영주와 농노, 길드마스터와 장인, 곧 압제자와 피압박자와 같은 대립구조가 부르주아와 프롤레타리아로 등장했다. 자본계급과 무산계급으로 사회를 단순히 구조화한 것이다. 이것이 바로 그의 보편적 계급투쟁설이다.

그는 자본주의에 대해 적대적이었다. 자본주의는 경제적 가치의 원천이 되는 노동을 통해 이윤취득을 주목표로 하고 있으며, 자본가는 잉여가치를 얻고 이것을 늘리고자 노력한다. 부의 증가가 목표다. 노동자는 작업과 생산의 보수로 겨우 생계에 필요한 것만을 얻으며 늘 생산물의 일부를 착취당하고 있다. 부익부 빈익빈의 수레바퀴가 돌고 있다. 이것이 잉여가치설이다.

때가 오면 프롤레타리아는 봉기하고, 자본주의는 뒤집어진다. 프롤레타리아의 과도기적 독재를 거쳐 계급 없는 사회가 도래한다. 무산자의 혁명과 독재가 있다는 것은 바람직한 사회는 바로 오지 않는다는 것을 보여준다. 이것이 그의 예언이다. 계급 없는 사회, 곧 최종의 무계급사회는 부자와 빈자의 현실적 차별이 없으므로 계급투쟁이 존속하지 않는다. 계급투쟁을 필요로 하는 국가도 사라진다. 이것이 그가 바라는 자유의 천국이다.

이 과정에서 피할 수 없는 것은 부르주아와 프롤레타리아의 대립이다. 부르주아란 누구인가? 부르주아(Bourgeoisie)라는 말은 중세 도시(Borough)의 시민 또는 생산이나 상업에 종사하는 중산층(Burghers)을 의미한다. 성직자나 귀족에 대해 제3계급을 형성한 중산층 시민이다. 인구가 밀집된 도시에서 생산 및 교환의 중심에 서다 보니 통제적 입장에 있고 재산도 축적했다. 정치적 입김도 세다. 그들은 이따금 소유자, 압박자로 묘사되기도 하고, 묘지를 파는 자들로 평가되기도 했다. 이들에 대한 저항감이 만만치 않았음을 보여준다. 근대사회에선 자본가계급을 일컫는다. 지금으로 말하면 부자의 상징이다.

이에 반해 프롤레타리아는 생계유지에 급급한 노동자계급이다. 프롤레타리아(Proletariat)는 라틴어의 '플로레타리우스(Proletarius)'에서 나온 것으로 임금노동자(Wage-earners)를 뜻한다. 로마의 헌법에서 프롤레타리(Proletarii)는 재산을 적게 가지거나 아예 재산이 없는 사회적 계층을 일컬을 때 사용했다. 마르크스에 따르면 산업이 발달하는 사회에서 노동자는 자기 자신을 조금씩 상품처럼 판다. 그렇다 보니 개인의 특성과 일하는 자로서의 모든 매력을 잃었다. 기계의 노예나 산업군사(Industrial army)로 전락한다. 프롤레타리아는 부르주아와 달리 비소유자, 피압박자로 묘사된다. 지금으로 말하면 빈자들이다.

프롤레타리아는 부르주아에 어떻게 대항할까? 크게 세 가지 방식이다. 첫째는 부르주아에 맞서는 계급투쟁이다. 개별노동자가 개인적으로 부르주아에 맞서는 개인적 충돌 방식과 공장 노동자들이 노조를 결성해 대결하는 방식이 있다. 둘째는 생산기계에 대한 투쟁이다. 기계를 박살내 생산을 막고, 공장에 불을 지르기도 하며 부르주아의 재산을 파괴한다. 끝으로, 정치투쟁이다. 혁명적 계급에 의한 정치정당 행위를 강화해 다른 계급에 대한 프롤레타리아의 승리를 쟁취한다.

프롤레타리아 혁명의 최종 단계는 무산자 독재가 아니라 계급 없는 사회다. 이 사회에서 프롤레타리아는 재산을 갖지 않는다(공동소유). 아내와 자녀와의 관계는 부르주아 가족관계와는 더 이상 공통된 어떤 것도 없다. 가족제도도 철폐하고 공생한다(가족제도 철폐). 민족적 특성의 모든 자취를 없앤다(공영). 법 · 도덕 · 종교는 부르주아의 편견으로 간주된다. 정치적 권위란 없다. 모두가 자유로운 존재며, 차별 없이 하나를 이룬다. 계급, 갈등, 권위로부터 자유롭다. 이것이 계급 없는 사회의 특징이다. 재산도, 가족도, 민족도, 법 · 종교 · 도덕도, 국가도 필요 없는 사회라니 과연 이런 사회가 이 땅에 존재할까 싶다.

마르크스의 이러한 사상을 한 마디로 사적 유물론(Historical materialism)이라 한다. 이에 따르면 생산은 사회의 경제적 구조이고, 삶의 사회적·

정치적·정신적 과정의 일반적 특성을 결정짓는다. 일반적 특성은 사회의식과 연관된다. 기존의 생산과의 생산 갈등은 경제적 근거를 변화시키고 사회적 진화를 낳는다. 생산의 경제적 조건에 대한 물질적 속성도 변화한다. 부르주아와의 대립관계는 생산의 사회적 과정에 있어서 마지막에 거쳐야 할 대립이다. 이 대립과정을 거쳐 계급 없는 사회가 형성된다.

그렇다면 문제의 중심에 선 계급은 어떻게 나온 것일까? 마르크스는 노동의 분화에서 그 원인을 찾는다. 그것이 원죄이다. 노동의 분화로 인해 생산이 급속히 이뤄지고 사유재산의 형성도 빨라진다. 그 과정에서 노동의 소외, 지배와 복종 관계 창출, 계급의 형성, 계급투쟁이 발생하게 된다. 계급의식은 계급의 양극화로 증가한다. 양극화는 사회를 적대적인 두 계급으로 갈라놓는다. 결국 구조적 변화가 발생한다. 혁명이 일어나고, 프롤레타리아가 승리하며, 계급 없는 사회로 간다. 자본주의는 결국 몰락한다. 이것이 바로 마르크스가 생각한 역사적 사회변화 시나리오다. 계급 없는 사회는 그저 얻어지지 않음을 보여준다.

그의 생각이 과연 옳은 것일까? 에드워드 번스타인(E. Bernstein)은 아니라 한다. 마르크스의 사상이 과학성을 띠려면 검증테스트를 거쳐야 하는데, 그의 주장은 수정이 불가피하다고 주장했다. 이유는 여러 가지다. 마르크스가 예견한 것과는 달리 서구 자본주의 사회는 몰락하지 않았다. 두 주요 계급으로 단순화되지 않고 더욱 복잡해졌다. 중간계급은 사라지지 않고 있다. 계급의 양극화도 일어나지 않았다. 불행이 증가한 것이 아니라 줄어들었다. 경제위기가 생각한 것보다 덜 심각하다. 이에 대해 빈부차가 늘어가고 금융경제위기가 대단한데 말이 되느냐고 할 것이다. 그러나 번스타인 당시 생각은 그랬다. 베버도 자본주의 발생에 대한 마르크스주의자들의 주장의 한계를 지적하고, 사적 유물론 개념에 대해 적극적으로 비판했다.

소련과 동구의 붕괴로 마르크스 이론은 사실상 빛을 잃었다. 마르크스가 그렇게 갈망하던 계급 없는 사회는 요원하고, 그가 평소 혐오하던 계급은 자본주의 국가보다 공산국가에서 오히려 더 강화되었다. 지금은 사실 순수한 의미의 공산주의 국가는 없다. 자본주의 국가도 많이 달라졌다.

그렇다면 마르크스의 사상은 죽었는가? 그렇지 않다. 자본주의가 문제점을 드러낼 때마다 고개를 든다. 그래서 자본주의는 좀 더 약자를 생각해야 하고, 자기 자신을 잘 다스려야 한다. 국민이 바라는 것은 아주 단순하다. 정치가는 정치를 잘하고, 사업가는 사업을 잘해 국민 모두 잘 살고 평안하게 만드는 것이다.

3

모택동
사회의 모순이 역사의 발전을 이룬다

중국은 현재 공산주의 국가이다. 중국 공산주의하면 먼저 모택동을 떠올린다. 그의 역할이 컸기 때문이다. 하지만 그만 있는 것이 아니다. 이대소(李大釗), 진독수(陳獨秀), 이달(李達), 채화삼(蔡和森), 구추백(瞿秋白) 등도 있다. 이론적으로는 이들의 역할이 컸다. 중국에서의 공산주의는 5·4운동 시기를 전후해 초기 마르크스주의가 소개되면서 시작되었다. 마르크스 이론 가운데 크게 영향을 준 것은 유물사관과 계급투쟁이었다. 이들의 생각과 활동이 중국공산당의 설립으로 구체화된 것이다.

이대소는 일본유학파였다. 그곳에서 사회주의 사상을 접한 그는 중국에 돌아와 신문화운동에 참여했다. 그는 5·4운동의 키워드인 과학과 민주를 사회주의적으로 해석했다. 민주는 서민과 노동자를 위한 것이고, 과학은 유물사관이다. 그는 중국의 사회사상에 대동 사회 등 유토피아의 전통이 있음에 주목했다. 그리고 인민에 의한 새로운 사회건설을 주장했다. 그의 이러한 생각은 중국공산당을 탄생시키는 데 도움을 주었다.

구추백은 소련유학파로 변증법적 유물론을 중국에 소개했다. 그는 다윈의 진화론에서 유물사관으로 나가는 것이 아니라 변증법적 유물론에 입각해 각종 사회현상을 해석했다. 이것은 마르크스주의가 중국의 공산혁명 전략에 이론적으로 자리를 잡는 데 도움을 주었다. 그는 무산계급의 주도적 역할을 기대했고, 이에 따라 모택동의 농민운동 및 무장투쟁을 지지했다. 그는 노동자·농민의 무장투쟁이 자신들을 해방시킬 수 있을 뿐 아니라 군벌과 제국주의 타도에 기여할 수 있다고 보았다.

중국 농촌에 뿌리를 내리고 있었던 모택동은 이들의 주장을 가장 먼저 실행에 옮겼다. 그는 농민무장을 통한 혁명투쟁에 들어갔다. 그는 사실 여러 시대의 사상을 폭넓게 학습한 인물이었다. 따라서 초기에는 유물론적인 것뿐 아니라 관념론적인 것까지 함께 가지고 있었다. 하지만 러시아 혁명은 혼합된 사유체계를 청산하고 역사적 유물론에 집중케 하는 계기가 되었다. 즉, 변증법적 유물론을 중국의 현실에 적용한 것이다.

모택동은 서책(書冊)주의, 곧 교조주의에 반대하고 실제적인 경험에서 출발하도록 했다. 교조주의에 대응하는 이론서로 쓴 것이 바로 그의 「모순론」이다. 이것은 변증법적 유물론의 핵심을 모순의 관점에서 파악한 것이다. 그의 관심은 생산관계에서의 끊임없는 혁명, 곧 사유제도에서 공유제도로 이행하는 것에 있었다. 그 이행을 위해선 프롤레타리아트와 부르주아지 두 계급, 그리고 사회주의와 자본주의 두 길 사이에 치열한 투쟁이 필요하다고 보았다. 그는 전체 우주, 세계, 사회는 이처럼 모순과 투쟁에 의해 발전한다고 믿었다.

모택동 사상은 중국 건국의 기초이론이 되었다. 이 사상의 바탕에는 중국이 전통적으로 중시해온 실사구시 정신이 자리하고 있다. 이것이 변증법적 유물론과 혁명, 그리고 실천으로 구체화된 것이다. 그는 사회의 기본 모순이 역사의 발전을 이룬다는 생각을 가지고 중국을 이끌었다. 문화혁명도 사실 이런 맥락과 연결되어 있다. 하지만 중국인에게 있어서 문화혁명은 잊고 싶은 모진 경험이었다.

모택동 사상은 홀로 세운 것이 아니라 진독수와 이대소를 거쳐 긴 투쟁과 혁명과정을 통해 형성되었다. 이것은 모택동 개인의 독창적인 것이라기보다 중국사회가 가지고 있던 대동사회관, 제국주의에 대한 혐오, 농민의 축적된 불만이 마르크스주의와 결합되면서 실현된 것이다. 하지만 모택동이 죽은 뒤 중국은 크게 달라졌다. 무엇보다 개혁개방으로 인해 자본주의와 서구사상이 크게 밀려들었다.

1980년대부터 중국인들 사이에 문화에 대한 열이 높아졌다. 특히 중국의 미래를 놓고 지식인들 사이에 열띤 논쟁이 벌어졌다. 철저재건론, 비판계승론, 유학부흥론, 현대신유가 등이 바로 그것이다.

철저재건론은 5·4 문화운동 시기 전반서화론의 맥을 잇고 있다. 그들은 자본주의화만이 중국이 살 수 있는 길이라 주장했다. 비판계승론은 전통문화와 현대문화 둘을 놓고 강점과 약점을 판단해 비판할 것은 하고 받아들일 것은 받자는 것이다. 즉 사회주의와 시장경제를 조화시키고자 하는 것이다. 유학부흥론은 전통유학의 부흥만이 서구자본주의와 사회주의 문제를 해결할 수 있다고 했다. 현대신유가는 유학의 전통을 계승하면서 서양사상을 적극 수용하는 쪽이다. 하지만 그 속엔 강한 도덕주의가 자리하고 있다.

역사적으로 보면 어느 사회든 모순과 대립은 있었다. 문제는 그것을 얼마나 잘 승화시켜 나가느냐 하는 것이다. 중국도 예외가 아니다. 중국만큼 치열하게 살아온 나라도 사실 많지 않다. 그래서 중국은 언제나 여러 나라가 주목하는 국가 중 하나가 되었다. 앞으로 어떤 세계를 만들어갈지 궁금하다.

4

네오마르크시즘

투쟁보다는 인간이 기능하는 사회를 만들라

제2차 세계대전이 끝나자 마르크스주의자들이면서도 사고의 차원이 다른 네오마르크시즘(Neo-Marxism)이 급격히 성장했다. 특히 폴란드, 체코, 이태리, 프랑스, 독일, 헝가리 등지에서 여러 사상가들이 등장했다. 그들은 무력혁명이 아니라 새롭고 조화로운 사회건설과 인간화를 내세웠다는 점에서 마르크스와 아주 다르다. 사회적 생산관계를 인간의 의사에서 결정하고, 생산력의 의미를 상대화했다. 착취나 계급투쟁의 개념을 극복하고, 참다운 인간성을 형성하며, 새 사회의 새 이념으로 옷을 갈아입었다.

네오마르크스주의자들

국가	인물
폴란드	O. Lange, L. Kolakowski, A. Schaff
체코	O. Sik, K. Kosik
이태리	A. Banfi, G. della Vollpe
프랑스	H. Lefebvre, J. P. Sartre, L. Goldmann, R. Garoudy, L. Altusser
서독	M. Horkheimer, T. W. Adorno, H. Marcuse, E. Fromm, L. Kofler, E. Fisher, F. Pollock, K. A. Wittfogel
헝가리	G. Lukács

네오마르크스주의는 무엇보다 인본주의적 마르크스주의다. 그들은 실존주의 문제에 관심이 많았다. 인간의 소외문제, 탈 인격화 문제, 개인화의 문제 등 사회철학을 수용했다. 소외를 총체성에 대한 부정이라 했고, 탈 인격화 문제에서는 서방 자본주의 사회의 비 본래적 탈 인간화 가능성을 제기했다. 대중사회, 소비성사회, 입신출세의 사회에서 오는 인간의 생존방식에 대해서도 비판했다. 그리고 산업사회에서의 인간과 그러한 인간의 영적 정신적 자세에 대해 반성했다.

소외는 마르크스의 관심 주제였다. 그는 소외를 인간 노동과 직접 관계가 있다고 보았다. 이것은 현실적이고 사회적인 차원이다. 이에 비해 네오마르크스주의는 지성적이고 관념적으로 접근했다. 이성적이고 반성적 차원으로 접근해 소외를 결핍의 상징으로, 총체성에 대한 마이너스로 간주했다. 인간성에 호소한다는 점에서 윤리적이고 도덕적이며 미학적이다.

네오마르크스주의는 세계에 대한 인간의 인식 능력을 전적으로 인정했다. 인간이야말로 현 사회를 바꿀 수 있고, 새 사회를 합리적으로 창출해 낼 수 있는 존재라고 보았다. 그들은 세계의 본질을 정적으로 해석하지 않고 동적으로 해석했다. 존재만 고수하는 파르메니스(Parmenides)가 아니라 생성을 강조하는 헤라클레이토스(Herakleitos) 쪽이다. 세계 본질로서의 존재는 개별적이어야 한다. 인간이 세계를 바꿀 수 있고, 세계는 인간에 의해 바뀌질 수 있다. 그 생성 내지 과정은 노동하는 인간의 내부에서 실현된다. 그들이 생각하는 궁극적인 사회는 완벽한 사회주의 사회, 완전한 자연주의로서의 인본주의 사회, 완전한 인본주의로서의 자연주의 사회였다.

네오마르크스주의는 마르크스주의와 관심 영역이 다르다. 마르크스주의는 인류 역사 변천의 합법칙성, 자본주의 사회의 발전 법칙, 무산자혁명의 필요성에 관심을 둔다. 이에 반해 네오마르크스주의는 사회주의와 인본주의의 관계, 역사적 필연성과 인간의 자유와의 관계, 현대 사회철학에 있어서의 변증법 역할, 무산자 노동자가 혁명의 주체일 수 없음에 관심을 가졌다. 역사과정의 본질, 사회적 생성의 본질을 변증법적으로 보았지만 현대 산업사회에서 혁명의 주체는 결코 무산자로서의 노동자일 수 없다 했다.

네오마르크스주의자들은 소련 공산주의의 정치적 팽창에 대해서도 혐오감을 드러냈다. 나아가 집단적 통일의 무반성적 후속 마르크스주의(Nachfolgemarxismus)의 독단으로부터 해방될 것을 주장했다. 후속 마르크스주의는 제1차 세계대전 후 소련 중심의 소장 마르크스주의자, 제2차 대전 후 정치적 현실성에 근거를 둔 마르크스-레닌주의, 티토이즘(Titoism), 수정주의(revisionism), 스탈린주의(Stalinism), 카스트로주의(Castroism), 모택동주의를 포함한다. 또한 마르크스와 엥겔스가 정립한 실천적 사회철학사상, 전략적 민족해방운동을 위한 계급투쟁이론, 자연과학적 사회주의 이론체계의 전제 등 이 모두를 포괄한다. 네오마르크스주의는 정통 마르크스주의의 인간학적 이념을 구현하면서도 후속 마르크스주의를 비판하면서 보다 이론적이고 체계적인 철학을 바탕으로 자기반성을 꾀했다.

마르크스주의와 네오마르크스주의는 여러 가지 면에서 차이가 있다. 하지만 마르크스의 요소가 네오마르크스주의에 전수한 두 가지가 있다. 첫째는 국가사멸에 대한 예견이다. 이것은 무정부주의적 유산이라 할 수 있다. 둘째는 사회주의 경제 기능 작용을 위한 계획이다. 인간에 의한 인간의 착취종식을 인간의 의식으로 실현한다는 것이다.

네오마르크시즘은 마르크스주의의 역사적 관심을 수용하면서도 역사적 결정론에 대해 부정적이다. 인간의 능력을 믿기 때문이다. 그들은 인간을 사회적 존재로 간주하고, 인간의 이성에 미래를 걸었다. 인간의 생존방식이 달라야 한다는 것은 인간에 대한 기대를 담고 있다. 그들은 이렇게 말할 것이다.

"지금 인간은 인간으로서 기능하고 있는가? 투쟁보다는 인간이 인간으로서 기능을 발휘할 수 있는 사회를 만들라."

5

토마스 제퍼슨

모든 인간은 평등하게 태어났다

토머스 제퍼슨은 반연방주의자로 각 주의 자치권을 주장했다. 정치적으로는 평등을 주장해 미국 헌법에 기여한 바가 크다. 건축에도 일가견이 있어 버지니아 대학을 설계했다.

'제퍼슨' 하면 '모든 인간은 평등하게 태어났다.'는 말이 떠오른다. 미국 헌법을 만들 때 인권을 강조한 인물로 평가되기 때문이다. 그런데 그가 말한 '모든 인간(All men)'은 과연 우리가 일반적으로 생각하는 모든 사람일까. 답은 그렇지 않다.

그는 200여 명의 노예를 소유한 백인 농장주였다. 그가 말한 평등은 노예에게는 적용되지 않는다. 또한 그는 여성이 아닌 백인 남성의 권리만을 염두에 두고 있었다. 다시 말하면 "모든 백인 남성은 신 앞에서 평등하다."는 것이다. 이런 사실을 바탕으로 하면 그가 말한 평등은 절대로 보편적 개념의 평등이 아님을 알 수 있다.

그러나 그의 생각과는 달리 미국의 역사는 보편적 개념의 평등으로 발전했다. 다양한 민족과 배경을 가진 사람들이 미국으로 몰려들면서 모든 미국인들은 평등을 삶의 근간으로 받아들였다. 그 후 미국의 역사는 흑인의 해방뿐 아니라 여성의 해방도 가져왔다. 평등은 거역할 수 없는 신의 섭리로 작용했다.

인류의 역사에서 종교는 평등을 실현하는 데 기여했다. 그렇다고 종교가 다 평등주의는 아니다. 힌두교는 철저히 신분적 차등을 주장한다. 하지만 상당수 종교는 평등을 말한다.

도교는 평등의 폭이 넓다. 세상 모든 것이 상대적일뿐 만물은 모두 같다고 본다. 인간도 예외가 아니다. 가난한 사람이나 부자나, 귀한 사람이나 천한 사람이나, 오래 산 사람이나 일찍 죽은 사람이나 모두 같다. 일도 마찬가지다. 도덕경에 "나쁜 일에는 좋은 일이 덧붙어 있고, 좋은 일 속에는 나쁜 일이 숨어있다."고 했다. 평등하다는 것이다. 삶과 죽음, 꿈과 생시, 아름다움과 추함, 옳고 그름 모두 상대적이다. 쓸모없는 것처럼 보이는 존재까지도 다 각각의 존재 의미가 있다. 평등의 입장에서 크게 보라는 것이다.

불교도 평등의 세계관을 가지고 있다. 윤회의 관점에서 보면 모든 생명체가 해탈의 가능성을 지니고 있다. 그렇기 때문에 만물은 하나이고, 모든 인간은 평등하다. 이것은 깨달음의 세계에도 그대로 적용된다. 깨달은 사람을 부처라 한다. 내가 깨달음을 얻으면 먼저 깨달음을 얻은 석가모니 부처와 대등한 또 다른 부처가 된다. 이러한 평등 세계관은 불교가 브라만교의 계급적 관점을 극복하면서 나온 것이다. 역사적으로는 왕권을 인정하지 않는다는 이유로 탄압을 받기도 했다.

평등하면 기독교를 빼놓을 수 없다. 인간은 신의 피조물로, 하나님 앞에서 모두 평등하다. 하나님 앞에서 우리 모두는 죄인이다. 성경을 보면 예루살렘을 평등한 곳이 되게 하겠다고 했다.

"여호와는 높은 곳에 계시는 위대한 분이시므로 예루살렘을 평등과 정의의 고장이 되게 하실 것이다(사 33:5 현대인의 성경)."

법을 지킬 때도 마찬가지다.

"이것은 너희 이스라엘 사람이나 외국인이 다 같이 대대로 지켜야 할 규정이다. 내 앞에서는 모든 사람이 평등하므로 너희나 그들에게 동일한 법과 규정이 적용되어야 한다(민 15:15 현대인의 성경)."

막스 베버는 예수 안에서 하나라는 갈라디아서를 인용해 평등 개념을 설명했다.

"너희는 유대인이나 헬라인이나 종이나 자유인이나 남자나 여자나 다 그리스도 예수 안에서 하나이니라(갈 3:28)."

그리스도 안에서는 남녀의 구별이 없다. 이방인, 유대인 구별도 없다. 상전, 하인 구별도 없다. 예수 그리스도 안에서 평등한 하나다.

인간이 모두 평등하다면 우리는 이 땅에서 자유를 온전히 누리며 살고 있을까? 답은 그렇지 않다. 한스 켈젠(H. Kelsen)에 따르면 자유와 평등은 서로 반대된다. 자유를 말할수록 평등은 멀어질 수 있다. 롤즈(J. Rawls)는 기회 균등을 평등으로 본다. 하지만 차등은 자유다. 그는 우리 삶에서 평등과 자유의 균형이 필요하다고 주장한다. 노직(R. Nozick)은 미국을 살펴 볼 때 평등보다 자유에 더 무게를 두었다고 평가했다. 이 땅에서 자유와 평등을 온전하게 실현한다는 것은 그만큼 어렵다는 말이다. 온전한 자유와 평등, 그것은 꿈일까.

6

헨리 조지

토지에만 세금을 매기라

헨리 조지(Henry George, 1838-1897)는 단세이론(Single tax doctrine)의 대표적 인물이다. 그는 보통세금을 폐지하고 다만 토지에만 세금을 물리자고 주장했다. 적극적으로 사회개혁을 주장한 미국인이다. 이 이론은 지대에 대한 새로운 이념이라기보다 토지소유에서 나온 폐단을 지적했다. 그에 따르면 인간은 나면서부터 평등한 권리를 가지고 있다. 그러므로 누구나 토지를 평등하게 접할 권리를 가지고 있다. 일부 사람만이 토지를 점유하는 것은 현대문명에 반대된다. 토지가치는 사회가 만들며 일부인의 독점은 이치에 어긋난다. 토지가격은 인구의 증가로 높아지며, 토지에 대한 수요가 커져도 높아진다. 사회는 토지에서 나오는 농산물을 원한다. 사회는 상품을 수집, 판매, 운동, 상품화함으로써 지주에게 편의를 제공한다. 사회의 수요과정을 통해 토지가치가 결정된다. 소수의 지주가 토지를 소유하며 멋대로 조정하므로 악의 근본이 만들어진다. 따라서 그는 각자에게 필요하고 경작할 수 있는 면적을 허용하고 그 한계를 넘어서는 안 된다고 주장했다. 개인에 대한 자연적인 토지소유권을 주도록 한 것이다. 그는 공산주의자가 아니어서 국가가 몰수할 것을 주장하지는 않았다.

조지가 토지단세론을 구상한 것은 샌프란시스코 대도시가 발전함에 따라 지주들이 폭리를 취하는 것에 반감을 갖고 이를 주장한 것이다. 그는 농민이 필요하고 경작할 수 있을 만큼만의 토지를 줘야 한다고 했다. 그는 전 산업에 대한 과세를 폐지하고 토지에만 세금을 매기도록 했다. 이렇게 하면 산업, 상업발전에 있어서 과세에 대한 장벽을 제거할 수 있다고 보았다. 토지단세로 모든 개인은 자연적 기회를 갖게 되고, 모든 노동자들은 경제발전 기회에 적극 참가할 수 있다. 이것은 협동조합, 정치적 혁명, 노동자의 혁명을 통해서가 아니라 정치적 민주주의에 의해 실시되어야 한다. 이를 시행하기 위해 선거 민을 교육시켜 단세론에 투표케 하면 입법부에서 결정이 가능하다. 조지의 단세론을 지지하는 헨리 조지협회가 활동하고 있다.

그러나 이 토지단세론은 여러 저명한 경제학자들로부터 공격을 받았다. 이 공격의 중점은 토지의 가치는 자연이 주는 선물이고 사회가 창조하며 지주와는 상관이 없다는 것이다. 그리고 이 문제를 토지에만 국한시키지 않고 부동산, 동산 등 모두에 해당시켜야 한다고도 했다. 소유자의 생산 가치와 사회가 만든 가치, 자연이 만든 가치를 어떻게 분리하느냐며 조지를 반박했고, 토지소유자가 장기간 사용하게 되면 그 소유를 그대로 인정받게 되는데, 이것은 선의로 인정되었으므로 권리로도 인정되어야 한다고 주장했다. 이렇게 보면 사회에 의해 가치가 증가하고 창조되는 것은 토지뿐 아니라 재목, 약품도 포함되어야 한다고 했다. 조지를 강하게 비판한 인물로 셀리그만(Seligman)이 있다.

하지만 단세론, 곧 자연에 의한 가치창조와 사회에 의한 가치창조 주장은 조지에 국한되지 않고 여러 학자들이 지지하고 실제로 과세했다. 현대의 많은 경제학자들은 지대란 사회적 생산이므로 특수 과세를 해야 한다고 주장한다. 나아가 소득이 사회가치 창조와 연관된다고 주장했다. 이 원리는 모든 과세에 적용된다. 이 때 개인의 기여 곧 개인의 능력에 따른 소득과 사회의 원인으로 인한 증가, 즉 사회수요로 인한 가치 증가와는 구별되어야 한다고 했다. 근로소득에는 저율과세를, 이식이윤에는 고율과세가 필요하다는 것이다. 사회의 가치창조개념은 지금도 광범한 지지를 받고 공공정책에 반영되고 있다.

토지가치에 대한 특별가치원칙은 힘을 받아 캐나다나 호주 등은 조지가 '발전과 가난'이란 저서를 내기 전인 1870년 토지에 관해 특별조세를 부과했다. 이후 독일 여러 도시에서도 부과했고, 덴마크, 피츠버그, 스코틀랜드 등은 토지 팽창에 따른 지주들의 이득에 고율의 세금을 부과했다.

한편 영국의 경우 밀은 1870년 토지제도개혁협회를 만들어 토지를 몰수할 것을 제안했다. 이 협회에 많은 노동자, 사회주의자가 가입을 했다. 이 협회에 가입한 영국 당시 사회주의자로 몰리(John Morley)가 있다. 이 협회가 생긴지 40년 후 근로소득에 대한 세금을 부과하는 입법을 내놓았다. 근로소득에 대한 세금과세를 거부하는 귀족원의 반대에 부딪혔다. 하원을 통과한 이 법안은 귀족원을 통과해야 했다. 하지만 제1차 세계대전을 앞두고 군비팽창을 위해 재원이 필요했던 자유당은 1911년 의회법을 통과시켜 귀족원의 힘을 약화시켰다. 그리고 근로소득엔 20%, 비 개량지와 개량지를 구분하여 토지에 세금을 부과했다. 이 같은 영국정책의 기본이념은 밀과 조지의 단세론에서 구체화되었다. 이 안은 영국 노동당이 집권할 때마다 강력히 추진되었다.

1882년 조지는 직접 영국을 방문했다. 그는 영국을 비롯하여 아일랜드 곳곳에서 환영을 받았다. 그가 다녀간 2년 후 영국의 시드니 웹(S. Webb)은 조지는 영국 사회주의 운동에 씨앗을 뿌린 인물이라 평가했다. 리카도의 지대론은 밀, 조지를 통해 영국 사회주의 정당의 정강으로 자리 잡았다.

그러나 단세론과 영국 사회주의와의 관련은 오래 지속되지 않았다. 조지가 그 후 사회주의를 반대했기 때문이다. 사회주의는 사유재산을 폐지하므로 사회불안을 초래한다고 보았기 때문이다. 그는 사회병균을 단세론에 의해 구제한다는 의미에서 “단세론이란 무엇인가?”를 내놓았다. 여기서 그는 단세론이 사회주의의 기본 과정과 대치됨을 명백히 했다.

그 후 영국 사회주의는 토지재산만 그 가치가 소유자에 의해 창조되지 않는 유일한 재산 형태라는 조지의 주장에 반대했다. 그리고 기본생산수단의 소유자에게로 그 폭을 넓혀 노동계급의 구제를 주장했다.

7

페이비언 사회주의

투자에서 얻은 이윤을 사회에 환원하라

존 스튜어트 밀과 헨리 조지의 주장은 사회주의 이념에 크게 기여했다. 영국에서 그들이 끼친 영향은 마르크스보다 컸다. 영국은 1848년 차티스트 운동 이후 1880년까지 활동적인 사회주의는 없었다. 영국 노동자들은 국제노동연맹에 가입했다. 런던은 이 연맹의 중심이 되었다. 마르크스는 30년 동안 런던에서 이를 지지하였다. 영국은 20세기에 때까지 노동조합과 큰 관련이 없었다. 영국 국민성과 개인주의 성향으로 현실 타협적 태도가 이 운동을 둔화시켰다. 영국의 노동자는 다른 나라 노동자보다 생활수준이 높고 언론 및 결사의 자유가 허용되어 있어 기존 제도에 대한 과격한 반항운동을 극복할 수 있었다.

1880년에 여러 큰 사건이 발생했고, 이로 인해 변화가 일었다. 영국 최초 사회주의 운동으로 1869년에 노동자에 선거권을 부여하고, 선거를 통해 산업을 입법화 했으며, 노동자에 대한 과세를 반대했다. 1870년엔 경제공황 및 토지문제에 대해 일어난 선동이 있었고, 영국에 마르크스주의가 보급되었다. 영국 경제학자들은 자유방임주의를 비판하고 사회주의운동을 전개했다. 이를 주도한 조직으로 사회민주연맹(Social Democratic Federation), 사회주의자 독립노동당(Socialist Independent Labor Party), 페이비언 소사이어티(Fabian Society)가 있다.

사회민주연맹은 1882년에 결성된 마르크스주의 단체로 힌드만(H. M. Hyndman), 모리스(W. Morris), 밀의 며느리 헬렌 테일러(H. Taylor), 마르크스의 막내딸 에벨링(E. Aveling) 부부, 철학자 박스(B. Bax)가 중심이었다. 그들은 힘이 있는 계급투쟁을 단체목표로 삼았으나 계급투쟁형식에 대한 규정은 없었다. 이 단체도 좌우대립으로 계속 이탈자가 속출했다. 훗날 민주사회 집단운동인 '소셜 릴(Social Reel)'은 사회민주연맹에서 나온 모리스와 에벨링 부부, 박스가 1884년에 결성한 것이다. 그들은 개혁주의자들로 개인적인 이론의 대립으로 하나가 되지 못하였다. 한 파에도 의회주의와 반의회주의, 무정부주의와 반무정부주의가 엉켜 있었다. 모리스만은 무정부주의와 점진적 개혁주의에 반대했다. 모리스는 1889년에 탈퇴했고, 이 단체는 전 회원이 백 명도 되지 않았다. 이 두 사회집단은 노동자를 대표하지 못했고, 정당으로 발전하지도 못했다. 소수가 당선되었지만 그것도 자유당에 가입하여 활동했다.

영국 노동자들은 사회주의 노동조합 지도자를 요구했다. 1893년 스코틀랜드 노동당과 북부 잉글랜드 노동당을 중심으로 독립노동당을 결성했다. 이 노동당의 초기 지도자는 하디(Keir Hardie)였다. 그는 광부 출신으로 영국 노동당에서는 러시아의 레닌과 같은 인물이었다. 그는 노동자의 조직화에 힘썼다. 동료인 인도주의 사회주의자 글레시어(B. Glacier)와 노동조합 지도자들이 힘을 보태주었다. 독립노동당은 사회민주연맹에 비해 이론이 깊지 못했지만 실제적이고 타협적이어서 페이비언보다 활동적이었다. 이들은 1900년 영국노동당의 핵심을 이루었다. 독립노동당은 독일 수정주의와 같은 입장이었다.

페이비언 소사이어티는 1884년에 창립되었다. 페이비언들은 처음 사회윤리를 연구하고 토론하기 위해 수년간 회합을 가졌던 지식인 단체였다. 최고로 교육받은 사람을 회원으로 삼았고, 고전경제학자, 사회주의자, 토지개혁론자들이 가입했다. 대부분 헨리 조지의 후계자요 마르크스나 밀의 집산주의 숭배자였다. 그 중 페이비언 소사이어티 창립에 기여한 인물은 버나드 쇼(Bernard Shaw), 시드니 웹이다. 쇼는 1884년에, 웹은 1885년에 가입하여 주동적인 역할을 했다. 그들의 목적은 교육을 받은 중상계급에 사회주의 이론을 보급하는 것이었다. 중상층을 통해 그들은 영국의 중앙정부, 지방정부에 영향을 주었다. 이 단체는 점진적 사회주의 실현을 강령으로 삼았다. 그들은 토지국유화를 강조했고, 국가가 모든 생산에 관여할 것을 주장했다. 그들은 자신들의 정강을 자유당으로 하여금 실현하도록 했다. 그러나 후기엔 독립노동당에 참여하여 노동당과 밀접한 관계를 가졌다. 온건사회주의는 간행물을 통해 입법과 행정을 통해 실현가능하다고 주장했다. 쇼는 혁명으로 난점을 타개할 것을 주장했다.

페이비언 소사이어티는 마르크스가 주장하는 역사적 경제 기반 이론을 사회주의 신조로 받아들였다. 그러나 그들이 택한 역사적 경제학 이론은 마르크스의 그것은 아니었다. 마르크스는 일찍이 경제적 조건이 모든 것을 지배한다고 주장했다. 하지만 그들은 이런 경제이론에 입각하지 않을지라도 사회주의는 가능하고, 민주사회주의는 노력으로 달성가능하다고 보았다. 쇼는 페이비언 이념에 입각하여 역사는 끊임없이 민주주의로 전진을 계속하며, 모든 것은 사회주의로 계속 진보해야 한다고 주장했다.

이 발전은 과거 영국 중산계급이 귀족을 설득하여 선거권을 얻은 19세기 같이 그들도 입법을 통해 다른 계급에도 보통 선거권을 확대해야 한다고 했다. 이것으로 정치적 민주주의를 달성하자는 것이다. 당시 산업에 변화가 일었다. 산업조직의 발달로 자본가는 투자자로 변하고, 경영과 소유가 분리되었다. 대규모 산업조직은 개인의 책임과 자유경쟁을 파괴했다. 자본주의가 성장하면서 경제적 개인주의는 종말을 고하지 않을 수 없었다. 웹은 사회주의를 입법화할 것을 주장했다. 하지만 페이비언 사상은 실패하게 되었다.

그들은 마르크스주의가 내세우는 노동가치설을 부인했다. 가치는 노동에 의해 생산되는 것이 아니라 사회의 창조에 의해 성립된다고 했다. 이것은 그들의 이론이 사회주의에서 인도주의 윤리를 인정한 것이다. 그들은 산업의 입지조건, 인구증가, 국민의 번영으로 얻은 자본가의 이득은 근로를 통해 얻은 것이 아니기에 국가에 의한 통제가 필요하다고 주장했다. 투자 자체만으로 이윤을 획득할 권리가 없다는 점에서 마르크스와 같다. 기존 생산 분배제도를 고쳐야 한다. 고치는 과정에서 마르크스는 노동계급과 사업주를 대립관계로 설정했다. 하지만 페이비언은 투자를 통한 치부자와 전체 사회를 대립시켰다. 그리고 일부 투자에서 치부한 이윤을 사회 전체에 환원해야 한다고 했다. 이것은 노동자를 명확한 계급으로 규정짓지 않고 소유는 노동자가 아니라 사회 전체에 반환해야 한다는 것을 의미한다. 웹은 급진이 아니라 점진적인 개혁을 원했다.

페이비언 소사이어티는 물질적 행복과 문화생활에 대해 분배원칙을 제시했다. 그들의 정책은 국제가 아니라 국내에 집중했다. 노동자의 경제문화 지위 향상, 사유재산 축소, 산업문화에 기여다. 그 방안으로 주택, 실업자 구제, 보건위생, 최저임금, 교육기회의 확대, 국유화와 사유화, 상속세와 지세, 투자소득에 대한 고율세금 등이 제시되었다. 그들은 이 정책을 노동당과 연계시켜 실천으로 옮겼다. 노동당도 페이비언 사회주의를 채택하며 당원들을 확대해 나갔다. 그들이 노동당 당헌과 정강의 기초 작업에 참여했다. 페이비언 사회주의자들은 이론보다는 실제 문제 해결에 기여했다.

8

토마 피케티

작은 차이가 엄청난 불평등을 낳는다

재미작가 이창래는 소설 「만조의 바다 위에서」(On Such A Full Sea)를 썼다. 미국의 양극화 현실을 그린 작품이다. 부익부 빈익빈 현상이 심각해지는 미국, 그래서 미래에 대한 불안감 커진 나머지 미국의 미래를 암울하게 내다본 것이다.

물론 그는 꼭 집어 미국이라 말하지는 않았다. 하지만 소설 속 가상공간은 미국을 연상케 하기에 충분하다. 그 사회는 철저하게 계급으로 나뉘었다. 상중하 세 계급이다. 그런 사회는 결국 몰락한다는 말이다. 이것이 미래사회라니 길이 험난하다는 생각이 든다.

왜 그는 소설 제목을 '만조의 바다 위에서'라고 했을까? 만조는 물이 차오른 고조 상태다. 저조인 간조와 달리 부해 보인다. 하지만 만조 때가 위험하다. 사회도 마찬가지다. 어느 사회나 만조에 올라서면 가장 번성해 보인다. 하지만 그 때가 가장 위험하다. 그는 오늘날 미국이 그런 상태라 말한다.

지금 자본주의는 앓고 있다. 시장경제로 번영을 이끌어왔는데 점점 그에 대한 신뢰가 떨어지고 있다. 양극화 때문이다. 지체할 시간이 없을 만큼 다급한 상황이다. 심지어 세계는 시장경제가 지속가능한가 묻기도 한다. 그렇다고 시장경제를 버릴 순 없다. 포용적 자본주의가 대안으로 제시되기도 한다. 불평등이 이처럼 지속된다면 개인의 교육이나 의료문제를 사회가 안고 돌봐야할 때가 되었다고 말한다.

최근 오바마 대통령도 국정연설을 통해 양극화를 걱정했다. 소수만을 위한 경제는 문제가 있다. 불평등에 관한 그의 연설은 미국이 안고 있는 고질병의 정곡을 찔렀다. 양극화는 암울한 미래의 전조다. 그것이 어디 미국뿐이랴.

학자들도 예외가 아니다. 보수적 경제학자 그레고리 맨큐(N. Gregory Mankiw)와 진보 경제학자 토마 피케티(T. Piketty)가 빈부격차를 놓고 격론을 벌렸다. 맨큐 대 피케티의 격돌이다. 맨큐에 따르면 부의 집중은 경제 기여의 대가이다. 자본주의에선 당연한 현상이란 말이다. 그러나 피케티는 다르다. 최상위층이 돈으로 권력을 사 정치적으로나 사회적으로 불균형을 불러온다고 말한다. 돈과 함께 권력까지 장악하는 모습에 경악하고 있는 것이다.

피케티는 파리경제대학 교수로 「21세기 자본론」을 써 진보경제학계의 아이콘으로 떠올랐다. 그는 미국, 프랑스, 영국 등 20여 개국의

300여 년에 걸친 조세 자료를 분석해 소득과 부가 상위 소수층에게만 집중된다는 것을 증명했다. 빈부격차가 확대된 주요 원인 중 하나는 역사적으로 자본수익률이 경제성장률보다 높았기 때문이다. 열심히 일해서 돈을 버는 것보다 돈이 돈을 버는 속도가 더 빨랐다는 것이다. 자본수익률이 경제성장률보다 1%포인트만 높아도 장기적으로 최상위 1%가 차지하는 부의 비중은 20-30% 늘어난다. 작은 차이가 엄청난 불평등을 낳는다. 나비효과의 나쁜 예다. 최상위층은 단순히 음식과 의류만 소비하는 것이 아니라 돈의 힘으로 권력과 영향력도 사들인다. 경제적 불균형이 정치, 사회적 불균형으로 이어진다. 그는 빈부격차를 가장 중요한 문제로 보았다.

맨큐는 하버드대 교수로 보수 경제학계의 거물이다. 그가 쓴 「맨큐의 경제학」은 그의 사상을 잘 드러내고 있다. 그는 피케티 이론의 핵심 근거 자체가 잘못되었다고 비판한다. 만일 자본수익률이 경제성장률보다 낮다면 자본가들은 위험을 안고 투자에 나서지 않을 것이다. 자본주의에서 상위 1%가 부를 독식하는 것은 경제적 기여에 대한 당연한 대가이다. 그는 오히려 부의 불균형이 왜 문제가 되느냐고 묻는다. 빈부격차가 심각한 문제가 아니란 것이다.

그러나 피케티의 생각은 다르다. 세계의 부가 선진국의 1% 부자에게 계속 집중되고, 빈부격차가 날로 악화해 21세기 자본주의는 위기에 빠질 것이라 경고한다. 선진국의 세습 부가 점점 커져 19세기 말과 닮아가고 있다. 다시 말해 가산제적 자본주의(patrimonial capitalism) 또는 상속받아 부를 늘리는 세습적 자본주의로 서서히 후퇴해 19세기 말과 비숫해지고 있다고 보았다. 일을 해서 버는 돈으로 물려받은 재산이 벌어들인 돈을 결코 따라잡을 수 없다. 그는 제도가 개입해 재산과 부를 분배해야 한다고 말한다. 소득 상위 1%에 880% 세금을 부과하고 자산에도 부유세를 부과할 것을 제안했다.

이에 대한 찬반도 팽팽하다. 찬성 쪽에서는 피케티의 주장이 디스토피아로 향하는 불평등에 대한 경종이라 한다. 향후 자본주의에 불안정을 가져올 불평등의 파괴적 영향력을 잘 지적해주었고, 금융위기 후의 시대정신과 맞다고 했다. 반대쪽도 만만치 않다. 글로벌 부유세는 비현실적 해결책이다. 열심히 일해서 축적한 재산에 사후적인 부담을 지워선 안 된다. 게임 끝난 후에 규칙을 바꾸는 꼴이라는 것이다.

맨큐와 피케티의 논쟁은 쉽게 끝나지 않을 것이다. 하루는 세계 최고의 부자 빌 게이츠가 피케티와 만났다. 그는 부유세 주장에 대해 반대했다. 그는 정부가 제도적으로 부유세를 강압적으로 걷는 것보다 부자 스스로 자발적인 기부를 통해 소득 불평등을 해소하는 것이 더 효율적이라 주장했다. 그는 부자들이 저소득층의 고통 분담에 적극적으로 나서야 한다는 피케티의 주장에 대해 동의했다. 하지만 소유한 부에 대한 과세보다는 부가 사용되는 목적과 방법에 따라 세금을 매기는 것이 불평등 해소에 더 도움이 될 것이라 말한다. 즉 기부나 사업을 위해 돈을 쓰는 부자는 요트 등 개인적인 소비를 위해 돈을 쓰는 부자보다 사회 발전에 더 이바지하고 있기 때문에, 부에 대한 무차별적인 과세보다는 지출에 대한 과세가 더 바람직하다는 것이다. 기부를 많이 하는 그였기 때문에 할 수 있는 말이다.

피케티는 프랑스에서 부유세가 폐지된 날 프랑스 최고 권위 훈장 수상을 거부했다. 그는 "훈장을 누구에게 줄지 결정하는 게 지금 정부가 해야 할 일은 아니다. 프랑스 경제나 살려라."라고 했다. 그만큼 완강했다.

컬럼비아대 교수 제프리 삭스도 부의 불균형을 문제로 꼽았다. 절대빈곤인구는 줄었지만 선진국의 부자 위주 정책으로 세계 경제 위험 요인이 커졌다고 말한다. 대안은 자본주의 흐름을 약자와 빈민을 끌어안는 착한 성장으로 바꾸는 것이다. 경제학은 후진국을 위해야 한다. 빈곤과 질병 퇴치에 앞장 서야 한다. 그는 유엔과 함께 새 경제목표를 제시하기도 했다. 지속가능한 발전에 무게를 둔 것이다.

피케티는 자본주의 문제점을 경고하며 부의 불평등 문제를 다뤘다. 이것은 한 나라만의 문제가 아니다. 그는 상속세, 부동산세가 없는 중국의 빈부격차가 심각하다며 중국의 현실을 꼬집기도 했다. 부의 불평등, 이 문제는 과거뿐 아니라 현재, 그리고 미래 세대가 풀어야 할 인류의 과제다.

9

록펠러
앞으로 100년 동안 뉴욕 시민으로부터 수도료를 받지 마시오

뉴욕시장 마이클 블룸버그(Michael R. Blumberg)가 뉴욕시장에서 물러났다. 12년간 시장을 지냈다. 그런데 그가 시로부터 받은 연봉은 단 1달러였다. 미국 8위 갑부답다. 그에겐 연봉이 중요하지 않았다. 오히려 재임기간 동안 자신의 돈 6억 5000만 달러를 뉴욕시에 내놓았다. 그런 시장 몇 사람만 나오면 시가 달라지겠다.

그는 뉴욕시에만 주지 않았다. 그의 모교 존스홉킨스대학에는 1965년 5달러를 시작으로 기부액을 늘려가 모두 1조1180억 달러를 기부했다. 이 대학이 좋아질 수밖에 없다.

그는 임기 동안 뉴욕시의 강력 범죄율을 30% 이상 감소시킨 시장으로 유명하다. 뉴욕하면 범죄율이 높은 도시로 유명하지 않았는가. 또한 지하철역에 시티바이크(Citibike)라는 자전거를 배치하여 뉴욕을 안전하고 깨끗한 도시로 만들었다. 시민에 대한 믿음이 없이 그 일을 추진할 수 없었을 것이다.

그뿐 아니다. 그는 뉴욕을 실리콘밸리에 버금가는 실리콘 앨리(Silicon Alley)로 만들고 싶었다. 젊은이들이 창업하고 싶어 하는 도시로 만들고자 한 것이다. 창조적 실험을 즐기는 젊은이라면 이제 뉴욕을 떠나기 싫어할 만큼 달라졌다.

뉴욕엔 엠파이어스테이트 빌딩 버금가는 빌딩이 있다. 록펠러센터다. 두 건물의 공통된 특징은 대공황시기에 지어졌다는 것이다. 경제 문제로 꺾인 미국인들의 마음을 다시 일으켜 세우기 위한 뜻이 담겨 있다. 높은 건물을 보며 자신감을 가지라는 것이다.

지금 '록펠러(John D. Rockefeller)' 하면 성공한 기업가, 자선가로 알려져 있지만 초창기엔 악명이 높았다. 그는 석유재벌로 한때 미국에서 생산되는 석유의 95%를 독점했던 인물이다. 무자비한 방법을 동원해 경쟁자들을 무너뜨려 적도 많았다. 그가 10만 달러를 기부했을 때 한 목사는 그 돈을 가리켜 '더러운 돈'이라고 설교했다. 그 뒤 그는 '더러운 돈'의 대명사가 되었다.

그는 하도 돈이 많아 돈에 눌려죽을 것이라는 소리를 들을 만큼 부자였다. 하지만 반대자들의 눈에 그는 악덕기업가요 그 시대 최고의 범죄자일 뿐이다. 다 석유회사 스탠더드 오일을 키우다가 벌어진 일 때문이다. 그 중앙에 그가 있었다. 지금 최대 석유기업인 엑슨 모빌(Exxon Mobile)도 이 회사에 기원을 두고 있다.

그런 그의 이미지 변신에 공헌한 인물이 있다. 바로 프레데릭 게이츠(Frederick T. Gates) 목사다. 록펠러 개인이야 교회에 십일조도 잘 내고 근검절약하기로 유명한데 비난의 표적이 된 것이 안타까웠을 것이다. 그는 돈을 선한 사업, 특히 자선에 사용하도록 했다. 그 뒤 록펠러 이름을 딴 자선단체가 세워지고, 미국 최초의 의학 연구소인 록펠러 의학 연구소를 세워 페니실린을 개발했다. 이 연구소는 훗날 록펠러대학이 되었다. 그는 교육사업뿐 아니라 뉴욕현대미술관 등 문화사업에도 많은 돈을 내놓았다. 목사의 선한 권고를 잘 받아들인 것이다.

아무리 그렇게 해도 그의 적들의 공격은 끊이지 않았다. 거지가 그들에게 다가와 구걸을 하자 차갑게 쏘아보는 록펠러의 사진을 보이며 그는 원래 이런 사람이라 깎아내렸다. 꼭 그런 사람이었을까. 그런 공격에도 불구하고 그의 자선 사업은 계속 진행되었고, 참으로 많은 금액을 사회에 환원했다. 음지가 양지가 되려면 피나는 노력이 필요하다.

록펠러는 유능한 인재를 찾아내 이 일을 맡겼다. 영입된 인재들 가운데는 그동안 록펠러를 소리 높여 비방하던 사람도 있었다. 비방하는 사람들이 오히려 그를 더 잘 안다. 시간이 지나면서 그를 대적했던 사람들도 하나씩 세상을 떠났다. 록펠러의 선행이 지속되면서 그에 대한 비난은 점차 칭찬으로 바뀌기 시작했다. 선행도 지속적으로 할 일이다.

록펠러하면 유명한 것이 또 하나 있다. 사비로 뉴욕 상수도 시설을 건설한 다음 그것을 뉴욕시에 기증한 것이다. 기여가 공공분야로 확대된 것이다. 그는 시설을 시에 내놓으면서 말했다. "앞으로 100년 동안 뉴욕 시민으로부터 수도료를 받지 마세요." 지금도 뉴욕의 상수도 시설과 요금의 상당부분을 록펠러재단이 담당하고 있다. 임대아파트나 집을 빌려 사는 저소득 뉴욕시민은 지금도 그의 사랑을 마시고 있다는 것이다.

록펠러가 뉴욕만 도운 것은 아니다. 시카고대학에는 록펠러 채플이 있다. 록펠러는 이 대학에 8,000만 달러 이상을 기부했다. 이 대학은 원래 작은 침례대학이었지만 이로 인해 세계적인 대학이 되었다. 이 대학은 지금까지 노벨수상자를 가장 많이 배출한 대학으로 유명하다. 시카고대학의 명성은 오늘도 록펠러와 함께 빛나고 있다. 하지만 록펠러하면 역시 뉴욕을 빼놓을 수 없다. 록펠러센터 때문만은 아니다.

뉴욕은 화려한 도시다. 마천루가 즐비하고, 허드슨 강 건너에서 보는 뉴욕의 야경은 신비롭기까지 하다. 하지만 오늘의 뉴욕이 있기까지에는 많은 사람들의 희생과 헌신이 있었음을 잊어서는 안 된다. 그 가운데 록펠러가 있었고, 블룸버그도 있다. 자기의 돈과 재능을 선하게 사용하려는 사람들이 이어지는 한 뉴욕은 그 빛을 잃지 않을 것이다.

10

왕수인

모든 이치는 마음속에 있다

양명학자로 왕수인(王守仁)이 있다. 그의 호가 양명(陽明)이어서 왕양명이라 불리기도 한다. 그는 명나라 중기에 태어났는데, 호가 양명인 것은 양명동에 살았기 때문이라고 한다. 누일재에게서 주자학을 배웠지만 주자학을 뛰어넘는 사고로 양명학을 지켜낸 인물이다. 진사가 되었지만 권력자인 환관 유근을 반대하다 용장이라는 산골로 쫓겨났다. 하지만 험난한 오지 용장에서 오히려 심즉리(心卽理), 곧 '내 마음이 곧 이치'임을 깨달았다. 이것이 바로 용장대오(龍場大悟)다. 전화위복이다.

양명학은 왕수인이 주창한 신유가철학으로 송나라 때 주자(朱子)에 의해 확립된 성리학과 대립되는 성격을 가지고 있다. 뭐가 다를까? 이것은 양명학의 대명제 가운데 하나인 심즉리에서 찾아볼 수 있다.

주희는 이런 말을 했다. “개에게 개의 이치가 있고 고양이에게 고양이의 이치가 있듯 모든 만물은 각기 자기의 이치를 제 안에 담고 있다.” 왕수인은 이 말이 진실인가 확인하는 실험에 돌입했다. 친구에게 같이 대나무의 이치를 알아보자 제의했다. 두 사람은 대나무 앞에 앉아 때가 되면 음식을 먹고 잠을 잤다. 실험을 시작한 지 3일 만에 친구가 쓰러졌다. 왕수인은 4일을 더 버텼지만 병을 얻고 말았다. 대나무의 이치를 깨닫기는커녕 자기는 자기대로 있고, 대나무는 대나무 그대로 있었다. 실망하지 않을 수 없었다.

그는 주자학이 말하는 격물설에 문제가 있음을 알았다. 이(理)와 마음을 둘로 나누는 것은 폐단이 있다는 것이다. 주희처럼 사물에서 이치를 궁구하려 한다면 내 마음과 사물의 이치 둘로 나뉘게 된다. 사물에서 이치를 찾는 것은 사물 위에서 그 정해진 이치를 구하는 것이다. 이것은 내 마음을 가지고 사물 속에서 이치를 구하는 것이므로 마음과 이치 둘로 나누어 보는 것이 된다. 이것은 주희를 비판하는 말이다.

왕수인은 감히 말한다. “마음이 곧 이치니 천하에 마음 밖에 일이 있을 수 있으며 마음 밖에 이치가 있을 수 있겠는가?” 사물의 이치가 마음 밖에 있는 것이 아니란 말이다. 따라서 마음 밖에서 사물의 이치를 구하고자 하면 사물의 이치를 찾을 수 없을 것이라 했다. 대나무 앞에 오래 앉아있다고 해서 그것의 이치를 얻을 수는 없다는 말이다. 사물의 이치를 알려면 내 마음을 중심으로 그것을 파악해야 한다는 것이다. 주자학처럼 천리와 인간 주체를 분리시킬 것이 아니라 하나로 통합해야 한다는 말이다. 이것은 내 마음이 그대로 이(理)라는 용장에서의 큰 깨달음과 맥락을 같이한다.

그렇다면 심즉리를 어떻게 이해할 수 있을까? 이런 일화가 있다. 한번은 친구와 함께 유람을 떠난 적이 있다. 친구가 절벽에 피어있는 꽃을 보며 이런 질문을 했다.

"자네, 세상에 마음 밖에는 아무 것도 없다 하지 않았는가. 그런데 보게나, 저 꽃나무는 깊은 산속에 있으면서 자기 스스로 피고 지는 것 아니겠는가. 그러니 그것이 내 마음과 무슨 상관이 있다는 말인가?"

왕수인의 생각을 떠본 것이다. 그러자 왕수인이 답했다.

"자네가 이 꽃을 보기 전에는 이 꽃과 자네 마음은 그저 고요했지. 하지만 자네가 이곳에 와서 이 꽃을 눈여겨보았을 때 비로소 그 꽃의 빛깔이 순간 또렷해지지 않았겠나. 이것은 이 꽃이 그대 마음 밖에 있는 것이 아님을 보여주는 것이야."

그에 따르면 효도의 이치도 부모에게 있는 것이 아니라 내 마음 속에 있다. 부모가 돌아가셨음에도 불구하고 그리워하는 것은 마음에 효의 이치가 사라지지 않았기 때문이다. 이 이(理)는 내 마음속에 들어있는 만물의 존재법칙이자 도덕법칙이다. 이것이 부모에 대해 펼쳐지면 효(孝)가 되고, 임금에 대해 펼쳐지면 충(忠)이 되며, 친구에게 펼쳐지면 신(信)이 된다. 이 때 마음속에 들어있는 이치는 모든 사람의 마음속에 보편적으로 들어있는 것이다. 하지만 개별적으로는 각 사람의 마음속, 곧 내 마음에 들어있다.

왕수인의 심즉리는 치양지(致良知)와 지행합일(知行合一)로 나간다. 치양지란 양지를 완성한다는 말이고, 양지는 배우지 않아도 알 수 있는 천부적인 앎을 말한다. 그 앎의 경지는 마음과 이치가 하나 되는 것이자 인간으로서 타고난 도덕적 자각이 완성된 상태다. 이것은 앎으로서 끝나는 것이 아니라 앎과 행동이 하나가 됨으로써 완성된다. 즉 효는 배우고 익혀서 원리를 이해하는 것이 아니라 부모를 공경하는 자연스러운 마음의 원리를 실현하는 것으로 보았다. 효심과 효행은 서로 구분되지 않는 지행합일이다. 마음속에 있는 양지를 폈는데 부모가 받아주지 않는다면 내 안으로 돌아와 반성하고 고치면 된다. 그에게 있어서 인식과 실천은 둘이 아니라 하나일 수밖에 없다.

주자학에서는 마음을 도심(道心)과 인심(人心)으로 나누었다. 도심은 순수한 하늘의 이치 그대로다. 하지만 인심은 각 개인의 마음으로, 그 안에 사사로운 욕심이 담겨 있다. 마음을 둘러 나누고 인심을 경계하도록 한 것이다. 이원론적이다. 하지만 왕수인은 일원론적 입장에 서서 도심과 인심은 다르지 않다고 주장했다. 사람은 누구나 마음에 따라 바르게 알고 행동할 수 있는 존재다. 그가 이렇게 생각한 것은 인간에 대한 깊은 신뢰를 바탕으로 하고 있다.

사람들은 지금까지 경전에 구속되거나 성현들의 가르침을 아무런 생각 없이 기계처럼 따라왔다. 하지만 왕수인은 인간이 그것의 노예가 되는 것을 안타깝게 생각했다. 그래서 이러한 생각을 거부하고 그런 것들로부터 사람을 해방시키고자 했다. 그는 거리에 지나가는 사람 모두를 그저 그런 사람이 아니라 성인으로 보았다. 그의 제자들도 그의 생각을 따랐다. 철저한 인간존중이다. 이것은 인간에 대해 거는 기대가 컸기 때문이다. 인간이 어디 보통인가. 이것은 지금까지의 인간관과는 전혀 성격이 다르다. 그는 말한다.

"네 마음의 양지를 펴라."

11

맹자

방심하지 말고 존심하라

공자는 교육을 중시했다. 그것도 소수의 귀족에게만 허용된 교육이 아니라 평등한 교육을 통해 모든 사람들이 달라지기를 원했다. 그가 바라는 교육은 사람다움을 이루는 것이다. 그는 폭넓은 교양교육을 통해 인격을 갖춘 사람을 가리켜 군자(君子)라 했다. 이 군자는 당시뿐만 아니라 오늘날에도 절실하게 필요하다.

군자란 원래 군주의 자제로 정치에 참여하던 계급을 뜻했다. 귀족의 신분으로 관직을 가진 사람들이 바로 군자였다. 그러나 춘추시대를 거치면서 뜻이 바뀌었다. 공자가 말하는 군자는 도덕적 품성을 지닌 사람이다. 도덕수양을 통해 지도자의 자질을 갖추고, 이를 바탕으로 지위를 얻고 모범을 보이는 사람이다. 요즘으로 말하면 도덕과 양심에 따라 행동하며 세상에 유익을 주는 사람을 뜻한다.

맹자에 따르면 군자가 보통 사람과 다른 것은 존심(存心), 곧 그가 마음에 담고 있는 것 때문이다. 군자는 마음에 인의와 예의를 담고 있다. 다른 사람을 사랑하고 공경한다. 그래서 다른 사람으로부터 사랑을 받고 공경을 받는다. 한 마디로 군자는 대인이다. 자기의 자존심만 키우는 사람과는 다르다.

공자에 따르면 '군자는 그릇이 아니다(君子不器).' 이것은 그릇이 각기 정해진 대로 쓰이듯 한 가지 기술만 가진 전문가가 아니란 말이다. 군자는 그 모두를 총괄하고 이끌어가는 사람이다. 폭이 넓다는 말이다.

군자가 무엇보다 해야 할 것이 있다. 바로 수신이다. 사람들을 이끌려면 인품이 있어야 하고, 인품을 기르기 위해 끊임없이 자기를 수련해야 한다. 자기 수련은 스스로 반성하고 개혁해 나가는 것을 말한다. 남에게 보여주기 위한 것이 아니라 자신을 변화시키기 위한 것이다.

공자는 군자와 소인을 구분한다. 군자는 옳고 그름을 따지지만 소인은 자기에게 이로운 것과 해로운 것을 따진다. 군자는 최고의 선을 택하지만 소인은 자기 이익만 챙긴다. 맹자에 따르면 군자는 인의의 마음을 지키는 반면 소인은 방심하고 방종하여 육신의 욕망을 따른다. 대인인 군자는 귀한 부분, 큰 부분을 열심히 키우지만 소인은 천한 부분, 작은 부분만 열심히 키운다. 하늘이 준 마음의 큰 뜻을 따르면 대인이 되지만 감각의 작은 욕망을 따르면 소인이 된다. 군자와 소인이 어떻게 다른가에 대해서는 공자나 맹자의 생각은 같았다.

맹자는 소인의 정치가 아니라 군자의 정치를 소망했다. 그가 바라는 군자의 정치란 최고의 선을 구현하고, 인의예지의 덕을 밝혀 왕도정치의 큰 뜻을 펴는 것이다. 가치 없는 작은 일 때문에 귀하고 중한 일을 그르치거나, 사적인 욕망 때문에 대세를 그르치는 소인의 정치는 그가 바라는 것이 결코 아니었다. 소인 정치는 사람들만 피곤하게 만들고, 도움이 되지 못한다.

맹자는 군자에게 주문하는 것이 있다. 그것은 간단하다. 권력을 잡든 아니 잡든 상관하지 말고 천지와 더불어 호흡하며, 도덕을 온몸으로 구현하라는 것이다.

"결코 방심(放心)하지 말라."

방심은 마음의 나사가 풀려 욕망으로 하여금 양심을 누르게 만드는 것을 말한다. 이런 사람은 대인이 될 수 없다. 세상에 부끄럽지 않게 행동하라. 방심으로부터 양심을 지켜내려면 외부로부터 자극을 받았을 때 마음이 흔들리지 않아야 한다. 욕망과 싸워 이기는 자만 군자가 될 수 있다.

공자는 군자는 남과 잘 어울리지만 그들과 같아지기를 바라지 않는다. 이에 반해 소인은 남들과 같아지는 일은 잘 하지만 남과 어울리지는 못한다고 했다. 군자는 그만큼 주체적이라는 말이다. 일을 할 때도 남과 다른 자세를 유지할 필요가 있다.

군자, 군자의 정치. 이것이 옛 단어임은 확실하다. 그러나 이것은 공자나 맹자가 바란 세상이 무엇인가를 단적으로 보여준다. 그들의 이상이 우리의 이상과 다를까? 결코 그렇지 않다. 이런 점에서 옛날이나 지금이나 큰 사람, 큰 정치를 바라는 마음은 변함이 없다. 이제 사람이 달라야 한다. 정치가 달라야 한다. 그래야 군자의 세상이 열린다. 방심하지 말고 존심하라.

12

아리스토텔레스

마음을 알면 몸을 알 수 있다

우리는 흔히 "요사이 내 몸과 마음이 따로 놀아."라 말할 때가 있다. 함께 있어야 할 정신이 이탈이라도 한 것인가. 하지만 그 말을 하는 순간이라도 내 몸에 마음이 함께 해 주어서 감사할 뿐이다. 따로 있다면 죽은 것이나 마찬가지가 아니겠는가.

학문적으로 보면 몸과 마음에 관한 연구가 많았다. 플라톤은 심신관계에 대해 이원론(Dualism)을 폈다. 사물세계와 관념세계로 이원화한 것이다. 그에 따르면 인간은 이데아의 샘물을 먹고 온 존재다. 그는 마음을 몸과 똑같은 본체(Entity)로 간주했다. 인간은 서로 다른 본체를 가졌다는 말이다.

이에 반해 아리스토텔레스는 일원론(Monism)을 주장했다. 정신과 육체는 다른 두 본체가 아니라 한 본체의 양면이라는 것이다. 몸을 알면 마음을 알고, 마음을 알면 몸을 알 수 있다는 것이다. 그는 인간 연구에 심혈을 기울였다. 그는 해부학 및 생리학 지식을 가지고 있었고, 연상의 법칙을 주장했다. 그는 무생물, 동물, 인간을 3개 특성에 따라 단계적으로 구분했다. 그리고 인간의 경험적 지식을 존중하고 경험과학을 발전시켰다. 이 방법론은 플라톤의 관념론과 접근하는 방법이 다르다.

이 두 거장의 생각은 후대에 많은 영향을 주었다. 아우구스투스는 자기관찰을 통한 인간의 의식 활동을 연구하고 발전시켰다. 자기관찰법은 지금 내성(Introspection)이라는 방법으로 발전되었다. 성직자도 방법론에 기여한다. 그뿐 아니라 토마스 아퀴나스는 과학적 진리와 종교적 진리를 구별했다. 종교적으로도 마음을 볼 수 있다는 말이다.

몸과 마음에 관한 연구는 철학자들의 주요 관심사가 되었다. 데카르트는 이원론적 상호 작용설(Interaction theory)을 주장했다. 상이한 두 본체가 상호 인과적으로 작용한다는 것이다. 귤린키(Geulincx)는 이원론적 기회설(Occasionalism)의 입장에 섰다. 양자가 필수적인 인과관계에 있지 않고 필요한 때에만 서로 영향을 준다는 것이다. 스피노자는 일원론적 양면설(Dual aspect theory)이다. 심신이 동일 본체의 두 면에 불과하다는 것이다. 아리스토텔레스를 다시 보는 것 같다. 라이프니츠(Leibnitz)는 일원론적 병행론(Parallelism)을 주장했다. 마음과 마음이 인과적으로 관계하는 것이 아니라 마음은 마음대로, 몸은 몸대로 인과적으로 서로 병행하여 작용한다는 것이다. 이렇게 여러 주장을 하니 개념 정립이 어렵고 혼란스럽다.

어디 그뿐이랴. 동일론(Identity theory)이라는 것도 있다. 이에 따르면 개념상 정신과 몸은 본체 개념이 아니다. 따라서 정신과 몸을 구분하는 자체가 무의미하다. 양자관계를 생각하는 자체가 거짓 명제(Pseudo-problem)다. 동일론, 곧 정신과 몸은 같다는 말이다. 이렇게 되면 아리스토텔레스의 주장이 다소 우세하다.

그렇다면 몸과 마음의 문제는 학문적으로 완전히 규명되었는가? 아니다. 아직도 그 의문은 해결되지 못한 상태로 남아있다. 그렇다면 지금까지 논쟁은 무엇인가? 그래도 쓸모가 있다. 심신관계 연구는 인간의 정신현상 연구를 자극했고, 보다 과학적인 사고를 촉진시켰다.

몸은 우리가 볼 수 있으니 그렇다 치더라도 마음은 어디에 있을까? 그 답은 유기체 이론(Organismic theory)가에게 물어볼 필요가 있다. 그 이론가로 아리스토텔레스가 있다. 그는, 마음은 심장에 자리하고 있으며 두뇌는 마음이 과열했을 때 냉각시키는 작용을 한다고 했다. 하지만 데카르트는 두뇌가 마음의 자리(seat of mind)라 주장했다. 이것을 보면 여기에도 정확한 답이 없음을 알 수 있다. 그래서 우리는 그 물음 앞에서 때로 심장에 우리 마음이 있다고 하기도 하고, 머리를 가리키며 그곳에 우리 마음이 있다고도 한다.

그런데 재미있는 연구도 있다. 마음에 관한 연구에서 존 로크(J. Locke)와 다윈의 생각이다.

인간의 정신현상 자체를 연구하는 연상주의(Associationalism)가 있는데 대표적인 학자로 존 로크가 있다. 그에 따르면 인간의 마음은 본래 백지(Tabula rasa)와 같다. 이 백지 위에 경험이 쌓여 관념들이 형성된다. 이른바 경험론이다. 이 관념(Idea)이 정신현상을 이룬다. 기본 단위의 관념은 단순관념(Simple idea)이다. 이 관념들이 연상법칙(Law of association)에 따라 연상 작용으로 복합관념(Complex idea)을 형성한다. 연상법칙이라고 하면 아리스토텔레스의 관념연상의 세 가지 법칙이 유명하다. 세 법칙은 접촉(Contiguity), 대비(Contrast) 그리고 유사(Similarity)이다. 이들의 연상법칙은 학습과정, 기억과정 등 주요 심리과정 연구를 자극시켰다.

다윈은 진화론자다. 그가 무슨 마음을 연구했을까 싶지만 그렇지 않다. 그는 종래 인간의 정신현상은 인간에게만 있는 독특한 것이고 하등동물에게는 없다는 생각을 뒤엎었다. 인간은 좀 더 진화된 생물적 존재임은 확실하다. 하지만 하등동물이라고 비하해서는 안 된다. 좀 덜 진화되긴 했지만 인간과 동질의 심리과정을 가졌다는 것이다. 동물에게 마음이 있을까 싶지만 그의 대답은 예스다. 그의 주장에 힘입어 인간의 심리현상을 이해하기 위해 동물행동을 관찰하고 측정하는 방법이 발전하였다. 동물의 행동을 통해 인간을 이해하고자 한 것이다. 현대 심리학의 주요 법칙도 바로 동물실험에서 나온 것이다. 지금도 동물을 이용한다.

마음은 쉽게 알 수 있거나 쉽게 정의를 내릴 수 있는 것이 결코 아니다. 몸과 마음이 때로는 서로 다르게 느껴지기도 하지만 서로 연결고리를 갖고 있는 것도 확실하다. 몸과 마음을 생각할수록 신기하다. 과연 언제쯤 우리는 마음을 정확히 알 수 있을까.

13

굴원

세상엔 이해할 수 없는 것들이 많다

굴원(屈原)은 중국인이 좋아하는 애국시인이다. 전국시대의 정치가로, 초나라 왕족으로 태어났다. 친척인 회왕(懷王)을 도왔지만 정적의 모략으로 왕으로부터 멀어졌다.

유배지에서 그는 장편 서정시 '이소(離騷)'를 써 자신의 결백을 주장했다. 이소는 '근심을 만나다.'라는 뜻이다. 그는 성왕은 왜 치적을 잘 할 수 있었는가, 그리고 걸(桀) · 주(紂) · 예(羿) · 요(澆)는 왜 망하게 되었는가에 대해 예를 들어 말함으로써 군왕이 깨닫고 바른 길로 가기를 바랐다. 아울러 자신을 알아주는 이 없음을 한탄했다.

다음은 그 일부다.

“나는 고양씨의 후예이며 백용의 아들로서
인의 해 그 정월, 경인의 날 태어났네.

저 요임금과 순임금께서 덕이 널리 빛나시니
이미 바른 길을 따라서 치국을 열었도다.

어찌 걸임금과 주임금은 나라를 어지럽히어
사악한 지름길로 갈 길을 재촉하는가.

오직 소인배들이 구차하게 안락함을 좇아서
길이 어둡고 험난하도다.

어찌 내 몸의 재앙을 두려워 하리오마는
임금의 수레가 뒤집힐까 두렵도다.

서둘러 앞서거니 뒤서거니 내 달려서
선대왕들의 발자취를 따르리라.

이제 마지막이다.
이 나라에는 나를 알아주는 이 없는데
고향을 생각해서 무엇 하리.
바른 정치 위해 손잡을 이 없으니

팽함을 따라 떠나리."

팽함은 그가 좋아한 은나라 현인이다. 이소는 왕에 대한 자기의 충정을 시로 표현했고, 왕은 그를 용서했다.

회왕이 죽고 그의 아들 경양왕이 대를 이었다. 굴원은 다시 모함을 받아 소택지(沼澤地)로 추방되었다. 그의 작품 '어부사'는 이 때 쓰였다.

다음은 그의 '어부사'다.

"굴원이 죄인으로 몰려 추방되어 시를 읊조리며 강가를 거니는데 안색은 초췌하고, 형색은 생기가 없다. 어부가 굴원에게 묻기를, 삼려대부가 어찌하여 여기까지 왔는가?

굴원이 말하기를, 이 세상 전부가 혼탁한데 나 홀로 정신이 맑고, 사람들이 전부 취해있는데, 나 혼자 깨어있으니, 이런 연유로 나는 죄인이 돼 추방되었노라.

어부가 말하기를, 성인은 융통성 없이 꽉 막히지 않고, 세상과 더불어 살아가는데, 세상 사람들 모두 흐려 악에 물들어 있으면, 그들과 동조하며 같이 어울려야지 어찌하여 자기만이 결백하다고 주장하며, 많은 사람들이 사리사욕에 눈이 어두워 그 즐거움에 취해 있으면, 그 술찌꺼기라도 먹고 그 박주라도 마시면서 세인과 더불어 살지 않고 혼자 모나게 하고, 무엇 때문에 깊이 생각하고 남보다 뛰어나게 고상한 행동을 하여 스스로 자신을 원지로 추방당하게 하는가.

굴원이 말하길, 나도 이러한 말을 이미 들었소. 금방 머리를 씻은 사람은 반드시 관을 털어 쓰고, 몸을 금방 씻은 자는 반드시 옷을 털어 입는데, 어찌하여 맑고 깨끗한 몸에 외물의 더러운 수치를 받게 할 수 있겠는가. 차라리 상수에 가서 강물에 빠져 물고기 뱃속에 장사 지내고 말지언정 결백한 몸에 어찌 세속의 더러움을 입을 수 있겠는가.

어부는 씽긋 웃으면서 호의를 표시하고 상앗대 소리 요란하게 배를 저으면서 노래 부르기를, 창랑의 물이 맑으면 나의 갓끈을 씻을 것이고, 창랑의 물이 흐리면 나의 발을 씻을 것이라면서 떠나간다."

굴원은 난세의 충신이었다. '이소'나 '어부사'를 통해서도 그것을 금방 읽을 수 있다. 절망감에 사로잡힌 그는 돌을 안고 멱라수에 몸을 던졌다. 그가 마지막으로 지은 시는 '회사(懷沙)의 부(賦)'이다. 모래를 품고 강물에 몸을 던지는 노래다. 그는 자신이 왜 이렇게 죽을 수밖에 없는가를 이 시에 유서처럼 썼다.

사람들은 충신의 죽음을 애석해했다. 이렇게 해서 태어난 것이 음력 5월 5일 용선(龍船) 축제다. 용머리를 한 배를 강에 띄운다. 굴원의 시신을 빨리 찾고자 한 마음이 담겨있다. 이 때 여인들은 대나무나 갈대 잎으로 싼 밥을 강에 던진다. 굴원의 시신 대신 이 밥을 먹으라는 것이다. 이것이 중국 단오의 기원이기도 하다.

굴원은 혼탁한 세상에 홀로 깨어 고뇌했다. 그의 삶은 한 마디로 비극이었다. 하지만 그 고뇌와 비극은 충절이 되어 사람들의 마음에 지지 않는 별이 되었다.

그가 지은 시 가운데 '천문(天問)'이 있다. 하늘에 묻다. 그 시에 이런 물음이 있다.

"태고의 처음을, 누가 전해 주었습니까? 천지가 형성되기 전에, 어떻게 천지가 나왔습니까? 천지와 일월의 이치는 어두워 모르는데, 누가 그 이치를 끝까지 다 살펴보았습니까? 천지가 형성되지 않았을 때를 상상할 뿐인데, 어떻게 알게 될 수 있습니까?"

그의 물음은 끝없다. 세상엔 이해할 수 없는 것이 많다. 그는 이런 질문도 하고 싶었을 것이다. "정치를 바르게 하고 태평성대를 누려야 할 것인데 세상은 왜 자꾸만 거꾸로 가는 것입니까?" 이 시대를 보면 굴원은 과연 뭐라 할까.